中国职业技术教育学会
智慧文旅职业教育专业委员会推荐用书

/韩玉灵
凯

酒店管理与数字化运营系列教材

FANDIAN XINXI XITONG : OPERA CAOZUO SHIWU

饭店信息系统：OPERA操作实务

主　编　沙绍举　孙　鹏　孙　健
副主编　章勇刚　周高华　武真奕

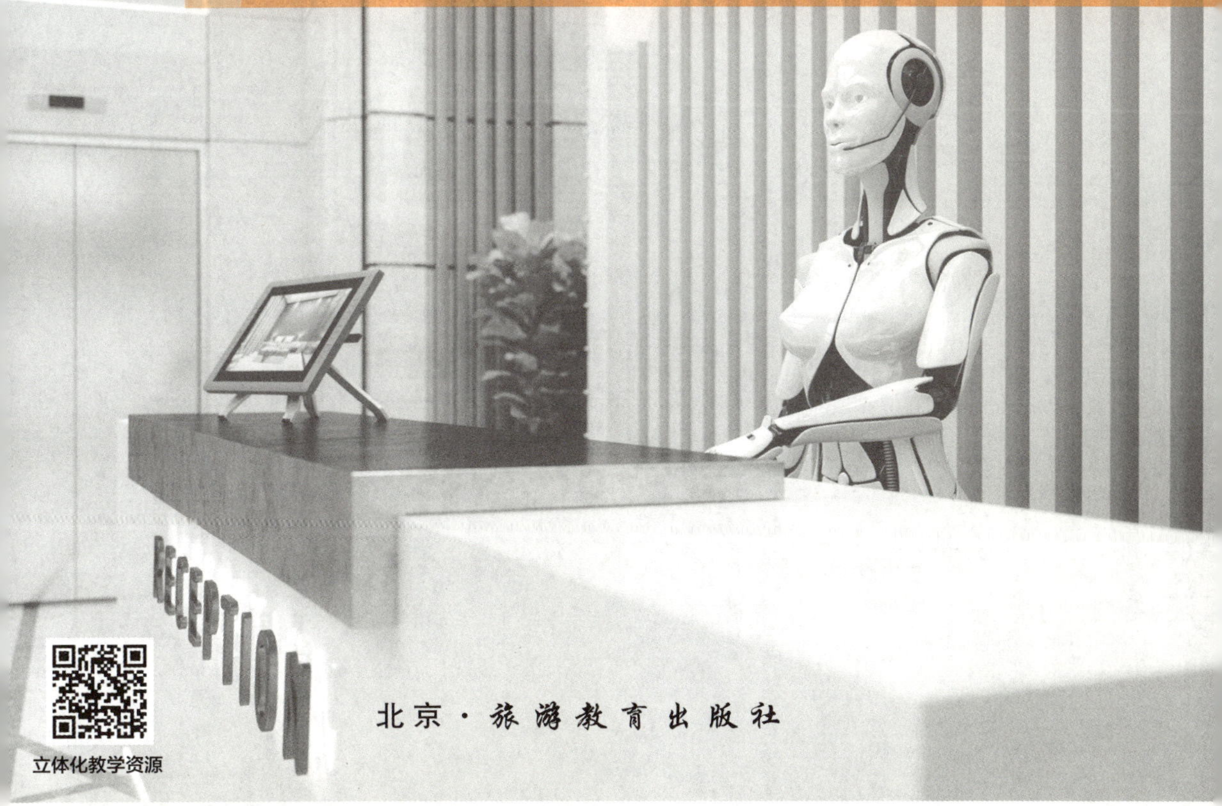

立体化教学资源

北京·旅游教育出版社

酒店管理与数字化运营系列教材
专家指导委员会、顾问、编委会

总序 PREFACE

2021年3月，教育部印发了《职业教育专业目录（2021年）》，将高职“酒店管理专业”更名为“酒店管理与数字化运营专业”，这是旅游职业教育呼应旅游业特别是酒店业数字化时代的标志。酒店业与信息化、数字化、智能化融合已是大势所趋，网络预订、短视频营销、直播带货、网络点评、会员系统、云上PMS、移动支付、人脸识别、餐饮POS收银、网络团购、成本控制、在线点单等基本普及，信息技术和信息系统成为酒店企业日常经营的基础工具与竞争利器。中国酒店业已经从以产品和服务为中心进入了以客户为中心的时代，数字化成为酒店行业发展命脉所在，同样成为酒店管理与数字化运营专业的必修内容。

在这样的形势下，原有的高职酒店管理专业课程和教学内容留什么、改什么，数字化运营是什么、做什么，酒店管理与数字化运营专业如何建设、如何发展、如何培养人才，成为高度聚焦、深度研究的课题。在专业建设的众多课题中，我们以教材建设作为适应专业变革的突破口，有组织、有计划地进行酒店管理与数字化运营专业的教材建设。根据前期积累的教育教学与专业建设经验，在旅游教育出版社的大力支持下，我们组织专家团队开展“酒店管理与数字化运营系列教材”的编写与出版工作。

2020年初，也是在酒店管理专业正式更名之前，作为有着30多年酒店管理专业办学经验的老牌旅游院校，山东旅游职业学院已深切感到酒店管理专业应该加强形势研判，抓住机遇，赢得主动，从与专业建设密切相关的教材和课程建设入手，积极开展相关工作。学院组织包括星级酒店、连锁酒店、连锁餐饮公司、物业公司在内的22位企业总监级别以上的管理人员、酒店管理专业教学专家与我院酒店管理专业的教师共同召开专业建设研讨会，形成了全国首套酒店管理与数字化运营专业人才培养方案、课程建设方案、教材建设方案。这套方案的课程设置与当前教育部主导的高等职业学校酒店管理与数字化运营专业教学标准的课程设置是高度吻合的，为我们牵头组织酒店管理与数字化运营系列教材的编写奠定了很好的基础。

2021年7月，山东旅游职业学院与旅游教育出版社共同邀请覆盖全国院校和酒店行业企业的专家团队召开研讨会，启动教材编写工作。编写专家团队来自济南大学、山东青年政治学院、浙江旅游职业学院、青岛酒店管理职业技术学院、郑州旅游职业学院、黑龙江旅游职业技术学院、广州番禺职业技术学院、济南职业学院、青岛职业技术学院、北京财贸职业学院、黑龙江工程学院、平顶山职业技术学院、安徽职业技术学院、烟台工贸学校、顺德职业技术学院、洛阳科技职业学院、湖南商务职业技术学院、安徽广播影视职业技术学院、贵州职业技术学院等20多所院校。全套教材的编写注重校企合作与数字化升级。我们还邀请北京歌华开元大酒店、山东舜和酒店集团、山东南郊集团、山东大厦、济南鲁能贵和洲际酒店、杭州绿云软件股份有限公司、杭州柏悦酒店、北京云迹科技股份有限公司、广州蓝豆软件科技有限公司近10家行业企业的专家参与此项工作。在多方共同努力下，历时1年的时间，教材将于2022年8月陆续出版。

本套教材既可作为中高职旅游类专业教学用书，也可作为职业本科旅游类专业教学参考用书，同时可作为工具书供从事旅游服务与管理的企事业单位专业人员借鉴与参考。

由于本教材是酒店管理与数字化运营专业更名后的新教材，加之酒店行业数字化转型日新月异，教材编写中难免还存在缺陷与不足，恳请读者指正，我们将在再版过程中予以完善与修正。

总主编：

2022年8月

前言 FOREWORD

2021 年 3 月，教育部颁布了最新的《高等职业教育专业目录》，酒店管理专业更名为酒店管理与数字化运营专业，进一步明确了酒店管理专业人才的发展方向。为了满足酒店管理与数字化运营专业的教学需要，在依托饭店企业数字化转型的大背景下，我们组织编写了这本《饭店信息系统：OPERA 操作实务》教材，并配合相应的在线课程，实现线上线下混合式教学，以解决酒店管理专业转型过程中所遇到的困难。

作为旅游饭店发展的关键内容，“饭店信息系统：OPERA 操作实务”是饭店服务与管理人才培养的专业核心课程。本教材结合旅游院校饭店研究和饭店企业行业应用实践相关成果，将新型理论方法、前沿思想和实践案例应用充实到教材中，注重理论知识讲解和实践操作技能的融会贯通，提供符合社会发展和旅游行业需求的教学内容，为旅游管理、酒店管理、酒店管理与数字化运营等旅游类本、专科相关专业教学提供教学资源，同时也为相关企业人员和从业者自学提供相应的学习参考。

本教材共分 7 个项目。项目一介绍饭店信息系统发展历程及 Opera PMS 系统界面等饭店信息系统内容；项目二包含客史档案功能模块、散客档案、公司档案以及旅行社档案等客史档案内容；项目三涵盖散客预订、公司预订、团队预订以及更新和取消预订等预订内容；项目四介绍入住以及在店客人等前台接待内容；项目五包含账单处理以及结账离店等收银内容；项目六涉及房务管理以及差异房态等内容；项目七涵盖夜审操作及常用报表等内容。

本教材由浙江旅游职业学院沙绍举担任第一主编，负责全书的整体设计和统稿工作。具体编写分工如下：浙江旅游职业学院的章勇刚和沙绍举编写项目一，山东旅游职业学院孙鹏和浙江旅游职业学院武真奕编写项目二和项目七，浙江旅游职业学院的周高华和沙绍举编写项目三和项目五，安徽广播影视职业技术学院汪惠萍编写项目四，浙江旅游职业学院的沙绍举和章勇刚编写项目六。教材中所配视频由沙绍举、周高华、武真奕、章勇刚及杭州柏悦酒店何梦华拍摄完成。杭州绿云软件股份有限公司绿云学院院长孙健为本教材提供了丰富的素材内容。另外，与本教材相配套的在线课程，已同步上线中国大学MOOC、智慧职教MOOC学院、超星学习通及浙江省高等学校在线开放课程共享平台。

在编写本教材的过程中，编者参考了国内饭店管理信息系统、旅游电子商务、国际旅游信息化、前厅服务与管理的专著、教材和许多高水平论文报告，在此向有关作者表示由衷的感谢。教材即将付梓之际，还要特别感谢山东旅游职业学院、浙江旅游职业学院、安徽广播影视职业技术学院、杭州柏悦酒店、杭州绿云软件股份有限公司和旅游教育出版社的有关领导、专家和编辑，他们为本书的撰写和出版付出了辛勤的劳动，提出了有益的修改建议，使本书得以顺利与读者见面。

囿于编者水平有限，加之饭店信息技术发展迅速，如有不妥之处，恳请广大师生批评指正。

编　者

2022 年 7 月

目
录
CONTENTS

1 项目一
绪论/Introduction

项目导读

Opera 是 Oracle（甲骨文）公司在 Micros-Fidelio 系统的基础上开发的最新产品，作为企业软件解决方案，包含了前台管理系统（PMS）、销售与宴会管理系统（Sales & Catering）、物业业主管理系统（OVOS）、中央预订系统（CRS）、中央客户信息管理系统（OCIS）和收益管理系统（RMS）等。前台管理系统是其核心，可以根据不同饭店的不同运营方式所带来的需求多样性合理设置系统，以贴合饭店的实际运作。除单体饭店外，前台管理系统还提供多饭店模式，即通过一个共享的数据库，向多个饭店提供数据存取甚至相互访问。

学习目标

1. 了解饭店信息系统的特征；
2. 理解饭店信息系统的意义；
3. 掌握饭店信息系统功能介绍；
4. 了解主流饭店信息系统；
5. 掌握 Opera PMS 主界面及常用快捷键。

思维导图

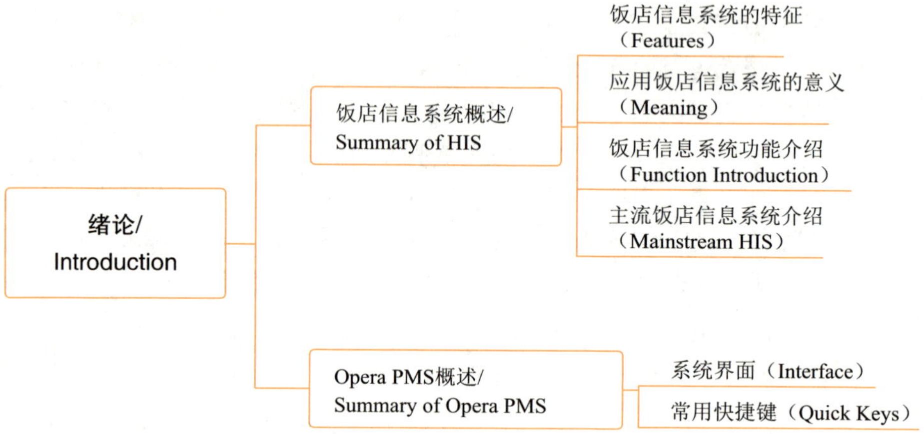

任务一　饭店信息系统概述 /Summary of HIS

饭店信息系统是管理信息系统的一个重要分支，其主要功能是实现计算机管理系统在饭店运营中的具体运用，是在充分把握饭店手工信息处理流程的基础上，进行信息采集、归类、整理，从而达到集中统一地管理饭店信息及其流向的工具、软件，为饭店经营管理和正确决策提供帮助和参考。

饭店客房收入的两个基本要素是房间的出租率（Occupancy）和价格（Rate）。房间占用的管理，就是前台管理的基本任务。收入的最大化是通过制定最优化的价格管理来实现的。销售部门和管理层会通过制定收入预算和任务定额分配工作目标，然后将分析结果以价格和政策的形式体现在经营过程当中。然而，出租率和房价永远是一对解不开的冤家：房价过高，出租率必然下降；出租率人为提高，必然会压低房价。如何在两者之间达到平衡，谋求最大的利润，便成为新的诉求。于是产生了第三个要素：RevPAR。RevPAR 是 Revenue Per Available Room 的缩写，即每间出租的客房能带来的平均售价。RevPAR 虽然是一个统计性的指标，但是却能将出租率和房价水平整合在一个数量中加以体现。这就产生了一个新的学科：效益管理（Yield Management）或收益管理（Revenue Management）。好的饭店都会配备专业的销售与宴会系统（Sales & Catering System）和效益管理系统（Yield Management System）。这些专业的系统，都以饭店信息系统作为基础平台，从中获取所需要的基础数据。综上所述，饭店信息系统是饭店的核心工具和基础数据提供平台。

一、饭店信息系统的特征（Features）

饭店信息系统是为饭店经营管理服务的辅助管理工具，是饭店科学管理的重要管理手段。

1. 辅助性

饭店的主体是人，计算机只是数据处理的辅助工具。饭店信息系统通过对饭店各种相关信息进行收集、处理和传递，最终为管理人员的战略决策和日常管理提供信息支持，辅助饭店进行正确决策，以达到实现饭店收入最大化的管理目的。通过该系统的辅助管理，使饭店经营更科学，日常事务处理更有序、更规范、更准确。

2. 开放性

饭店信息系统的开放性体现在它是一个具有信息输入、输出功能的开放式系统。系统的输入功能体现在对各种票据、账单、报表等原始信息的采集和录入；输出功能体现在经过技术处理的各种报表、汇总表等有用信息的显示和使用。通过对信息的输入和输出，饭店不仅能对经营环境进行分析并适应环境，而且能在一定范围和程度上改造环境，从而积极营造有利于自身发展的环境。

3. 层次性

现代饭店具有明显的等级层次，可以划分为基础业务管理、中层经营管理和高层决策管理。作为饭店的信息化工具，饭店信息系统与之相对应也可以分为基层、中层和高层 3 个层次。其中，基层子系统主要是录入和管理一些基础数据，以提高饭店的工作效率和服务质量；中层子系统主要管理综合数据，以提高管理效率和管理精确度；高层子系统主要根据系统输入的结果信息进行饭店发展战略决策，以提高饭店的经营管理效益，包括饭店营销策略制定、发展战略规划形成、成本控制决策等。

4. 反馈性

饭店信息系统是对饭店的具体业务信息进行综合控制。而饭店的经营环境处于不断变化中，必须根据饭店信息系统输出的结果信息并结合外界的信息，及时调整内部处理方式或扩充相应处理功能，从而保证系统输出的结果更加精确和实用。

二、应用饭店信息系统的意义（Meaning）

1. 提高饭店的管理效益和经济效益

应用饭店信息系统，可以节省大量的人力、物力，增加饭店的服务项目，提高饭店的服务档次，减少管理上的漏洞，从整体上提高饭店的经济效益。例如：完善的预订功能可以防止有空房漏租或满房重订的情况出现，可随时提供准确的房间使用和预订情况，从而提高客房出租率；散客费用的直接记账，可以有效防止逃账现象；完善的分析功能可用于帮助市场销售，如确定宣传的重点区域和掌握价格的浮动等；通过正确控制房价、控制散客优惠，减少管理漏洞，提高客房收入。

2. 提高饭店的服务质量

计算机处理信息的速度很快，可以大大减少散客入住、结账的等候时间，提高服务质量。快速的散客信息查询手段，使查询者得到了满意的答复。餐费、电话费、洗衣费等费用的一次性结账，不仅方便了宾客，也提高了饭店的管理水平。回头客自动识别、黑名单客人自动报警、VIP 客人识别等都有利于改善饭店的形象。清晰准确的账单、票据、表格，使客人得到高档次的享受。完善的预订系统，使客人的入住有充分的保证。完善的档案管理，使客人的个性化要求得到很好的满足。利用计算机保存大量的宾客历史资料，通过统计分析，可对常客或消费金额达到一定数量的宾客自动给予折扣；也可对客人的消费特点进行分析，总结客人生活方面的要求和特点，研究如何为客人提供更合适的个性化服务，如安排房间、提供就餐等，甚至细致到给客人送什么报纸杂志、生日礼品等。

3. 提高饭店的工作效率

计算机管理可以大大提高运作的速度和准确性，如计算机的自动夜间稽查功能结束了手工报表的历史，计算机资料的正确保存避免了抄写客人名单的低效工作，严格的数据检查避免了手工操作疏忽而造成的错误，并使票据的传送、登记、整理、复核等一系列劳动的繁重程度大为减轻。

4. 完善饭店内部管理体制

科学、正规、系统的饭店软件在饭店管理体系中发挥着强有力的稳定作用，可明显地减少员工及管理人员流动对饭店的不利影响。系统提供的多种安全级别设置，保证各类数据不被无权过问的人查阅和操作。每天的审核制度，各种费用的优惠控制，应收账款的管理，员工工作量的考核，员工操作过程的跟踪，这些功能的实现都可以加强饭店的管理工作。

5. 全面了解营业情况，提高饭店决策水平

饭店信息系统既能提供完备的历史数据，又能提供各种分析模式，使管理人员便捷地完成复杂的统计分析工作，从而加强对饭店运营的内部控制，提高管理人员的控制决策水平。

三、饭店信息系统功能介绍（Function Introduction）

饭店信息系统是对饭店各部门信息管理工作的计算机化。饭店信息管理系统的使用，极大地提高了饭店的服务质量、服务效率和服务品位，降低了饭店工作人员的劳动强度。饭店信息系统的使用，不仅使饭店的管理工作实现了现代化，而且意味着饭店运营进入一个崭新的阶段。

饭店信息系统的主要功能模块有预订、接待、收银、客房管理、夜审、信息系统维护等。每个功能模块都和宾客直接相关。

1. 预订功能

预订是客人与酒店接触的第一步，根据预订客人情况分为散客预订和团队预订，其主要目的是提高酒店的开房率，为客人预留房间，并提供良好的服务。手工操作预订是一件很困难的事情，因为客人需要的房间类型在所预订期限内是否有，需要很长时间才能确认，要保证其准确性就更不容易了。大量的文字档案需要人工进行统计，如果酒店有房间 500 间，8 种房型，每天的工作量可想而知。所以手工预订一般只能做到提前 1 个月，而采用计算机进行预订可以提前 1 年以上。团队预订相对散客预订要复杂得多，如果是会议团队，客人的抵离日期、房型和房价也有所不同，必须考虑周到。

图 1-1-1　网上预订酒店

具体来说，预订功能有：

（1）散客预订

涉及散客预订单的输入、修改、取消及查询。如果能根据档案预订，这对回头客非常有效，也有利于档案发挥作用。

（2）团队预订

涉及团队订单输入、修改、删除，团队预留房分配、显示，团队付款方式显示，团队成员批预订。

（3）预订报表

涉及预抵散客报表、预订散客列表、预抵团队报表、出租率报表、散客来源报表。

（4）预分房

为即将抵店的客人安排房间。

2. 接待功能

接待系统的目标是以最快的速度为客人开房。以散客为例，如果客人有预订，其有关信息已经存储于计算机系统中，酒店可以在散客抵达之前做好各种服务工作，如入住登记表，客房钥匙，VIP 散客的鲜花、水果的摆放，把应到散客列表、各种散客的特殊要求列表等传递到相关服务部门；散客到达后，接待员只需要在预订单上补充散客信息如身份证号码等就可以了。而 Walk Ins（上门散客）需要输入的内容就更多，散客的全部信息都要在接待时输入，所以不少酒店为了不让散客等候时间过长，明确规定接待散客不得超过 3 分钟，设计接待系统就是要为此提供充分的保证。

（1）散客入住登记

已预订散客登记，包括预订多个房间的散客接待、共享散客接待、提前到达散客接待。办理完入住登记后，对散客信息和入住散客信息进行修改；无预订散客直接登记；如果客房全部预订完，建议散客去别的酒店，系统仍保留该散客预订信息，并记录该散客联系方式，以备他重新返回和查询；删除超时预订；入住散客信息查询；到期散客续住，系统会自动地修改入住信息；根据档案登记。

（2）团队入住登记

团队办理入住时，系统自动登记一个已预订的团队（团队成员也必须先预订），对尚未分房的成员可以手工分房或系统自动分房；按预留房批登记，系统根据当日的预留房减去当日已经分配的房间，作为可以入住的房数，并根据每间房需开的账号数自动生成账号，以后就可以批量修改每个成员的姓名、入住日期、离开日期、房号等信息了；团队成员信息快速修改，所有预计当日抵达的预订成员自动登记后，再进行成员的个别修改；无预订团队入住登记；在店团队查询；返回团队重新入住，即一个团队暂时结账退房，一段时间后又返回酒店入住，此时只需要更换一个团队账号，对成员重新分配房间，再做一些小的修改后即可快速入住。

（3）各种报表

当日抵店客人报表，包括散客和团队成员；当日预订、接待散客报表；在住散客报表；可用房报表；当日 VIP 接待报表；当日回头客报表；特殊要求报表；员工当前工作情况报表。

3. 收银功能

前台收银系统与接待系统一样，直接面对宾客服务，其主要功能是处理宾客账务，有的酒店还进行应收账款的管理工作，具体功能有：

（1）账单处理

客账的输入、调整和冲账；各种付款方式的处理；散客结账退房；挂账处理；提前结账处理；优惠处理；预订金及押金处理；团队结账及团队成员私人账单处理；应收账务处理等。

（2）常用报表

查询并打印各种报表。

4. 客房管理功能

客房管理由房务部门负责，主要任务是在系统里实时反映每间房间的实时状态，包括明确房间是不是空闲房、出租房、干净房、脏房等信息及其组合状态，如空净房、空脏房、在住净房、在住脏房等，以便前台预订员、接待员分配房间；同时包括一些特定房间的设置，如参观房转作其他用途，如办公室的房间等。客房管理通过客房部员工工号登入修改，前台员工一般无此操作权限。客房管理的主要功能有：

（1）房态管理

在饭店信息系统中，采用前台与客房部共同维护房态的方式：前台控制客房的占用与否，客房部更改其清洁、脏、等待维修和停用等房态设置，同时根据进入房间时看到的房间占用与否信息与前台核对。很多酒店在淡季时会关闭一些楼层，房态更改为停用状态，以节省能源和成本。其他一些特定房间的设置也由客房部来操作完成。

（2）客房服务员管理

涉及客房部员工清扫任务分配、统计功能。

（3）优先打扫客房管理

前台列入的优先打扫房间，客房部安排员工优先打扫。

（4）客房档案管理

涉及客房历史入住记录查询、客房维修记录查询、客房内部物品管理等。

5. 夜审功能

夜审功能是酒店经营的一个核心部分，与预订、接待、收银共同组成最基本的前台操作信息管理系统。其主要功能有：

（1）交接班

分为总台交接班和非总台交接班两部分，并提供查账报表功能。

（2）酒店账务处理

将酒店中未用计算机管理的各营业点的营业数据输入酒店专用账户中。

（3）过房费

每天一次，在在住散客的账目上自动添加当天的房租费用。在实际过房费之前，提供预过房费功能，打印预审报表供核对。

（4）营业报表

对当天的收入进行分类统计，打印各种报表数据。

6. 信息系统维护功能

信息系统维护包括以下基本功能：

（1）系统初始化

初始化整个系统，在系统安装时使用。

（2）使用情况

查阅操作员错误关机记录，监视系统的运行情况，维护各种代码，如国家代码、地区代码、住店缘由、优惠缘由、换房处理、费用代码、付款方式、计费参数等。

（3）客房配置

增加、修改、显示、删除房间信息，房价信息和房类信息等。

（4）数据备份与系统维护

服务器数据自动备份、硬盘数据备份、夜审数据备份，当系统出现故障时用于修复整个系统，维护数据的完整性和一致性。

四、主流饭店信息系统介绍（Mainstream HIS）

前台业务是饭店业最先实现信息化的部分，是饭店信息系统最重要的组成部分，其主要功能包括客户管理、客房管理、收银与财务管理、预订与入住管理、离店管理、夜审管理和系统维护管理等。下面分别介绍国际上著名的和在我国使用较多的饭店信息系统。

（一）国外饭店信息系统（Foreign HIS）

1. Opera 饭店信息系统

Opera 饭店信息系统是美国 Oracle 公司在 Micros-Fidelio 系统的基础上开发的最新版本饭店信息系统。作为企业软件解决方案，Opera 饭店信息系统包括前台管理系统、销售与宴会管理系统、物业业主管理系统、工程管理系统、中央预订系统、中央客户信息管理系统和收益管理系统。其中，前台管理系统是其核心部分，可以根据不同饭店的不同运营方式所带来的需求多样化合理地进行设置，以贴合饭店的实际运作。除单体饭店模式外，前台管理系统还提供多饭店模式，通过一个共享的数据库，向多个饭店提供数据存取甚至相互访问。除针对饭店集团和高星级饭店的 Opera 饭店信息系统外，美国 Micros 公司还开发了精简版本的 Opera Express，以适合中小型饭店的商业运营，节约使用成本。目前，Opera 饭店信息系统已成为国际饭店业和国内高档饭店青睐的主流软件之一。

2. Fidelio 饭店信息系统

Fidelio 饭店信息系统于 1987 年 10 月在德国慕尼黑创立，成立 4 年后成为欧洲领先的饭店软件产品，成立 6 年后成为世界饭店信息系统供应商首选。后来，该软件被美国 Micros System Inc. 公司收购。目前，Fidelio 饭店信息系统已经在全球 16 000 家饭店、豪华游轮和度假别墅使用，在国内四星级以上饭店市场占有 40% 左右的份额，是外资饭店或外方管理的饭店采用量最大的软件之一。1995 年，Micros 公司在香港成立了 Fidelio Software 中国有限公司，专门开发代理中国大陆市场，1996 年在北京注册了办事处，1997 年在上海注册了办事处，1998 年成立上海分公司。2003 年 7 月，Micros 公司与北京中长石基信息技术股份有限公司（简称石基公司）签订中国内地市场（不包括香港、澳门、台湾）独家技术许可协议，石基公司全面代理 Micros 公司的 Opera 和 Fidelio 饭店信息系统在中国的全部销售和售后服务。

3. HIS 饭店信息系统

饭店业资讯系统有限公司（Hotel Information Systems Co.，简称 HIS）成立于 1977 年，总部位于美国洛杉矶，目前是美国上市公司 MAI Systems Corporation 的全资公司。全盛时期的 HIS 饭店信息系统在全世界 80 多个国家和地区的 4000 多家饭店使用，如中国北京的王府饭店、中国大饭店、长城饭店，上海的锦江饭店、华亭饭店、希尔顿饭店，广州花园饭店，浙江世界贸易中心等。在香港，采用 HIS 饭店信息系统的高星级饭店鼎盛时占全香港饭店的 75% 左右。HIS 饭店信息系统采用标准多用户系统，主机采用 IBM 公司的 AS400 小型机，数据库采用 DB2，一般用于高星级饭店。

（二）国内饭店信息系统（Domestic HIS）

1. 西湖软件

1993 年 6 月，杭州西湖软件有限公司成立，研发了西湖软件（FOXHIS 系统，目前最新版本为 X5 版），成为最大的国产饭店信息系统公司。2006 年 12 月 Opera 和 Fidelio 饭店信息系统代理商——石基公司全资收购西软。

2. 绿云软件

杭州绿云软件股份有限公司创建于 2010 年，是中国 PMS 技术的开创者。作为大住宿业数智生态服务商，绿云专注于酒店、大住宿、大文旅行业信息化平台的研发、运维和营销服务。绿云是甲骨文（Oracle）公司的合作伙伴，授权分销、实施和支持 Oracle Hospitality 解决方案。绿云 PMS、Oracle Hospitality、数据平台、电商平台是绿云的四大核心业务，已成功开发前台数字化、客房数字化、餐饮数字化、财务数字化、营销数字化、连锁酒店集团数字化、文旅综合体数字化等一系列数字化解决方案。截至目前已签约酒店数达 25 000 家。

3. 千里马饭店系统

千里马饭店系统最初由广东劳业电脑系统开发公司创立，于 1993 年推出 DOS 版本，1998 年推出 Windows 版本（采用 C/S 结构，用 VB 开发，采用 Windows NT/2000 平台，使用 SQL Server 数据库）。到目前为止有 300 家左右饭店用户，主要分布在广东、湖北、湖南、四川等地。劳业电脑系统开发公司于 1998 年被香港万达电脑系统有限公司收购，改名为广州万迅电脑软件有限公司。

4. 泰能软件

1993 年，清华大学博士倪源滨创办泰能公司，1994 年推出 Windows 版本的饭店前台系统，1999 年推出饭店管理系统 THIXS 2000。2006 年公司重组，更名为北京泰能软件有限公司，同年整合上海沪泰信息科技有限公司。2017 年，泰能 Delta 饭店管理信息系统 V2008 上市。

拓展阅读

乐易住是国内首家无人智慧酒店品牌，将互联网平台思维、大数据云服务及尖端智能设备完美对接到酒店的运营和管理中，打造全程无人值守入住模式和全方位智能感应住宿体验。与许多传统酒店不同，步入酒店几乎不见工作人员，所有的服务由智能设备与机器人配合完成。比如，办理入住时，通过自助登记终端 30 秒“刷脸”入住，免去漫长等待时间。在客房门禁上，乐易住并没有房卡，宾客通过智能门锁，输入密码或手机远程开锁，减少携带房卡的麻烦，而远程开锁是目前市场上少有的便捷体验。

值得一提的是，乐易住无人智慧酒店将“用科技服务生活”理念贯穿整个入住过程。进入客房后，灯光、电视自动开启，空调智能设定为适宜温度，窗帘缓缓打开，为宾客带来更为便捷的住宿体验。为了弥补线下社交场景的缺失，乐易住在手机 APP 上增加了社交功能，宾客可在乐友中寻找共同兴趣爱好者进行交流，也可在乐圈中分享景点攻略，符合时下年轻一族的使用需求。如果在入住过程中需要“加借物”，只需要一个电话，智能机器人会将所需的物品送上门。

任务二　Opera PMS 概述 /Summary of Opera PMS

一、系统界面（Interface）

（一）Opera 系统登录（Login）

微课 1-2-1

系统登录有严格的用户权限要求，用户名（User Name）以及密码（Password）在 Opera 系统中可以进行设置。Opera 的密码要求必须是数字与字母的组合，且不能少于七位。

用户权限指的是允许或限制用户在 Opera PMS 中可执行的任务范围。在酒店，前台、财务、房务、销售等不同部门的员工工作职责和权限是不同的，因此，不同部门员工在 PMS 中的每个模块可用权限也有很大差异。在 Opera 设置界面，可对每个部门的员工操作权限进行设置。当酒店需要调整时，也可以由酒店的 IT 部门使用系统设置功能进行修改。

从计算机桌面上点击 IE 图标，在左上角的 Opera Login 中输入用户名和密码后，在 Schema 数据库中选择相应的数据库，按下回车键，进入功能选择界面。Opera 丰富的功能适用于酒店不同的业务需求，每一个功能模块都可以独立成一个系统，每个功能模块之间又有着紧密的关联。本书仅对 Opera PSM 进行介绍（见图 1–2–1 及图 1–2–2）。

（二）Opera PMS 系统主界面（Main Interface）

点击 PMS 进入 Opera 系统主界面，界面由“Reservations”（预订）、” Front Desk”（前台）、“Cashiering”（收银）、“Rooms Management”（房务管理）、“AR”（应收账户）、“Commissions”（佣金管理）、“End Of Day”（夜审）、“Miscellaneous”（杂项）、“Setup”（设置）、“Back Office Interface”（第三方端口）和 “Help”（在线帮助）等十几个下拉式菜单组成。和下拉式菜单相对应的，下面有十几个图标式菜单（见图 1–2–3）。

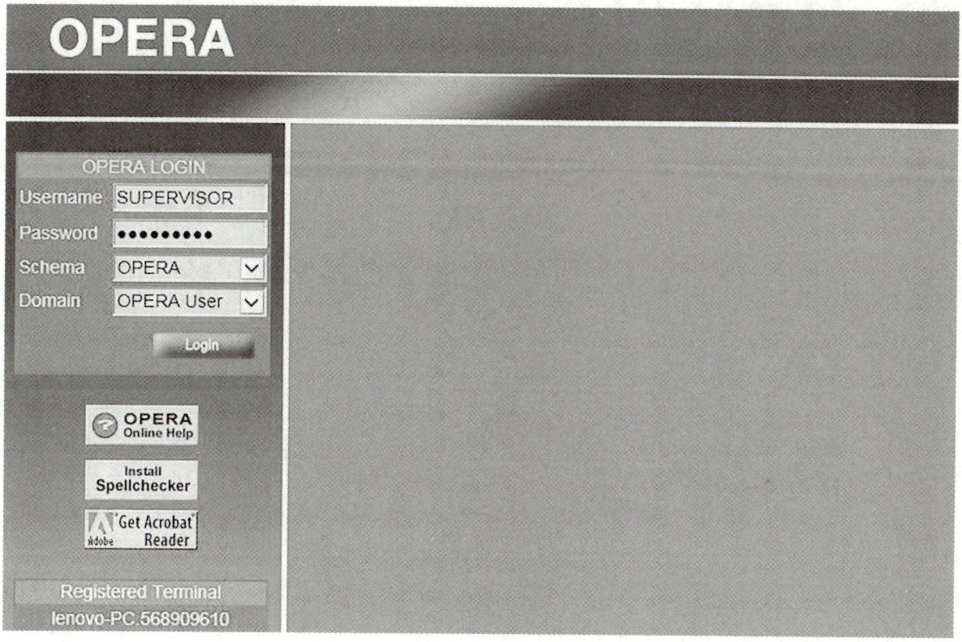
OPERA
OPERA LOGIN
Username SUPERVISOR
Password ●●●●●●●●●●
Schema OPERA
Domain OPERA User
Login
OPERA Online Help
Install Spellchecker
Get Acrobat Reader
Registered Terminal
lenovo-PC.568909610

图 1-2-1 Opera 登录界面

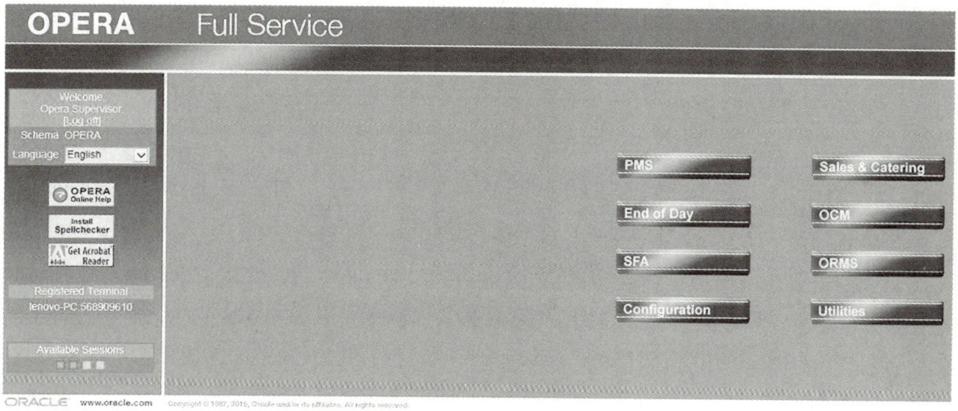
OPERA Full Service
Welcome, Opera Supervisor
[Log off]
Schema OPERA
Language English
OPERA Online Help
Install Spellchecker
Get Acrobat Reader
Registered Terminal
lenovo-PC.568909610
Available Sessions
PMS
Sales & Catering
End of Day
OCM
SFA
ORMS
Configuration
Utilities
ORACLE www.oracle.com

图 1-2-2 Opera Full Service 界面

图 1-2-3　Opera PMS 界面

（三）Opera PMS 菜单打开方法（Open Procedure）

（1）鼠标左键单击顶部菜单栏，并在下拉式菜单中选择。

（2）鼠标左键单击横向图标式菜单，然后会在左边出现该菜单下的对应子菜单图标，用鼠标左键单击所要操作的图标。

（3）使用快捷键，Alt + 下划线上的英文字母。

二、常用快捷键（Quick Keys）

微课 1-2-2

快捷键利用不同功能键的组合，可以快速调用一些常用功能。在实际工作中，饭店员工会频繁使用该方法，以提高工作效率。可在 Miscellaneous 菜单列表中选择 Show Quick Keys，即可打开快捷键控制面板（见图 1-2-4）。

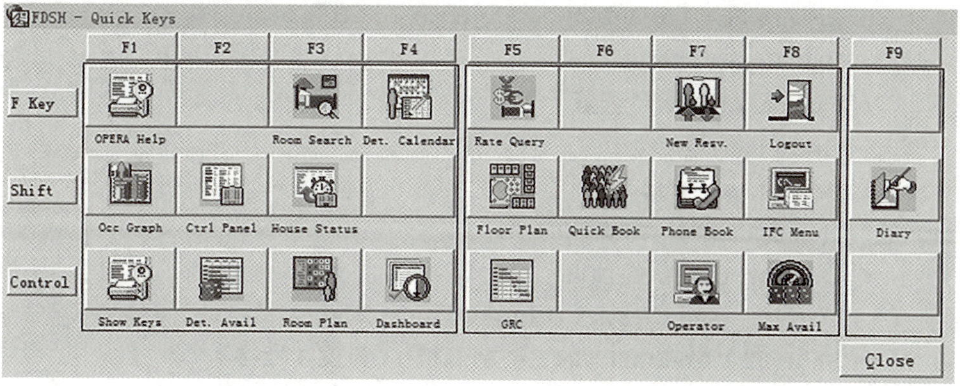

图 1-2-4 快捷操作键控制面板

（1）F1：Help（在线帮助）

（2）Shift+F1：Occ. Graph（出租率表）（见图 1-2-5）

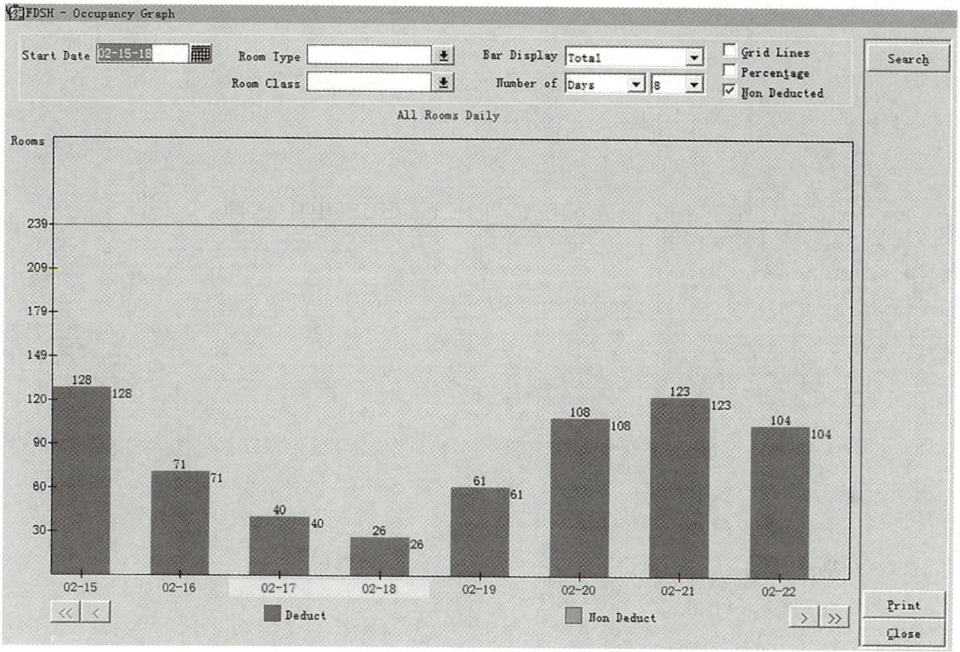

图 1-2-5 Occ. Graph（出租率表）界面

Start Date：开始日期

Room Type：房间类型

Room Class：房间分类

Bar Display：图视

Number of Days：天数

Grid Lines：格线

Percentage：比率

Non Deducted：未确认的预订

Deduct：已确认的预订

（3）Ctrl+F1：Show Keys（快捷键说明）

（4）Shift+F2：Control Panel（控制面板）（见图 1-2-6）

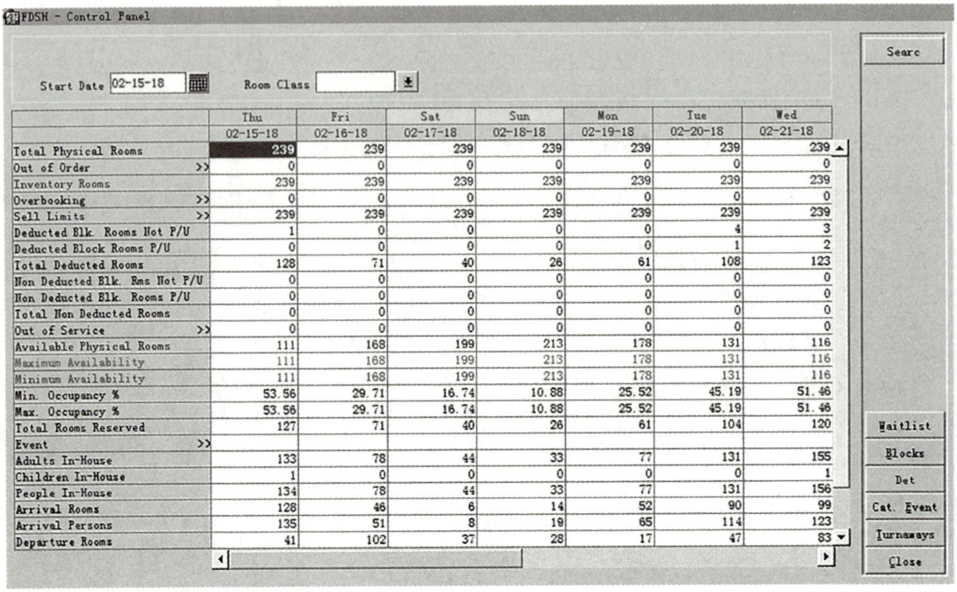

FDSH - Control Panel

Start Date 02-15-18　Room Class

	Thu 02-15-18	Fri 02-16-18	Sat 02-17-18	Sun 02-18-18	Mon 02-19-18	Tue 02-20-18	Wed 02-21-18
Total Physical Rooms	239	239	239	239	239	239	239
Out of Order >>	0	0	0	0	0	0	0
Inventory Rooms	239	239	239	239	239	239	239
Overbooking >>	0	0	0	0	0	0	0
Sell Limits >>	239	239	239	239	239	239	239
Deducted Blk. Rooms Not P/U	1	0	0	0	0	4	3
Deducted Block Rooms P/U	0	0	0	0	0	1	2
Total Deducted Rooms	128	71	40	26	61	108	123
Non Deducted Blk. Rms Not P/U	0	0	0	0	0	0	0
Non Deducted Blk. Rooms P/U	0	0	0	0	0	0	0
Total Non Deducted Rooms	0	0	0	0	0	0	0
Out of Service >>	0	0	0	0	0	0	0
Available Physical Rooms	111	168	199	213	178	131	116
Maximum Availability	111	168	199	213	178	131	116
Minimum Availability	111	168	199	213	178	131	116
Min. Occupancy %	53.56	29.71	16.74	10.88	25.52	45.19	51.46
Max. Occupancy %	53.56	29.71	16.74	10.88	25.52	45.19	51.46
Total Rooms Reserved	127	71	40	26	61	104	120
Event >>							
Adults In-House	133	78	44	33	77	131	155
Children In-House	1	0	0	0	0	0	1
People In-House	134	78	44	33	77	131	156
Arrival Rooms	128	46	6	14	52	90	99
Arrival Persons	135	51	8	19	65	114	123
Departure Rooms	41	102	37	28	17	47	83

图 1-2-6　Control Panel（控制面板）界面

Search：查询

Waitlist：候补预订

Blocks：团队

Details：详情

Cat. Event：宴会会议

Turnaways：婉拒

Total Physical Rooms：全部房间

Out of Order（OOO）：大维修房

Inventory Rooms：饭店当前实际可卖房（Total Physical Rooms – Out of Order）

Overbooking：饭店当前可以超预订的房间数

Sell Limits：销售限制，饭店可卖房数（Total Physical Rooms + Overbooking）

Deducted Block Rooms Not P/U：当前全部已确认的团队预订数，但还没分房（Pick up）

Deducted Block Rooms P/U：当前全部已确认团队预订数，已分房

Total Deducted Rooms：全部已经确认的预订，包括在店的客人及已确认的当天预订

Non Deducted Block Rooms Not P/U：未确认的团队预订，没有分房

Non Deducted Block Rooms P/U：未确认的团队预订，但已分房

Total Non Deducted Rooms：全部未确认的预订，包括团队及前台预订

Out of Service：小维修房

Available Physical Rooms：当前可卖房（Inventory Rooms – Total Deducted Rooms）

Maximum Availability：最大可卖房（Hotel Availability + Overbooking）

Minimum Availability：最小可卖房（Hotel Availability + Overbooking – Total Non Deducted Rooms）

Min. Occupancy %：最小出租率

Max Occupancy %：最大出租率

Total Rooms Reserved：当日实际预订数（Total Deducted Rooms + Total Non Deducted Rooms）

Event：会议

Adults In-house：当日全部在店成人数

Children In-house：当日在店儿童数

People In-house：当日在店客人数

Arrival Rooms：预抵房间数

Arrival Persons：预抵人数

Departure Rooms：预离房间数

Departure Persons：预离人数

Room Type Overbooking：是否可以超额预订

Day Rooms/Persons：日用房房数 / 人数

Waitlist Rooms/Persons：候补预订房间 / 人数

（5）Ctrl+F2：Det. Avail.（显示每个房型在将来每天的可卖房情况）（见图 1-2-7）

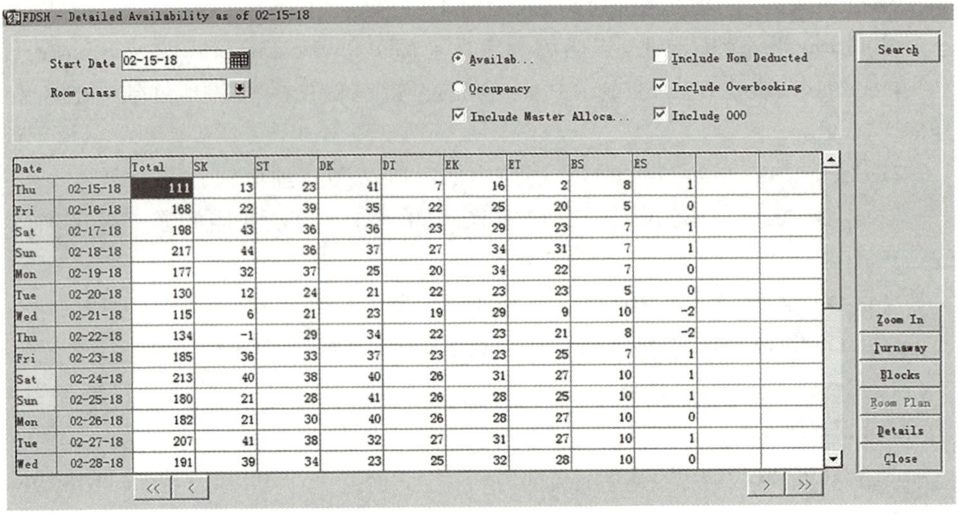

Date		Total	SK	ST	DK	DT	EK	ET	BS	ES
Thu	02-15-18	111	13	23	41	7	16	2	8	1
Fri	02-16-18	168	22	39	35	22	25	20	5	0
Sat	02-17-18	198	43	36	36	23	29	23	7	1
Sun	02-18-18	217	44	36	37	27	34	31	7	1
Mon	02-19-18	177	32	37	25	20	34	22	7	0
Tue	02-20-18	130	12	24	21	22	23	23	5	0
Wed	02-21-18	115	6	21	23	19	29	9	10	-2
Thu	02-22-18	134	-1	29	34	22	23	21	8	-2
Fri	02-23-18	185	36	33	37	23	23	25	7	1
Sat	02-24-18	213	40	38	40	26	31	27	10	1
Sun	02-25-18	180	21	28	41	26	28	25	10	1
Mon	02-26-18	182	21	30	40	26	28	27	10	0
Tue	02-27-18	207	41	38	32	27	31	27	10	1
Wed	02-28-18	191	39	34	23	25	32	28	10	0

图 1-2-7　Det. Avail.（显示每个房型在将来每天的可卖房情况）界面

Availability：可卖房

Occupancy：已占房

Include Master Allocations：包含团队假房

Include Non Deducted：包含未确认的预订

Include Overbooking：包含超额预订房间数

Include OOO：包含大维修房

Zoom In：分类明细

Room Plan：房间图

（6）F3：Room Search（可卖房查询）（见图 1-2-8）

Features：房间特点

Floor：楼层

Specials：特别之处

Smoking：吸烟房

Due Out：预离

Checked Out：已退房

Vacant：空房

Clean：干净房

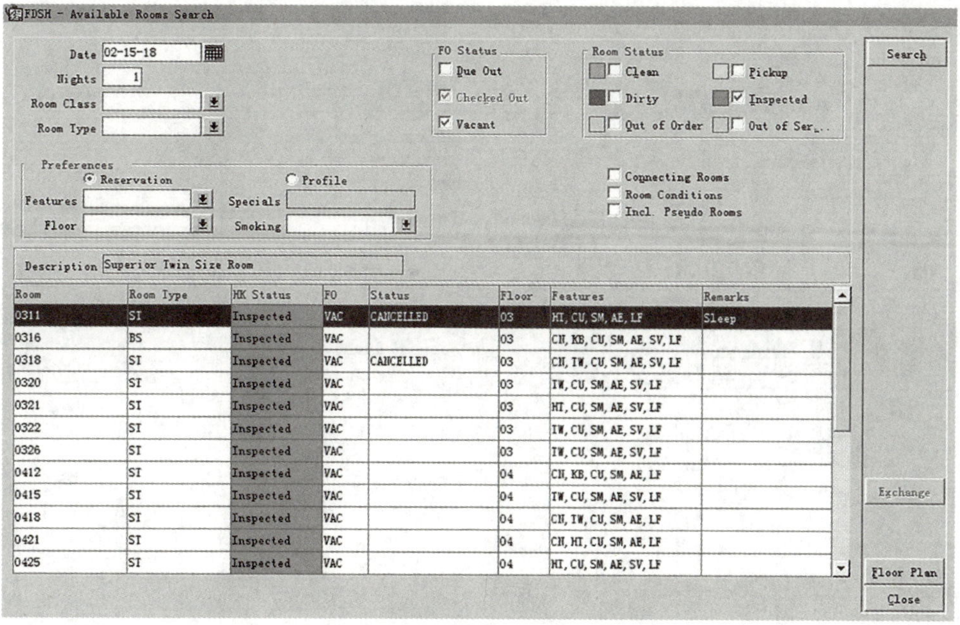

图 1-2-8　Room Search（可卖房查询）界面

Dirty：脏房

Pickup：需要简单整理的房间

Inspected：已检查房

Connecting Rooms：连通房

Room Conditions：特殊用途

Incl. Pseudo Rooms：包括假房

Floor Plan：楼层图

（7）Shift+F3：House Status（房态）（见图 1-2-9）

Total Physical Rooms：全部房间

Total Rooms to Sell：可卖房数

Stayovers：在店过夜客人（注：不是今天到也不是今天走）

Departures Expected：预离

Departures Actual：实际离店

Arrivals Expected：预抵

Arr. Exp. Made Today：当天做的预订数量（将来的也含当天的）

Arrivals Actual：实际到店

Extended Stays：续住

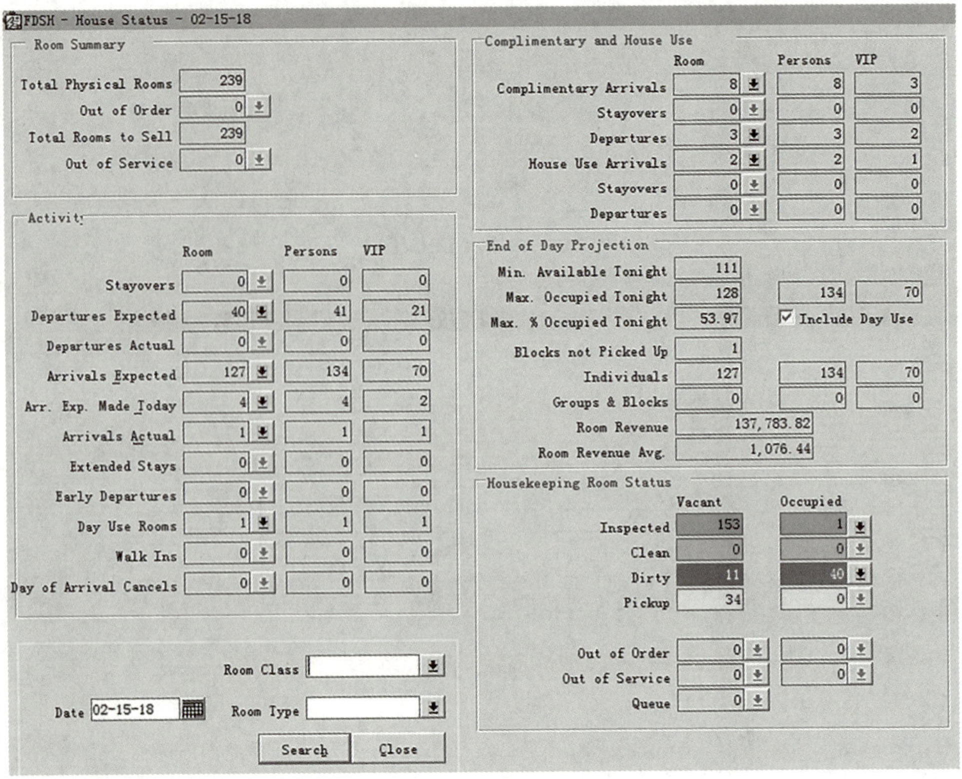

图 1-2-9　House Status（房态）界面

Day Use Rooms：日用房（当天来，当天走）

Walk Ins：无预订散客；上门散客

Day of Arrival Cancels：已取消的当天预订数

Complimentary Arrivals：预抵免费房（针对外部客人）

House Use Arrivals：预抵自用房（针对内部员工）

Min. Available Tonight：当夜最少可用房

Max. Occupied Tonight：最多住房，包括未确认预订房间数

Max. % Occupied Tonight：最大出租率，包含日用房

Blocks not Picked Up：团队中未被分配的房间（正常应保证为零）

Room Revenue：客房收入

Room Revenue Avg.：平均客房收入

Queue：待清洁

（8）Ctrl+F3：Room Plan（房间图）（见图 1-2-10）

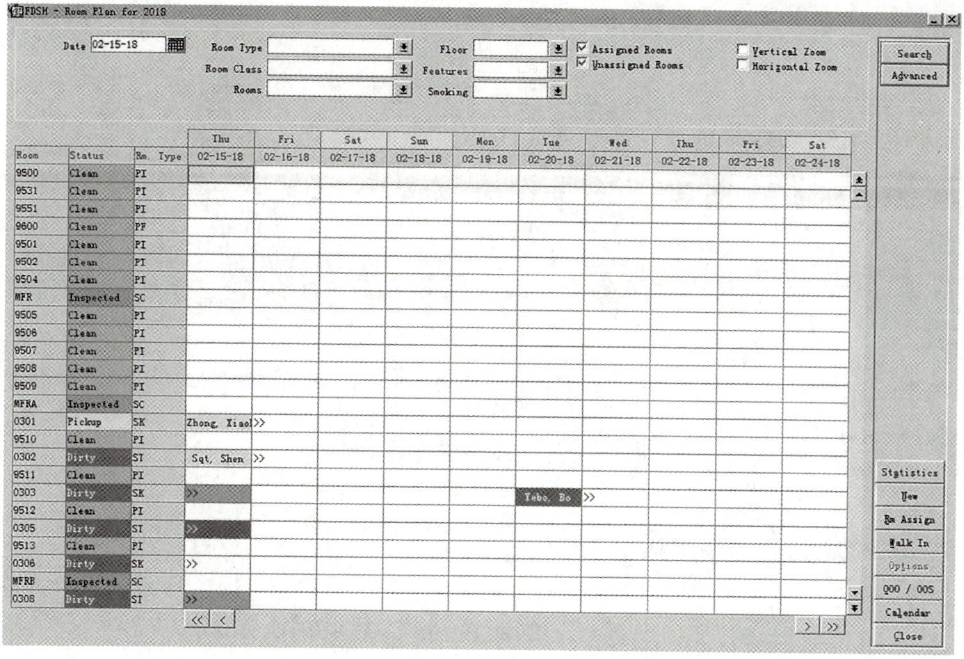

图 1-2-10　Room Plan（房间图）界面

Assigned Rooms：已派工房间

Vertical Zoom：垂直缩放

Horigontal Zoom：水平缩放

Statistics：统计

Room Assign：分房

Calendar：日历

（9）F4：Det. Calendar（日出明细）

（10）Ctrl+F4：Dashboard（操控界面）（见图 1-2-11）

View Reservation：查看预订

Reinstate：恢复预订

Reservation Options：预订选项

Balance：余额

Payment：付款方式

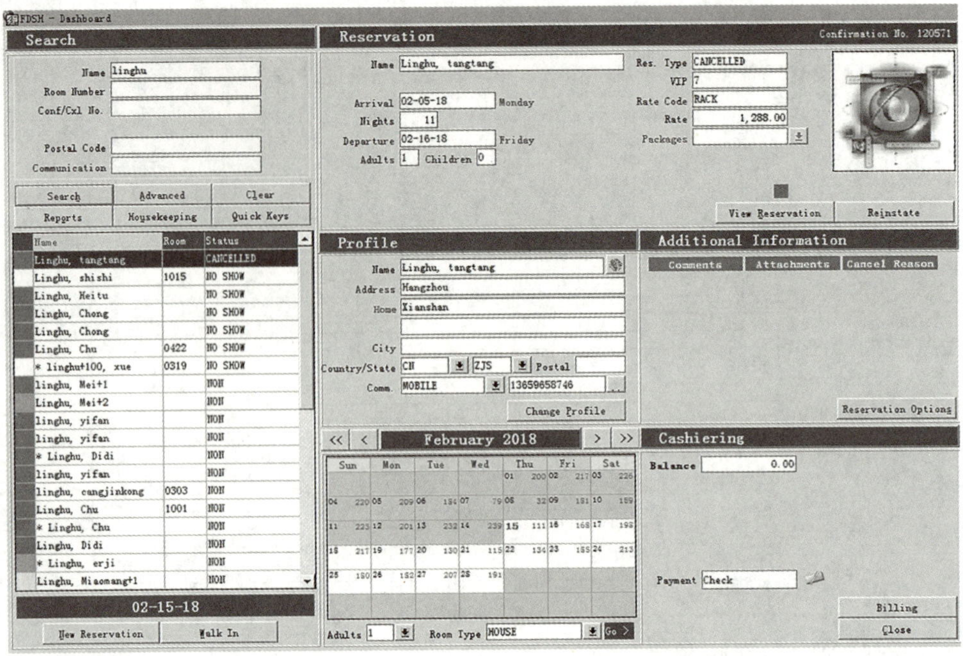

图 1-2-11　Dashboard（操控界面）

（11）F5：Rate Query（价格查询）（见图 1-2-12）

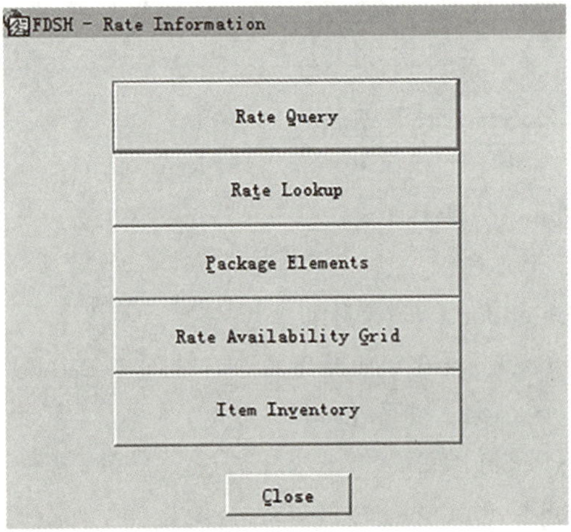

图 1-2-12　Rate Query（价格查询）界面

（12）Shift+F5：Floor Plan（楼层图）（见图 1–2–13）。

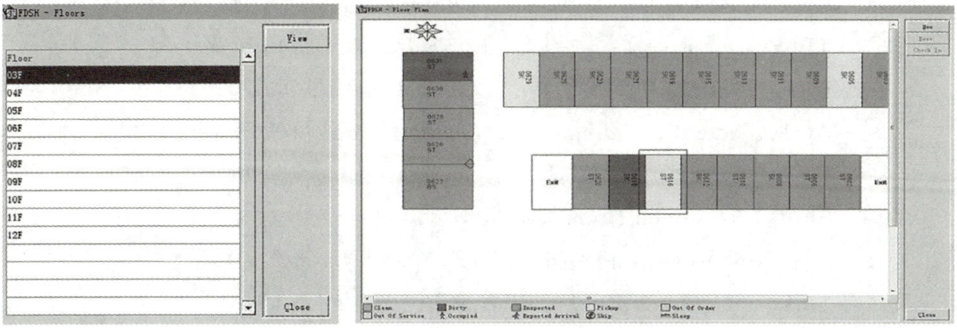

图 1–2–13　Floor Plan（楼层图）界面

（13）Ctrl+F5：GRC（团队房控）（见图 1–2–14）。

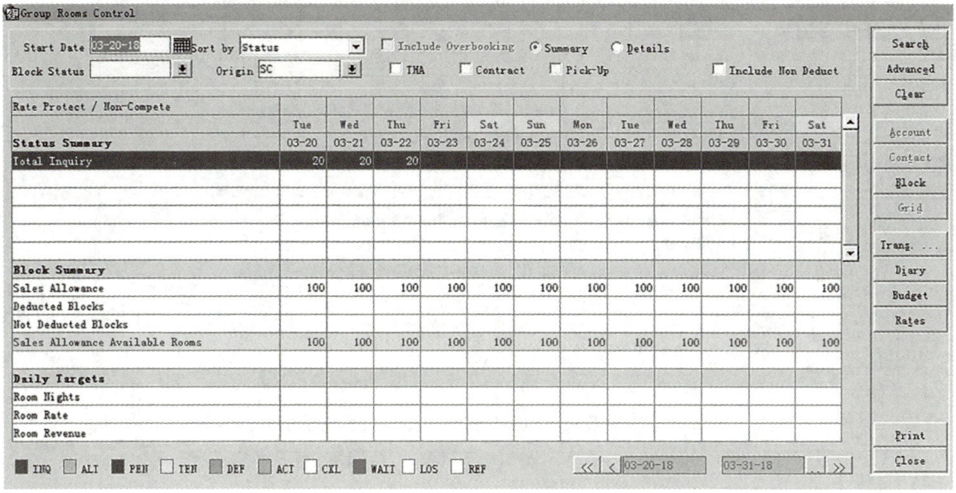

图 1–2–14　GRC（团队房控）界面

Account：公司

Contact：联系人

Grid：占房

Trans. Av.（Transient Availability）：团散预测

Diary：场地日志

Budget：预算

Daily Targets：每日目标

INQ（Inquiry）：询价，Non Deduct（不扣减可卖房）

PEN（Pending）：发出合同，Non Deduct（不扣减可卖房）

TEN（Tentative）：收到合同，Deduct（扣减可卖房）

DEF（Definite）：发团单，Deduct（扣减可卖房）

ACT（Actual）：团队入住，Deduct（扣减可卖房）

CXL（Cancel）：团队取消，Deduct（扣减可卖房）

（14）Shift+F6：Quick Book（团队预订新建）

（15）F7：New Resv.（新建散客预订）

（16）Shift+F7：Phone Book（电话簿）（见图 1-2-15）

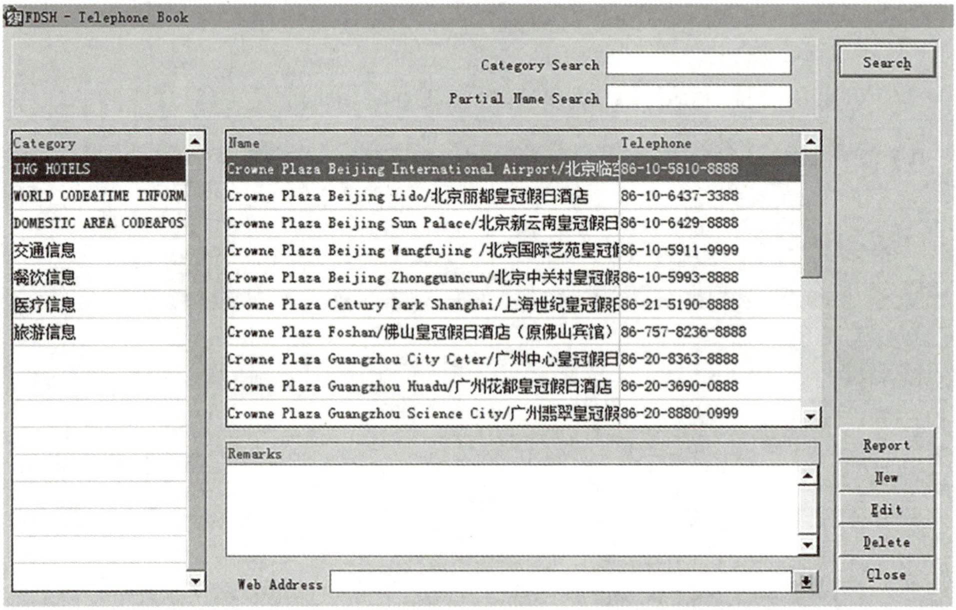

图 1-2-15　Phone Book（电话簿）界面

（17）Ctrl+F7：Operator（总机接线员）（见图 1-2-16）

（18）F8：Logout（用户切换）

（19）Shift+F8：IFC Menu（与其他系统连接的程序）（接口程序）

（20）Ctrl+F8：Maximum Availability（最大可卖房数）（见图 1-2-17）

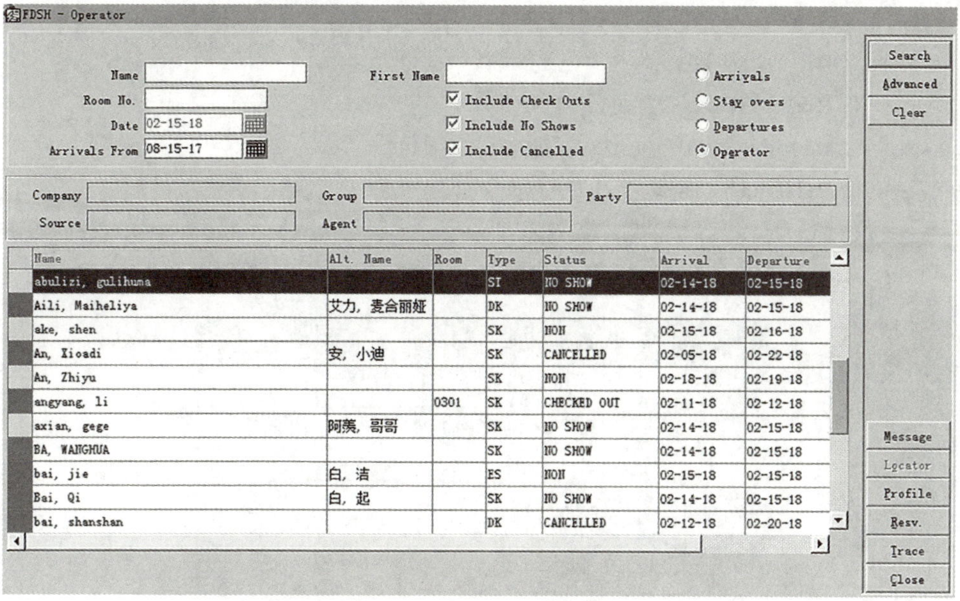

图 1-2-16　Operator（总机接线员）界面

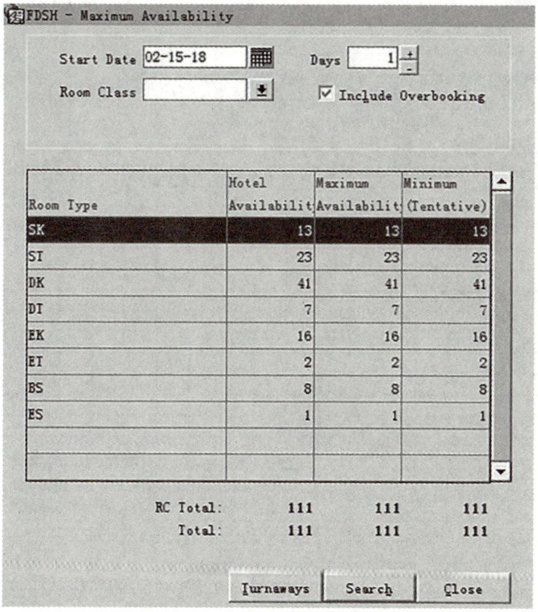

图 1-2-17　Maximum Availability（最大可卖房数）界面

Start Date：开始日期

Days：天数

Room Class：房间分类

Include Overbooking：包含超额预订

RC Total：房类合计

Turnaways：婉拒，无法接待

（21）Shift+F9：Diary（宴会日志）（见图 1-2-18 及图 1-2-19）

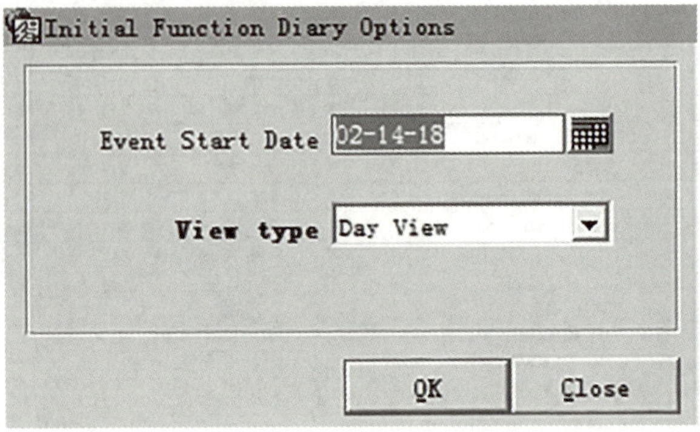

图 1-2-18　Diary（宴会日志）开始时间设置界面

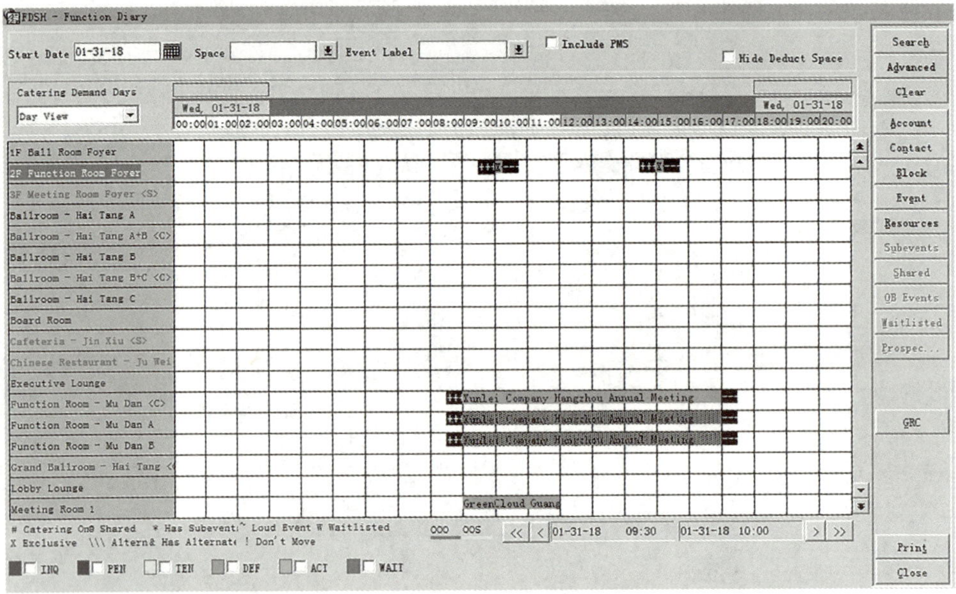

图 1-2-19　Diary（宴会日志）界面

Event Start Date：宴会开始日期

View Type：显示类型

Account：公司

Contact：联系人

Resources：资源

Subevents：子会议

OB Events：超额预订会议

GRC：团队房控

思考与练习

参考答案

一、判断题

1. Opera 系统来自美国 Oracle（甲骨文）公司。（ ）

A. 错误　　B. 正确

2. Opera 系统中的快捷帮助按键是 F1。（ ）

A. 错误　　B. 正确

3. Opera 系统中公司档案的应收账户功能按键是 A/R No.。（ ）

A. 错误　　B. 正确

4. 在计算机上登录 Opera 系统后，Opera 可自动识别该计算机编号，即 Registered Terminal。（ ）

A. 错误　　B. 正确

5. 为满足不同类别用户使用需求，Opera 系统可设置多个数据库，数据库之间不会相互干扰。（ ）

A. 错误　　B. 正确

6. Opera 登录界面，PMS 是指 Property Management System，即物业管理系统。（ ）

A. 错误　　B. 正确

二、单选题

1. Opera 系统中的快捷操作键是（ ）。

A. Alt + 下划线上的英文字母

B. Shift + 下划线上的英文字母

C. Tab + 下划线上的英文字母

D. Ctrl + 下划线上的英文字母

2. Opera 系统中的快速退出按键是（　　）。

A. F6　　B. F5

C. F8　　D. F3

3. Opera 系统中（　　）功能按键可以查看客人历史变更信息。

A. Queue　　B. Want

C. Alt　　D. Changes

4. Opera 系统中（　　）功能按键可以查看客人的历史消费记录。

A. History　　B. Changes

C. Future　　D. Delete

三、上机操作

（一）快捷操作键练习

1. 练习快速退出按键及在线帮助按键。

2. 以快捷操作键的方式打开散客档案查询界面。

（二）操作思考

1. 登录访问 Opera 系统时，为什么一定要用自己的账号和密码？

2. 你知道从哪里可以查询到客人是第几次入住酒店吗？

2

项目二 客史档案/Profile

项目导读

Opera PMS 中的档案资料（Profiles）是整个 Opera 系统工作的基础，也是系统中大多数数据的来源。有了一个信息丰富的档案，酒店就能从中了解客人的个性化需求，并在此基础上进行“一对一”的亲情化服务，从而真正做到“以客人为中心”，赢得客人的“忠诚”。本项目分别介绍了散客档案、公司档案和旅行社档案的创建方法。本项目的学习有助于理解 Opera PMS 系统中建立档案的必要性、档案的概念、分类以及操作方法等。

学习目标

1. 理解创建客史档案的必要性；
2. 了解各种不同类型客史档案之间的关系；
3. 熟练创建客史档案；
4. 熟练搜索、编辑系统中已有的客史档案；
5. 掌握在客史档案中添加客人喜好的方法。

思维导图

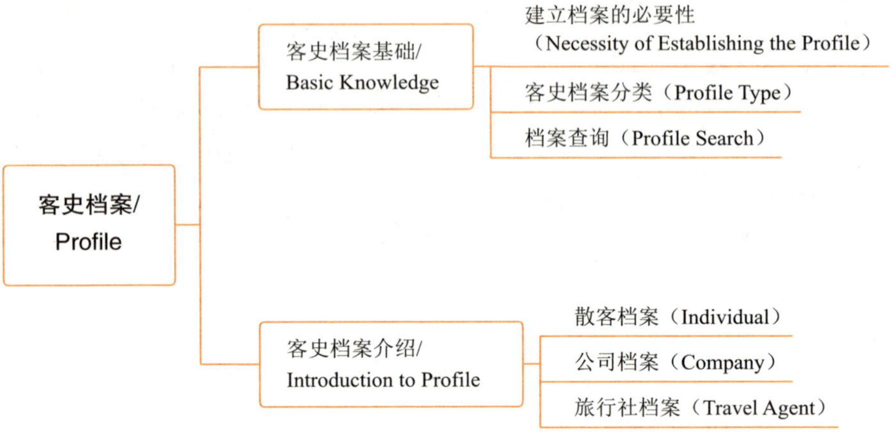

任务一 客史档案基础 /Basic Knowledge

对系统使用者来说，了解档案的概念很重要。Opera PMS 中的档案资料（Profiles）是 Opera 系统中大多数数据的来源，是整个 Opera 工作的基础。Opera PMS 提供客户资料记录功能，全面记录和统计客户、商务合作伙伴、联系人、集团、旅行社等各类信息以及信息来源等资料。客户资料包括地址、电话、会员信息、会员申请、住店历史信息及收入详情分析、客户喜好以及其他相关数据，使预订及其他操作的完成更快捷、更精确。

一、建立档案的必要性（Necessity of Establishing the Profile）

档案是描述某类客户对象所有特征的数据集，包含基本的不变信息和动态收集的可变信息。不变信息主要是一段时期内或永久性相对固定的基本资料，如性别、国籍、居住地、兴趣、合约价格、护照或人像照片等；可变信息主要是客史（History）和未来住店（Future）资料。

图 2-1-1 上海滴水湖皇冠假日酒店

客史档案是酒店最重要的信息资料。酒店的区位、投资规模、设施设备数量及规模这些有形资产固然重要，但这些资产的用途是服务客人，酒店在立项做商业规划（如定位为商务酒店或休闲度假型酒店）时，就已经对自己要服务的客源群体有了基本的定位。因此，客户资料虽然是无形资产但它是酒店运营的基础。在信息社会，服务业的竞争更多地体现为信息资源的竞争。一家酒店，只要掌握了客户资源，并有效地经营客户入口，就可以通过招商引资获得投资和迅速发展的机会；反之，仅有投资、设施设备，缺乏客户资源，受制于其他渠道，投资就发挥不了应有的作用。

建立数量众多的客史档案及以此为依托而建立的客史资料，是酒店运营管理的前提，是推行精益管理、提升个性化服务水平的关键因素。

酒店需要通过客史档案的建立和客户资料的积累，建立客户画像，从而知道自己的客源群体来自何方，他们的属性如何。为了建立客户画像，会从多个维度给每个客户建立多达上百个标签。简单的标签如性别、年龄、喜好等，复杂的标签如参加过酒店的什么活动，在哪里、什么时候搜索过酒店的相关信息，对酒店的什么产品感兴趣，是否打开并阅读过酒店发给他的促销邮件等。客户资料是酒店经营数据库的基础，对客户资料分析和挖掘的结果直接影响到酒店的广告投放策略、价格定位策略、产品定制策略等，甚至已经影响到品牌策略和新店的选址、装修风格等。

二、客史档案分类（Profile Type）

Opera 的操作流程是以档案为中心设计的，如要在系统中做一个订单就必须先建立一个客人档案，订单只是在这个客人档案中记录的一次预订行为，就像生活中我们每个人都有一份自己的档案，档案不仅记录了你的姓名、籍贯、生日等基本信息，同时还会记录你的学习经历、工作经历，并且随着时间的推移一条一条地增加。订单就如同你档案中的学习和工作经历一样记录着客人的预订经历。无论客人做过多少次预订、住过多少次店，在 Opera 系统中都只有一个档案。

在 Reservation 界面中点击 Profile，出现 Profile Search（客史档案查询）的对话框。

Opera PMS 中的 Profile 总共有六大类档案，即散客（Individual）、公司（Company）、旅行社（Travel Agent）、预订源（Source）、团体（Group）和联系人（Contact）档案等（见图 2-1-2）。

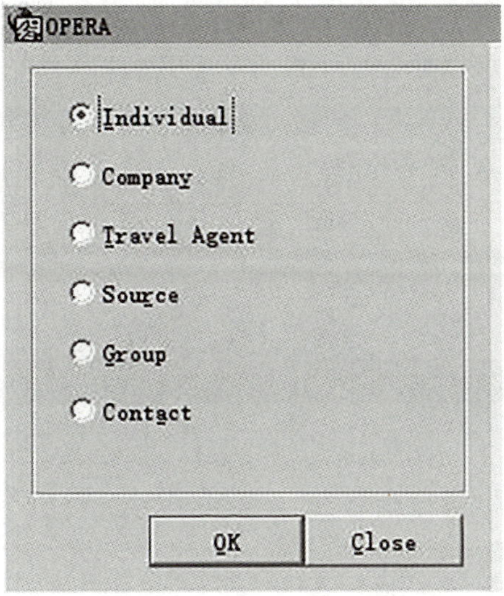

图 2-1-2　客史档案分类界面

三、档案查询（Profile Search）

客史档案的重要性在前面已经进行了阐述，那么客史档案的唯一性则是客户档案质量的最重要的保证。试想一下，如果同一个客人在系统中存在着多个档案，客人的预订记录、消费记录被分别存储在不同的档案中，甚至由于每个档案更新不一致导致客人的基本资料、喜好等都不同，这不但给客服工作带来了极大的麻烦，影响一线员工对客人的识别能力，而且对客户资料的分析产生负面影响。从信息管理的角度分析，减少重复档案同样是数据治理工作的重要考核指标。

档案的查询与新建是保证客户档案唯一性的第一道屏障。虽然重复档案不可完全避免，而且可以通过后续整理和合并的工作进行弥补，但会增加酒店时间和人员成本的极大消耗和浪费。所以在最初建立档案时必须严格把关，尽量避免重复档案的产生。

在新建档案之前，一定要先查询现有档案，确认每位客人只有一个档案。点击预订（Reservation）按钮后，点击左边一列中的档案（Profiles）按钮，出现档案查询界面（Profile Search）（见图 2–1–3）。

在 View by 字段下拉箭头出现 Profile 类型；在 Name 字段输入“%”可以将所有同类型的 Profile 全部搜索出来；在 Name 字段里输入姓的首字母后按

Search，相同首字母的 Profile 全部会被搜索出来，这是最普通的查找 Profile 方法。同样的，你也可以通过以下的方法查找：

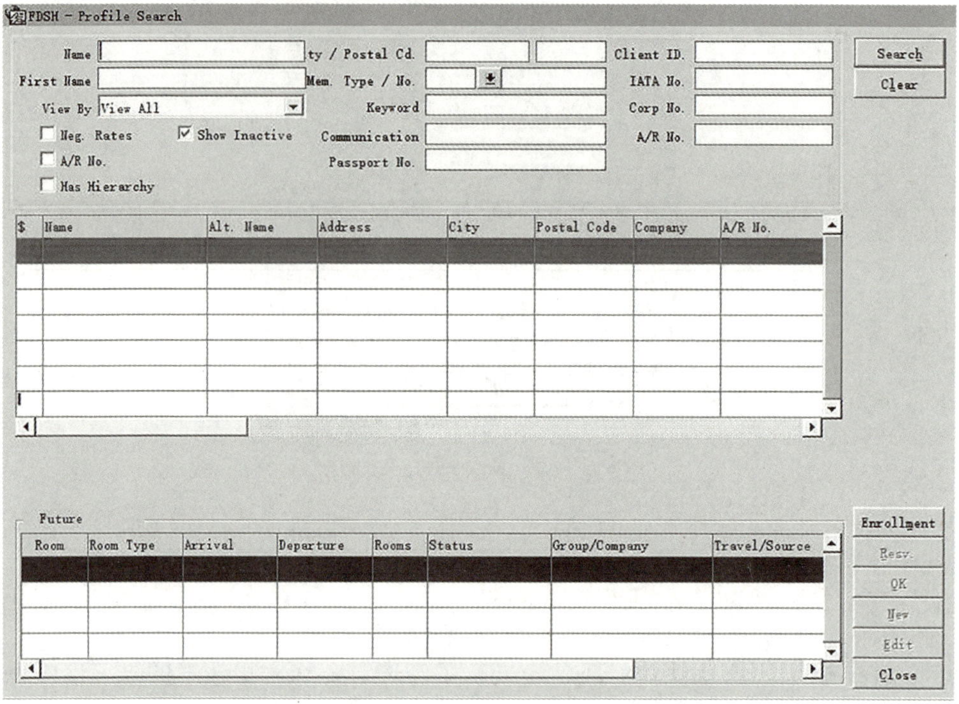

图 2-1-3　档案查询界面

Name：姓氏

First Name：名字

City：城市

Postal Code：邮编

Mem. Type：会员类别

Mem. No.：会员编号

Keyword：关键字

Communication：联系方式

Passport No.：护照编号

Client ID：客户 ID 编号

IATA No.：国际航空运输协会编码

Corp No.：合同编号

A/R No.：应收账户编号

任务二　客史档案介绍 /Introduction to Profile

一、散客档案（Individual）

新建散客档案时一定要注意，一位散客只有一个对应档案。当一位散客对应多个档案时：一方面，会使散客信息分散，影响酒店的统计数据。假设一位散客入住酒店 10 次以上，如对应同一份档案，即可将其作为常客对待，如这些入住信息分散在不同的档案中，则其仍被认定为一般散客。另一方面，也不利于为散客提供个性化服务，如某位散客第一次住店时就要求安静房，但是接下来每次住店时都要重复明确同样的要求，散客会觉得很不耐烦，从而不愿意再次入住这家酒店。对系统来说，由于生成了许多不必要的档案资料，形成大量垃圾数据，会造成系统运行速度变慢，这也降低了服务员在前台服务散客的效率，容易给散客留下不好的印象。

微课 2-2-1

（一）散客档案界面（Individual Profile）

在档案查询（Profile Search）界面右下角点击“新建”（New）按钮，选择“散客”（Individual），出现散客档案界面（见图 2-2-1）。

在输入客人名字时一定要遵守英文的输入法习惯，即姓（Last Name）和名（First Name）中首字母一定要大写。中国客人的名字也同样如此，需要输入中文名字的汉语拼音，可以在别名（Alternate Name）中输入客人的中文姓名。在处理各国姓名时，均应采用英文名的形式输入。这样处理的原因在于 Opera 系统是英文软件，数据库在处理英文姓名时速度最快、可靠性最高。

Title：对客人的一种称谓。此处一定注意体现性别，对难以确定是否已婚的女士，可选择 Ms.。Title 的正确选择，直接关系到向 VIP 客人发送欢迎信时称谓的正确性。

Language：语言。根据住店客人国籍选择相应的语种。语种选择的正确与否直接关系到酒店会为客人提供哪种语言的服务，如语音留言、联系邮件、促销短信、账单或推送哪种语言的 APP 下载地址等。

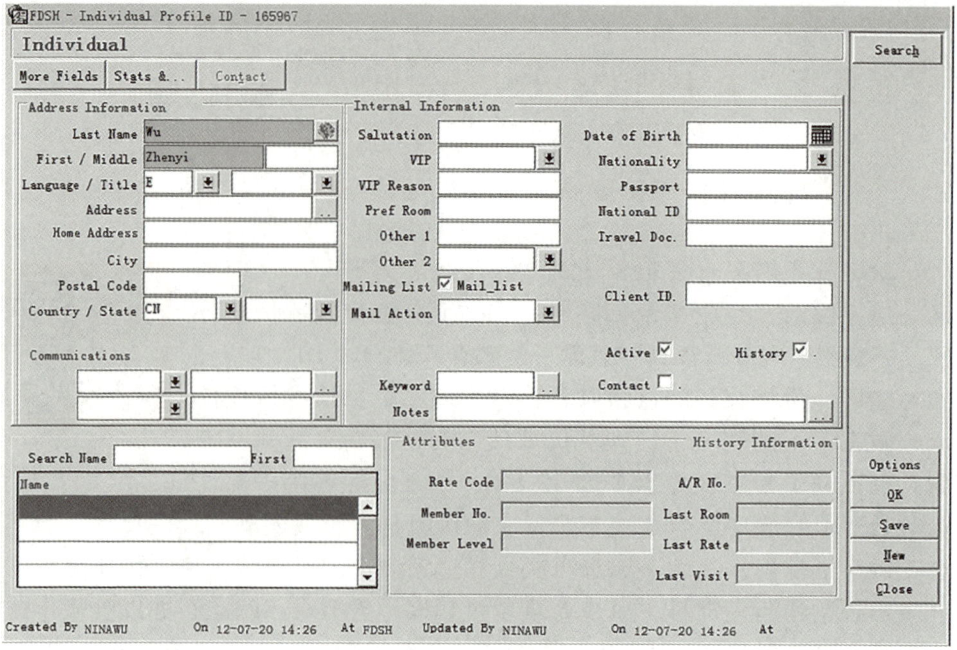

图 2-2-1　散客档案界面

Date of Birth：生日。可直接输入客人的生日，或者点击后面的“日历”，选择客人的生日。如客人是 1986 年 10 月 22 日出生，则其生日表示为“10-22-86”。

输入国籍（Nationality），生成的报表可以根据客人的国籍进行分类（见图 2-2-2）。

在地址（Address）中，点击 ...，从中可选择地址类型。Opera 中的地址类型可以根据酒店业务的需求自定义，如：Home Address（家庭地址）、Business Address（公司地址）、Billing Address（账单邮寄地址）。

地址详情界面中：

New：录入客人的一个或多个地址；

Edit：选中客人的某个地址，可进行编辑修改；

Delete：选中客人的某个地址，可进行删除；

Close：关闭对话框，回到新建客史档案界面。

在输入客人的地址时，在地址（Address）那一栏内，有四行（见图 2-2-3），一般在第一行输入街道 / 街区或邮政信箱，在第二行输入客人地址中的楼宇名称或区域名称。在城市（City）那一栏中输入城市的名称，接下来输入邮政编码（Postal Code）、国家（Country）、州或省（State）。

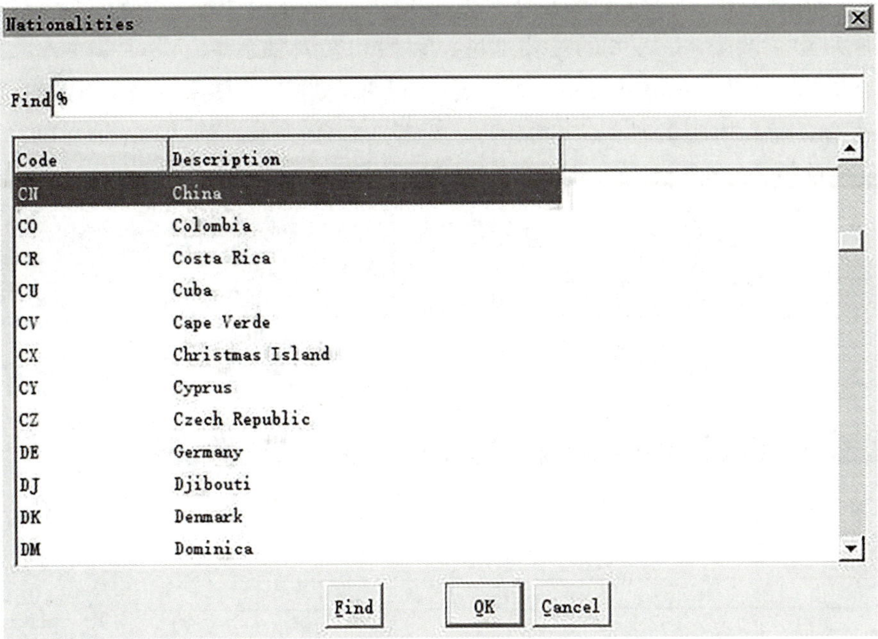

图 2-2-2　国籍界面

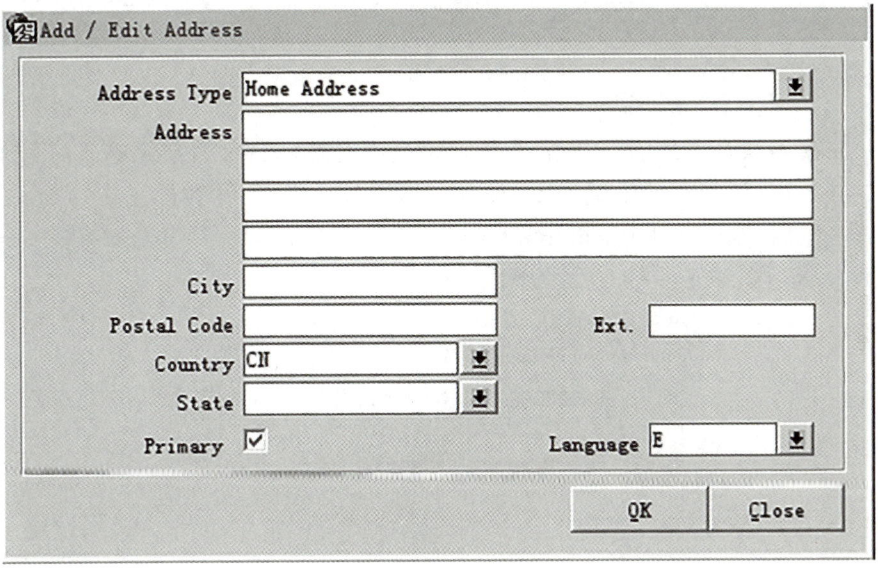

图 2-2-3　地址界面

首要地址（Primary）打钩后，表示该地址将被设置为该客人的首要地址，即第一联系方式。若客人有好几种联系地址，如公司地址、家庭地址，则最好确认哪一个地址是客人的首要地址，以便和客人联系。

在“邮件”（Mail Action）选项中，可以勾选（见图 2-2-4），系统会自动递送给客人相应的邮件，例如生日贺卡、新年贺卡、酒店举行的各类活动的宣传单等。

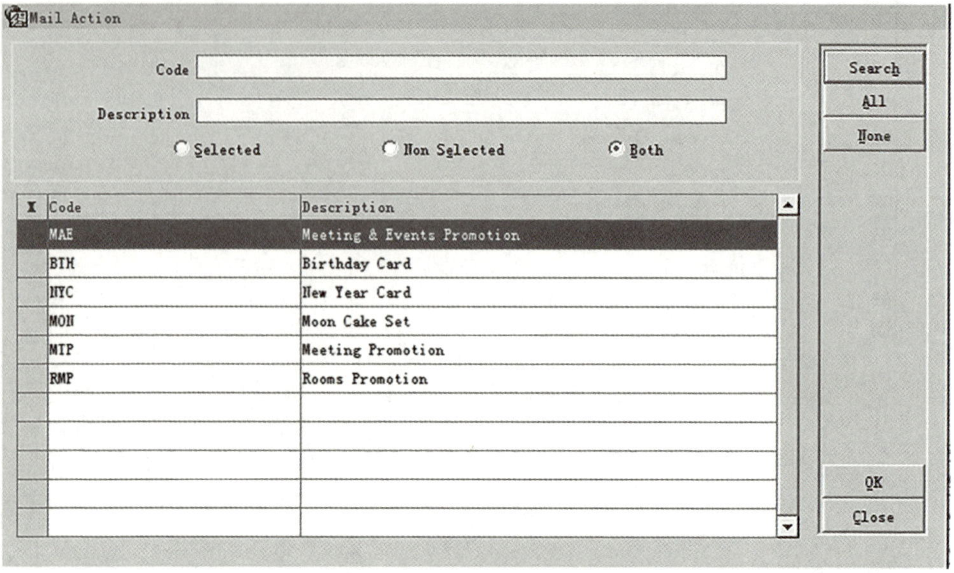

图 2-2-4　邮件界面

在输入联系方式时，要注意本地的电话不需要输入国家代码或区号（见图 2-2-5），例如本地电话 6666 6666；国内长途电话（0571）6666 6666；国际长途电话 +86（571）6666 6666，这里 571 代表区号，+ 代表国家代码，如中国（+86），瑞士（+41），美国（+1）。

图 2-2-5　联系方式

点击“数据和信息”（Statistics & Info.）的“数据”（Statistics）界面（见

图 2-2-6），显示的是该客人的过往入住历史及给酒店带来的营收。

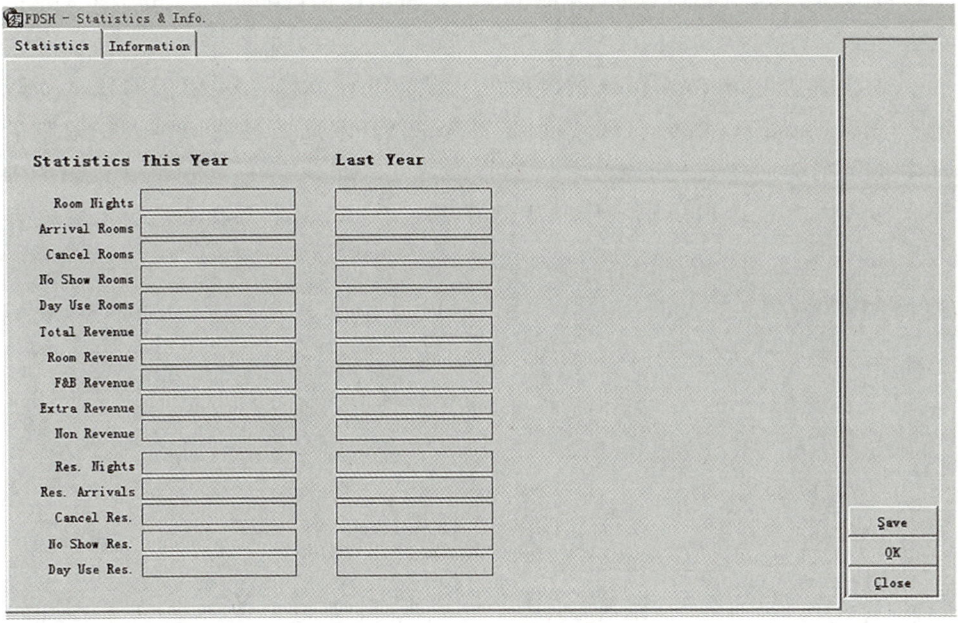

图 2-2-6　数据界面

Room Nights：客人实际入住几个间夜

Arrival Rooms：预抵客人所需客房数

Cancel Rooms：取消预订客房数

No Show Rooms：失约客房数（客人既没来，也没有取消预订）

Day Use Rooms：日用客人住的次数（客人在同一天入住并结账离开的次数）

Total Revenue：消费总和

Room Revenue：房费消费金额

F&B Revenue（Food and Beverage Revenue）：餐饮消费金额

Extra Revenue：其他消费金额

Non Revenue：代收代缴的费用金额（非酒店收入）

Res. Nights（Reservation Nights）：预订住宿总天数

Res. Arrivals（Reservation Arrivals）：客人预订入住的次数

Cancel Res.（Cancel Reservation）：取消预订的次数（包括客人与他人合住的预订）

No Show Res.（No Show Reservation）：没来但也没取消预订的次数（包

括客人与他人合住的预订）

Day Use Res.（Day Use Reservation）：日用房预订的次数（包括客人与他人合住的预订）

在“信息”（Information）界面的“状态”（Status）一栏，勾选“受限制”（Restricted），就会出现“规则”（Rule），即需要注明该客人受限制的理由（见图 2–2–7）。如该客人是犯罪嫌疑人，那么就在“规则”（Rule）中输入相关内容。这也可以用作酒店的“黑名单”，用来限制不适合入住的客人住店。

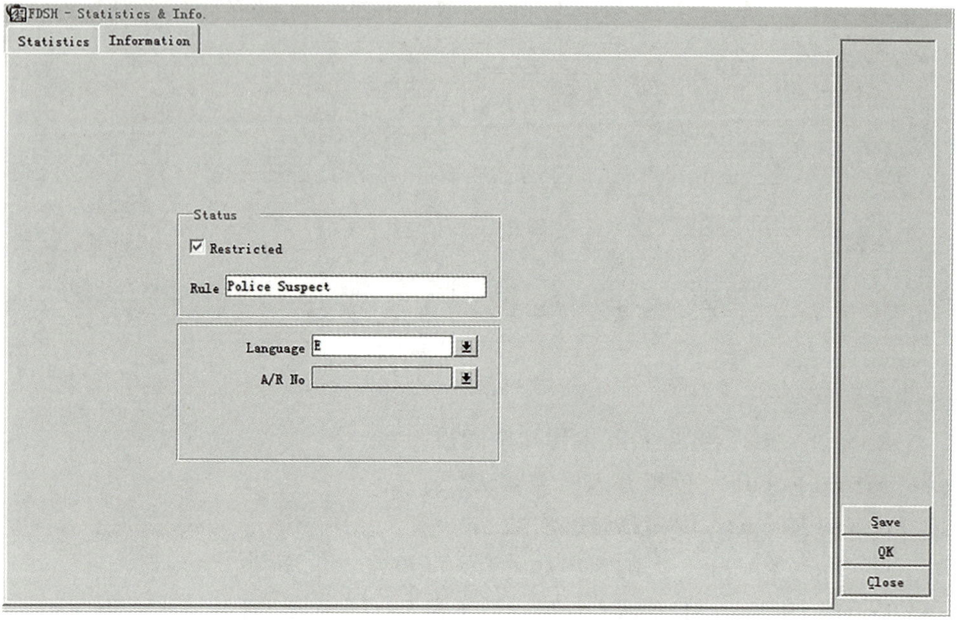

图 2–2–7　信息界面

（二）选项功能（Profile Options）

要执行 Profile 更多的功能以及内容，可通过 Profile Options 来操作（见图 2–2–8）。

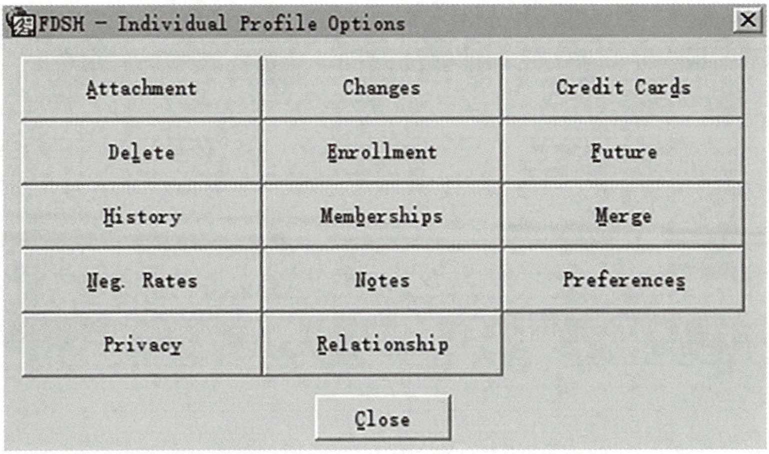

图 2-2-8　Individual Profile Options 界面

1. Attachment（附件）

在“附件”（Attachment）界面点击右下角“新建”（New）按键，就可以上传一个和客人相关的附件（见图 2-2-9），例如，合同、确认信等。File Description 为附件名称，Select File 为选择附件。

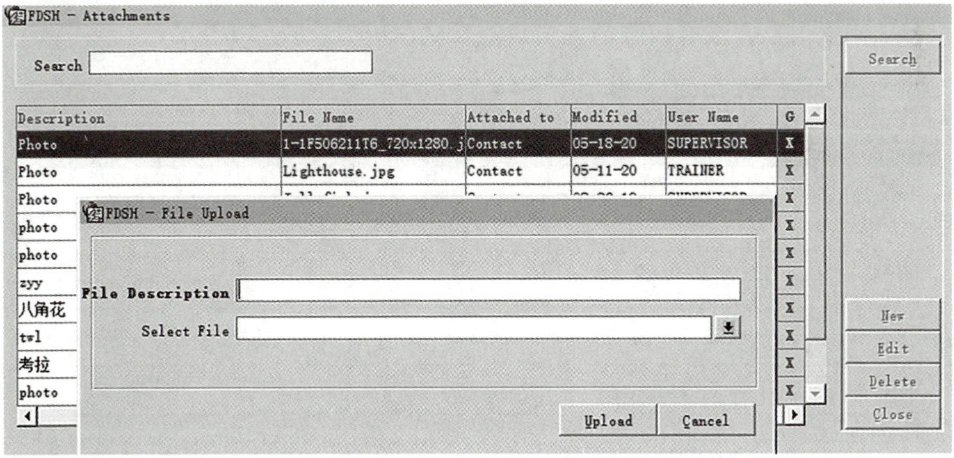

图 2-2-9　附件界面

2. Changes（变更）

Opera 系统会记录用户对客史档案的每一次更改，所有更改内容及更改时间都可以点此键查看（见图 2-2-10）。

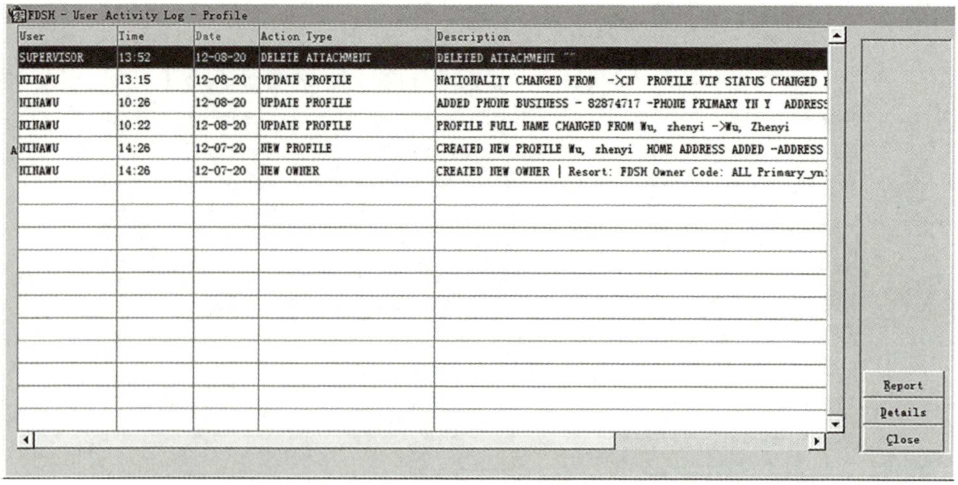

User	Time	Date	Action Type	Description
SUPERVISOR	13:52	12-08-20	DELETE ATTACHMENT	DELETED ATTACHMENT ""
NINAWU	13:15	12-08-20	UPDATE PROFILE	NATIONALITY CHANGED FROM ->CN PROFILE VIP STATUS CHANGED
NINAWU	10:26	12-08-20	UPDATE PROFILE	ADDED PHONE BUSINESS - 82874717 -PHONE PRIMARY YN Y ADDRESS
NINAWU	10:22	12-08-20	UPDATE PROFILE	PROFILE FULL NAME CHANGED FROM Wu, zhenyi ->Wu, Zhenyi
NINAWU	14:26	12-07-20	NEW PROFILE	CREATED NEW PROFILE Wu, zhenyi HOME ADDRESS ADDED -ADDRESS
NINAWU	14:26	12-07-20	NEW OWNER	CREATED NEW OWNER | Resort: FDSH Owner Code: ALL Primary_yn

图 2-2-10　变更界面

3. Credit Card（信用卡）

可以将客人常用的信用卡信息（包括姓名、信用卡种类、卡号及有效期）保留在档案中（见图 2-2-11）。但是信用卡是高级保密信息，所以 Opera 系统对信用卡信息浏览有严格权限控制。只有一定级别以上的员工才可以看到全部信用卡信息，没有权限的人员只能看到信用卡号码后 4 位。

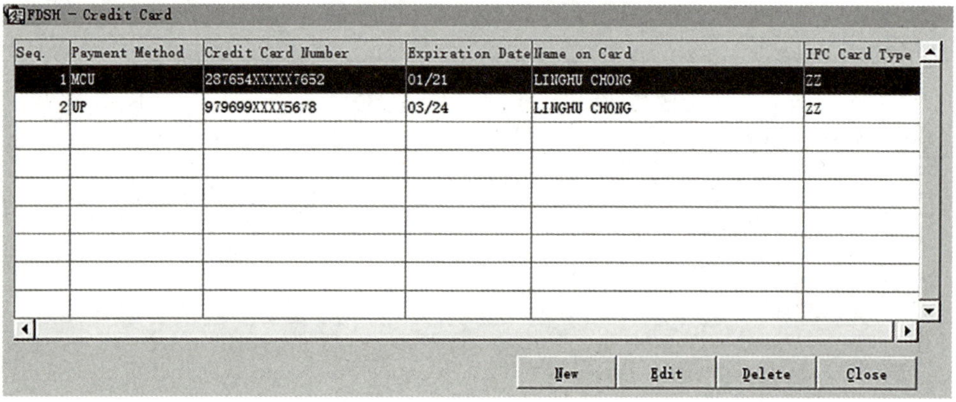

Seq.	Payment Method	Credit Card Number	Expiration Date	Name on Card	IFC Card Type
1	MCU	287654XXXXX7652	01/21	LINGHU CHONG	ZZ
2	UP	979699XXXX5678	03/24	LINGHU CHONG	ZZ

图 2-2-11　信用卡界面

4. Delete（删除客人档案）

如果系统中没有该客人的预订信息，则可以删除该档案。该权限通常不对普通员工开放。

5. Enrollment（注册信息）

在“注册信息”（Enrollment）界面可以看到客人在该酒店的注册信息（见图 2–2–12）。

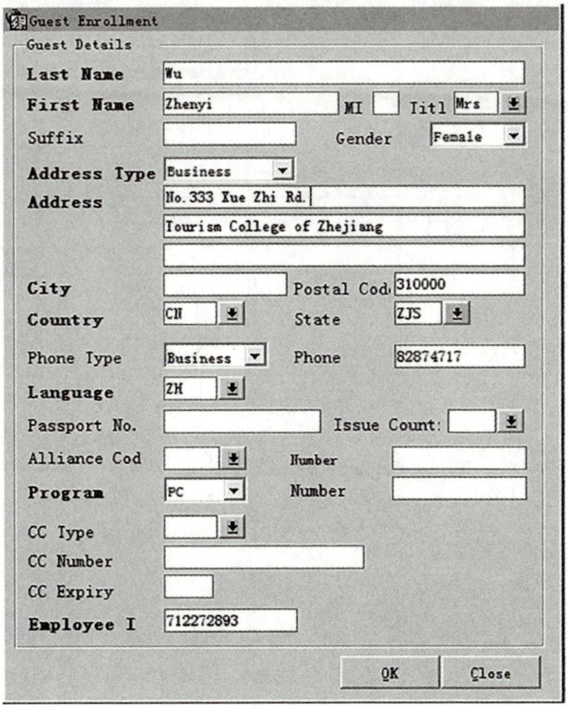

图 2–2–12　注册信息

6. Future（未来预订）

在“未来预订”（Future）界面（见图 2–2–13）可以看到客人在未来一段时间内的预订信息，包括抵离日期、房型、房号、房价代码等信息。也可以在这个界面直接点击“New”为客人新建一个预订信息。

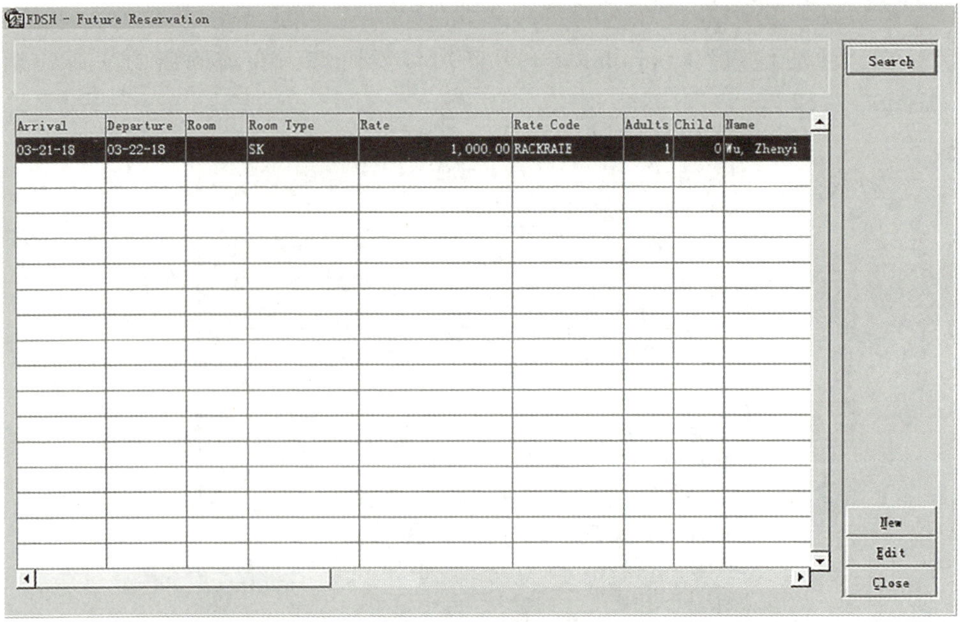

图 2-2-13　未来预订界面

7. History（档案历史）

在“档案历史”（History）界面，可以查看客人过去在酒店的入住情况及其消费明细账单（见图 2-2-14）。

点击“Summary”可查看客人历史消费统计，包括入住间夜、入住次数、取消次数、平均房价等。

8. Membership（会员）

酒店行业越来越激烈的竞争，归根到底是对客户的竞争，特别是酒店会员的竞争。“会员”（Membership）功能可以为酒店新加入的会员录入他们的会员信息（见图 2-2-15）。

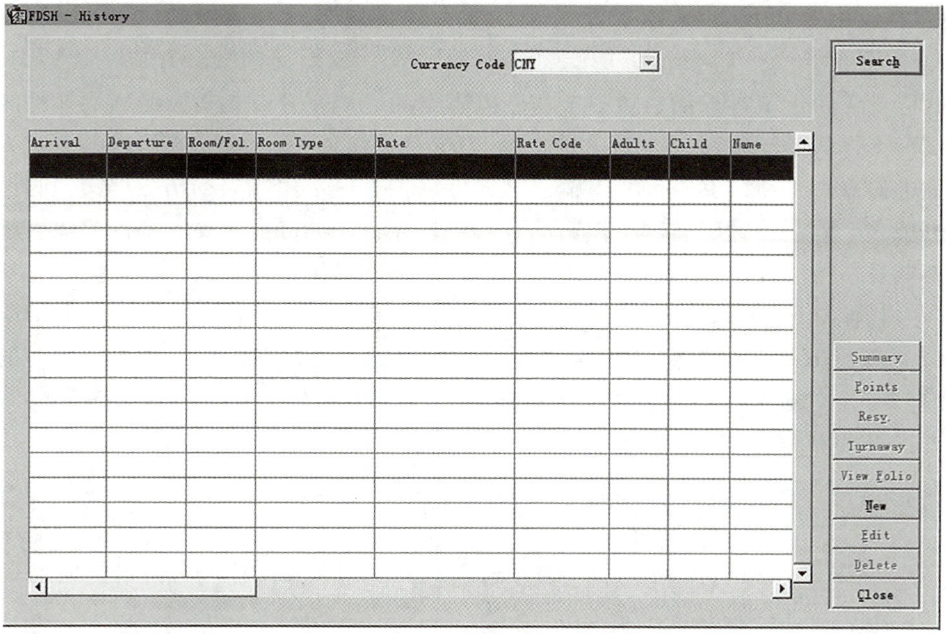
FDSH - History
Currency Code
CNY
Search
Arrival
Departure
Room/Fol.
Room Type
Rate
Rate Code
Adults
Child
Name
Summary
Points
Resv.
Turnaway
View Folio
New
Edit
Delete
Close

图 2-2-14　档案历史界面

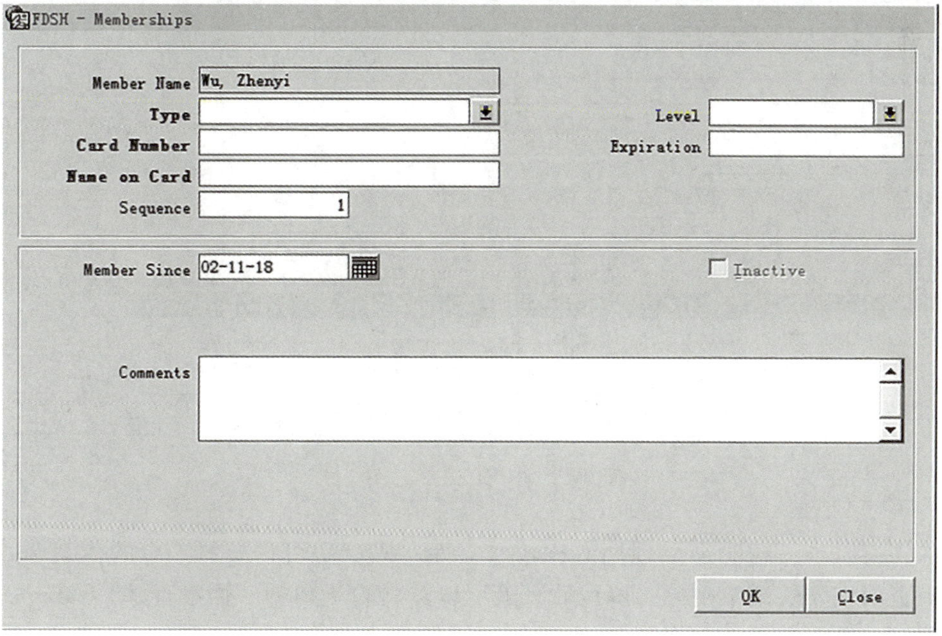
FDSH - Memberships
Member Name
Wu, Zhenyi
Type
Level
Card Number
Expiration
Name on Card
Sequence
1
Member Since
02-11-18
Inactive
Comments
OK
Close

图 2-2-15　会员界面

9. Merge（档案合并）

“档案合并”（Merge）功能可以把相同或者重复的档案合并成一个档案，这样不仅便于统计，而且可以节省数据库空间。档案合并是每家酒店周期性的例行工作。由于此项工作的重要性强、复杂程度高，所以都由有经验的专职人员进行操作。在档案查询栏里输入客人姓名，会显示出客人的历史档案，假如出现多个档案，则要看哪个档案的资料更加完整，如证件种类、证件号码、出生年月、备注等，要将资料不全的档案合并到资料相对完整的档案中去。

具体操作步骤如下：

第一步：选中资料相对完整的一个档案，点击“选项”（Option）中的“合并”（Merge）按钮，输入需要合并的客人的姓名，查找到需要合并的客人，再点击 OK（见图 2-2-16）。

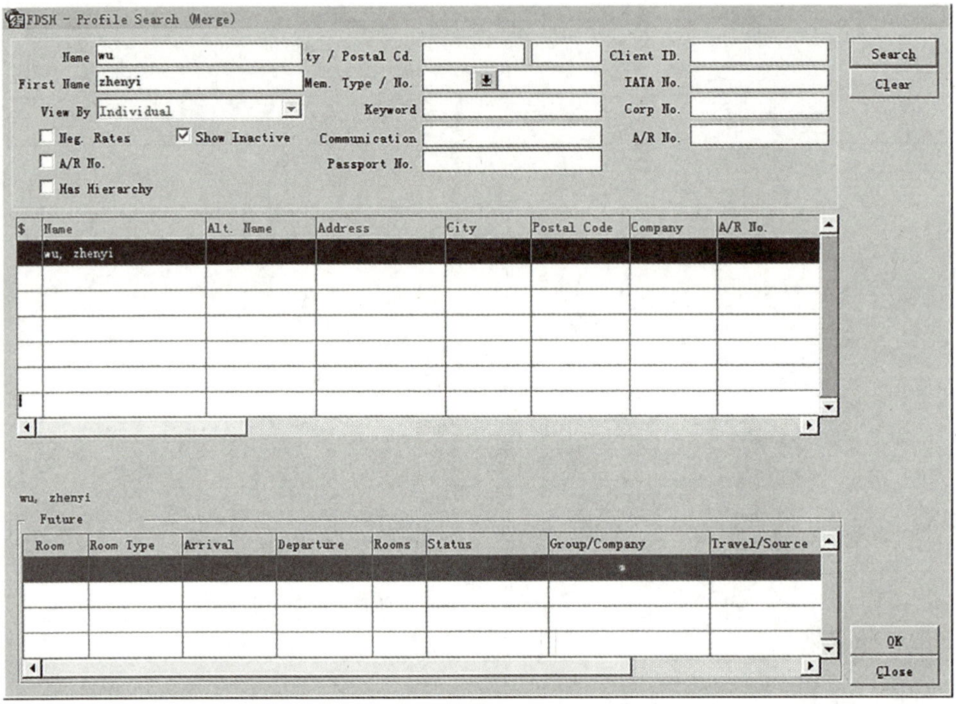

图 2-2-16　档案合并第一步

第二步：这时会出现档案比较的界面，提示是否将资料不全的档案合并到资料完整的档案中去。确认后，就可以点击右下角的“档案合并”（Merge）按钮（见图 2-2-17）。

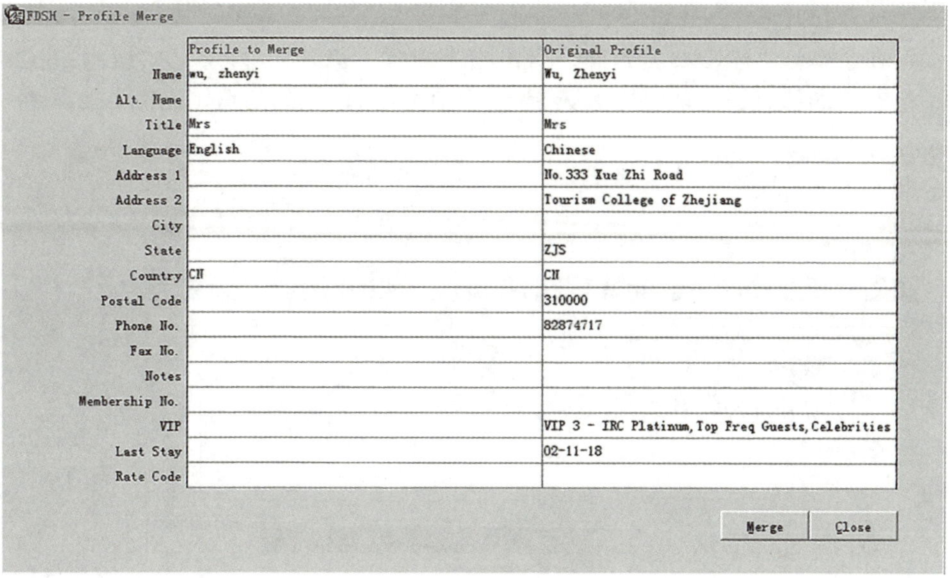

图 2-2-17　档案合并第二步

10. Neg. Rates（协议价）

点击 Neg. Rates（协议价），出现的页面中内容包括 Sequence（序号）、Rate Code（价格代码）、Start Date（开始日期）、End Date（终止日期）（见图 2-2-18）。

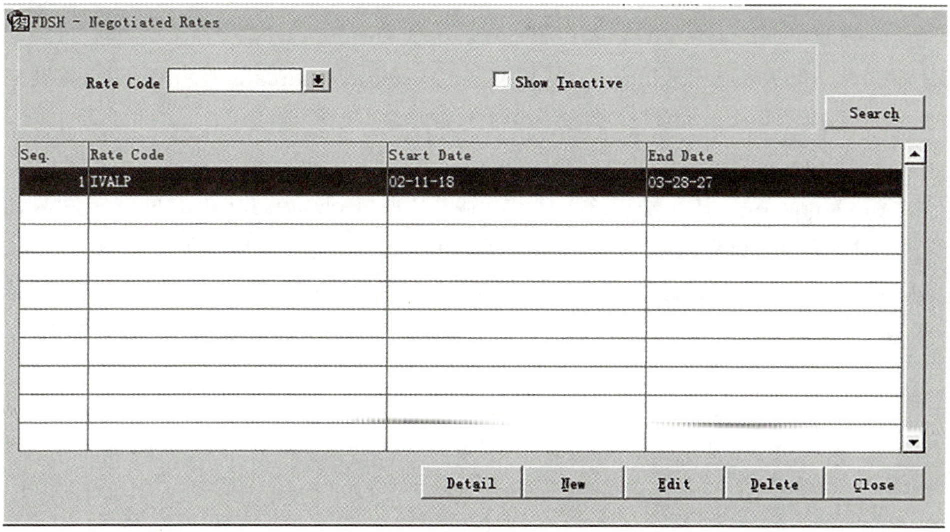

图 2-2-18　协议价界面

11. Notes（备注）

在“备注”（Notes）界面，点击右下方的“新建”（New）按钮后，就能添加客人的信息，一般是在客人客史界面中无法输入的信息（见图 2-2-19）。

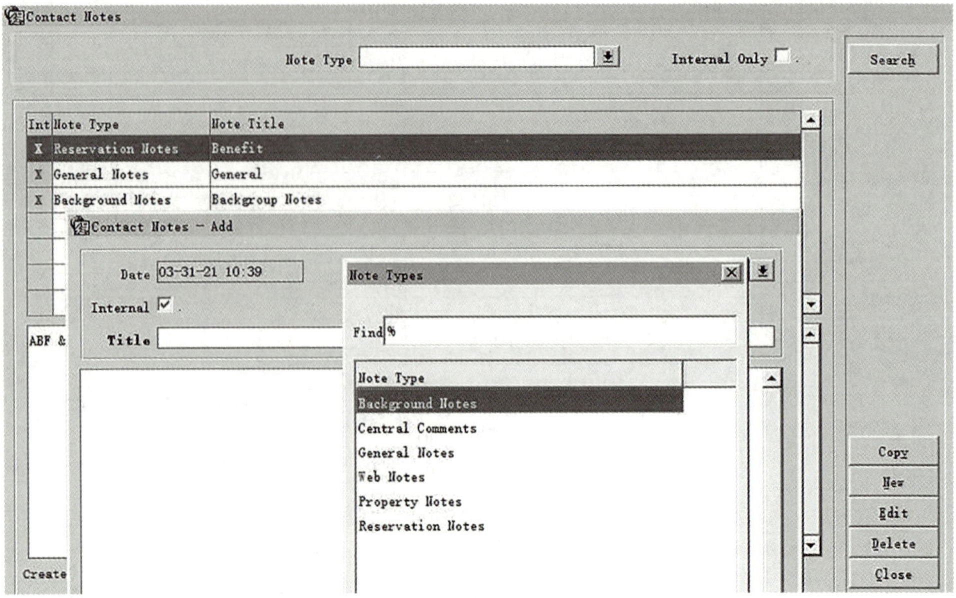

图 2-2-19　备注界面

12. Preferences（客人喜好）

此界面可录入客人的喜好（Preference）如 Floor（楼层）、吸烟 / 非吸烟房（Smoking/Non-Smoking）、房间特点（Room Features）或者其他特殊要求等，以便客人下次入住时，提前为其做好准备（见图 2-2-20）。

13. Relationship（关联）

在 Opera 系统中各种类型的档案都可以做 Relationship（关联），用来定义这个档案与其他档案之间的关系。例如客人钱先生是阿里巴巴公司的雇员，那么钱先生和阿里巴巴公司之间存在雇员和雇主的关联，就可以在这里输入（见图 2-2-21）。

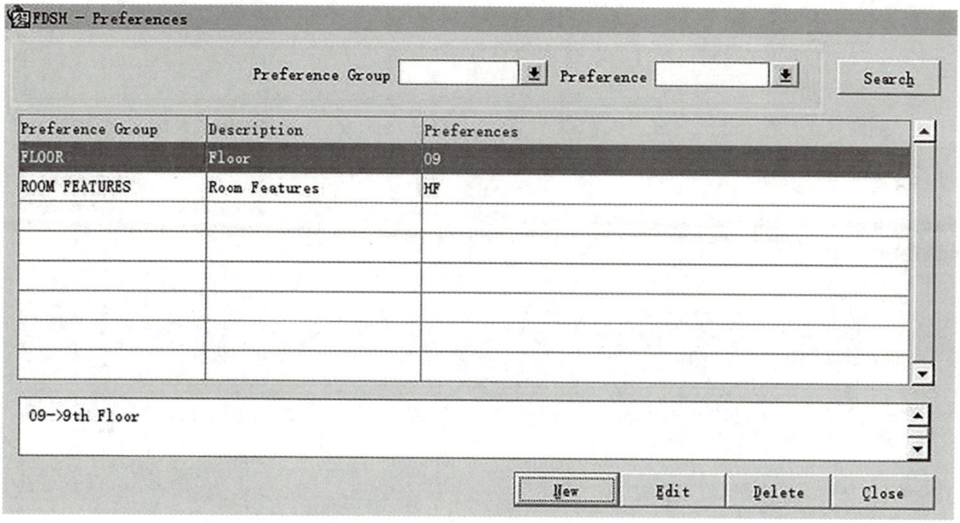

图 2-2-20　客人喜好界面

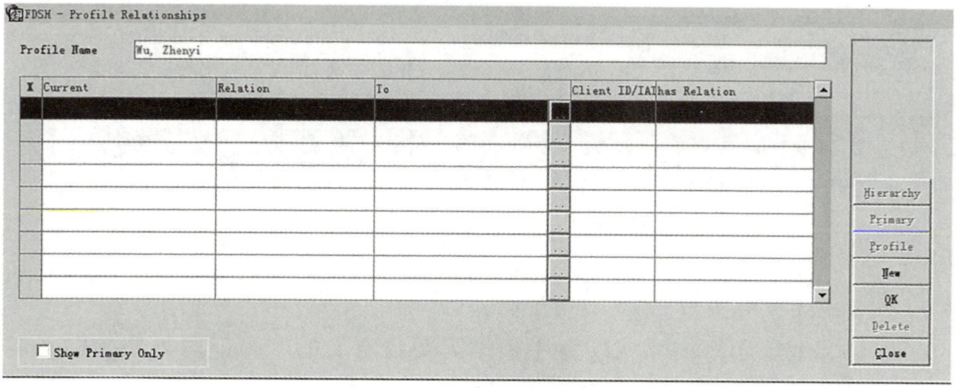

图 2-2-21　关联界面

二、公司档案（Company）

公司类型的档案主要涉及酒店的协议公司。协议公司客人是多数商务型酒店的主要客源，每年酒店都会与一些大型的公司签订采购协议。

（一）公司档案（Company Profiles）界面

1. Account（公司名称）

与散客档案一样，在主界面上输入的是英文名称。公司的中文名称可以在“别名”（Alternate Name）中输入（见图 2–2–22）。

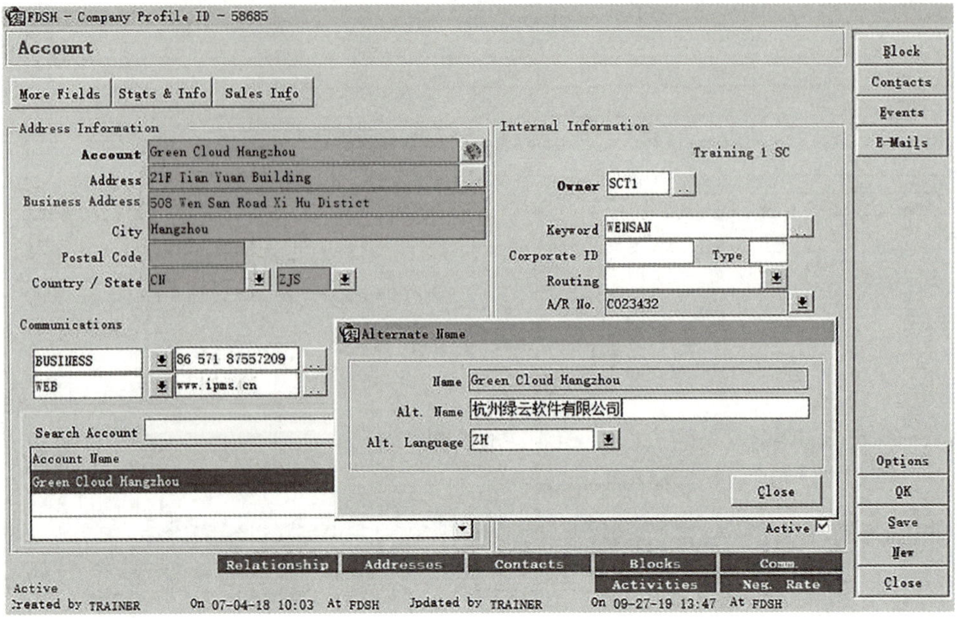

图 2–2–22　公司档案公司名称界面

2. Address（地址）

地址类型是用户在系统配置中根据需要自定义的。为公司类型的档案定义的地址类型通常有“商务地址”“账单发送地址”“应收账对账地址”等（见图 2–2–23）。

3. Owner（酒店销售经理）

这一栏中要输入和公司客户联系的酒店员工，以方便酒店和公司保持联系。同时通过 Owner，可以统计汇总酒店的销售业绩。

4. Keyword（关键词）

一般由销售部制订，用于寻找相关的档案。

5. Corporate ID（公司协议号）

酒店会为每个协议公司分配不同的公司协议号，然后将这个号码告知协议公司。协议公司客人可以通过这个号码登录酒店官网获取协议价格进行预订。

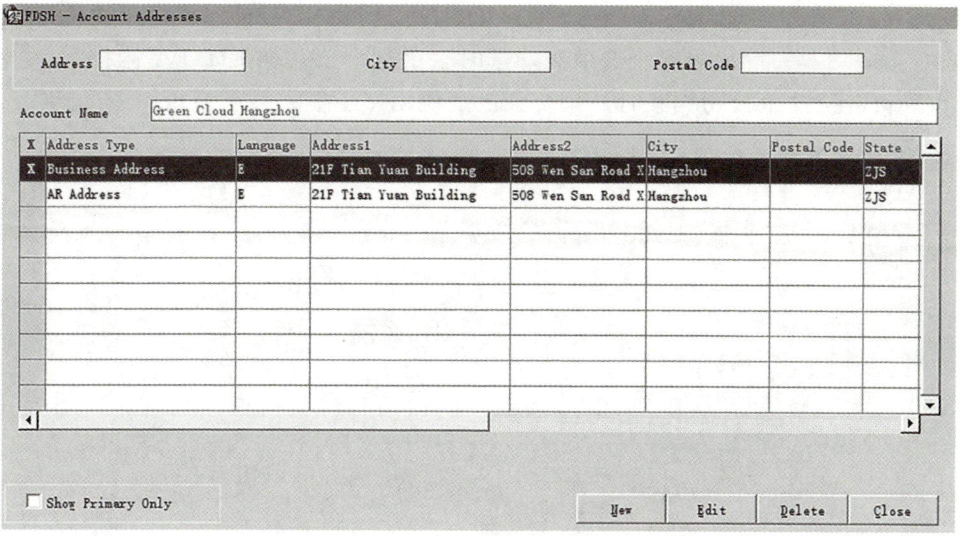

图 2-2-23 公司档案公司地址界面

6. Statistics & Info.（数据信息）

可以比较该公司当年与上一年的年度用房间夜数、营收信息等（见图 2-2-24）。

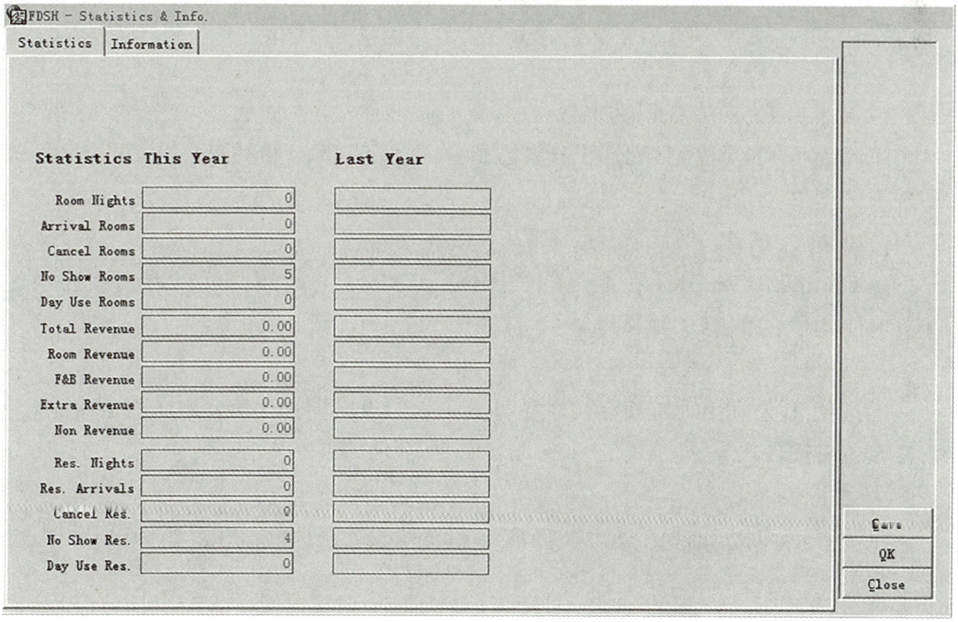

图 2-2-24 公司档案统计信息界面

在“信息”(Information) 的界面上（见图 2-2-25）也有“受限制”(Restricted) 一栏，当这个选项被勾选时表示这个公司档案属于受限档案。当有预订链接这个公司档案时，系统会自动跳出提示框，显示 Rule 中的文字。

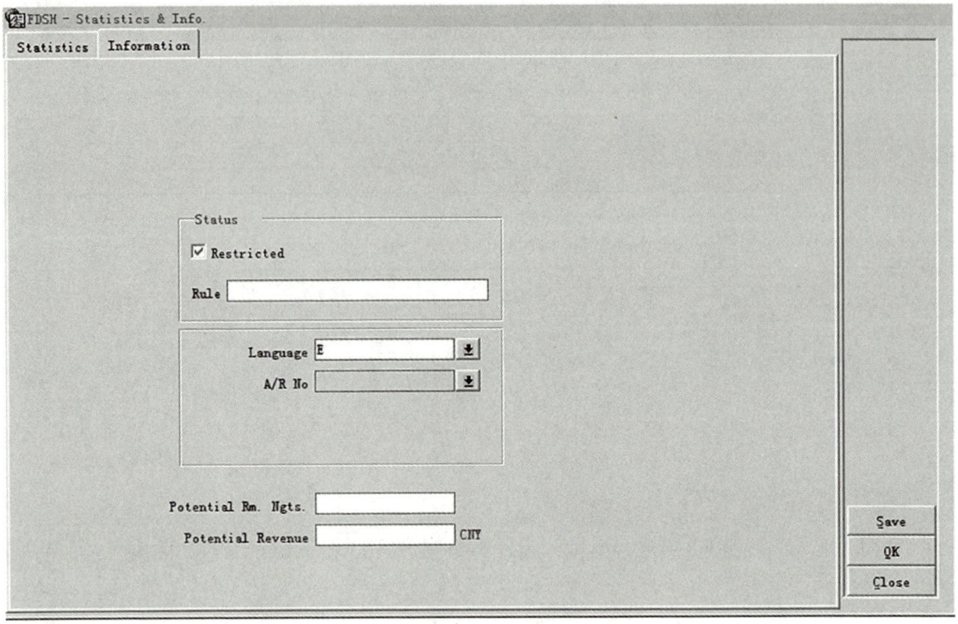

图 2-2-25　公司档案统计信息设置界面

7. Sales Info.（销售信息）

在此界面可以看到该公司销售方面的一些信息，如类型、来源、业务范围等（见图 2-2-26）。

8. Block（团队）

在 Company Profiles 右上角的“团队”(Block) 界面，可以看到该公司在酒店入住团队的信息（见图 2-2-27）。

9. Contacts（联络人）

是指代表公司和酒店联络的公司员工，一般是公司办公室人员或总经理秘书等（见图 2-2-28）。

10. Events（会议）

在该界面可以看到该公司在酒店举行的会议信息（见图 2-2-29）。

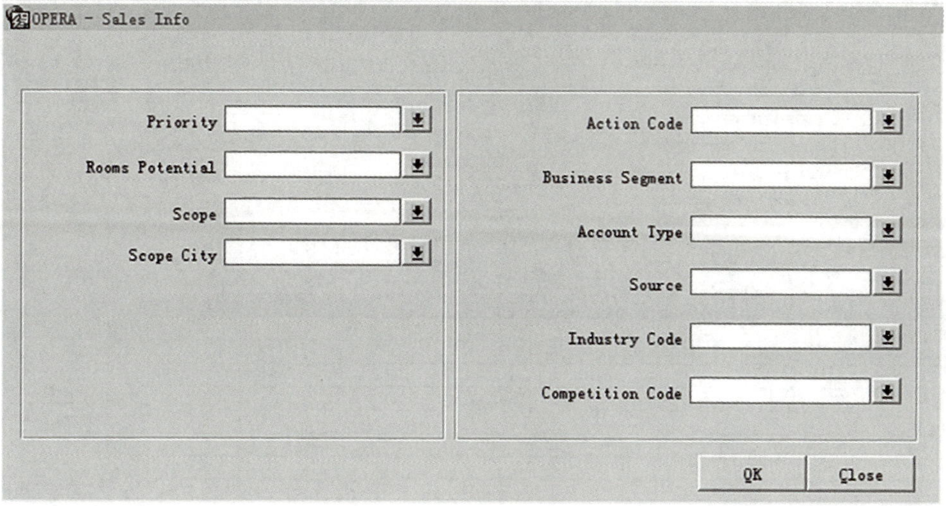
OPERA - Sales Info
Priority
Rooms Potential
Scope
Scope City
Action Code
Business Segment
Account Type
Source
Industry Code
Competition Code
OK
Close

图 2-2-26 销售信息界面

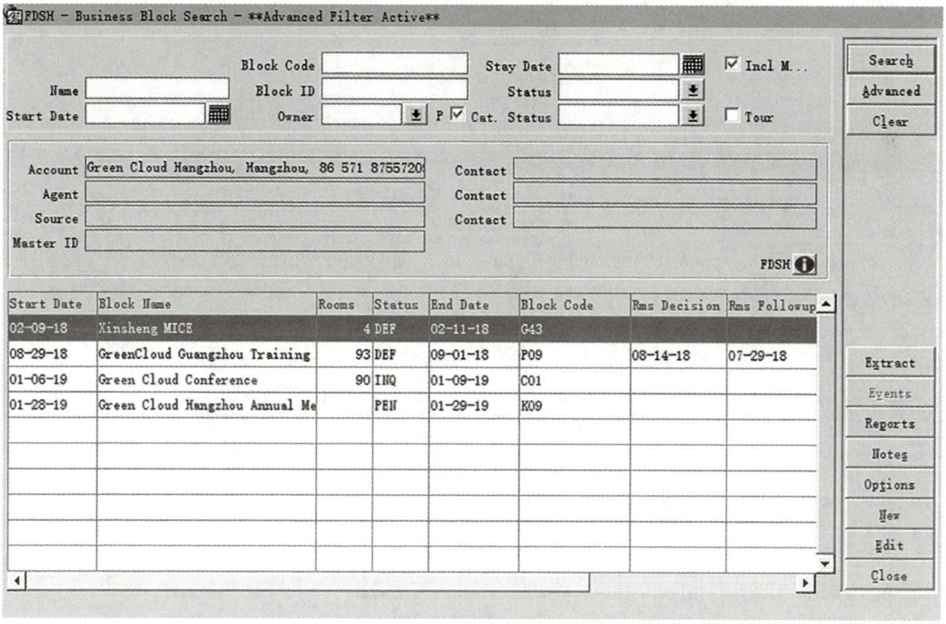
FDSH - Business Block Search - **Advanced Filter Active**
Block Code
Stay Date
Incl M...
Name
Block ID
Status
Start Date
Owner
P
Cat. Status
Tour
Search
Advanced
Clear
Account Green Cloud Hangzhou, Hangzhou, 86 571 8755720
Agent
Source
Master ID
Contact
Contact
Contact
FDSH
Start Date | Block Name | Rooms | Status | End Date | Block Code | Rms Decision | Rms Followup
02-09-18 | Xinsheng MICE | 4 | DEF | 02-11-18 | G43
08-29-18 | GreenCloud Guangzhou Training | 93 | DEF | 09-01-18 | P09 | 08-14-18 | 07-29-18
01-06-19 | Green Cloud Conference | 90 | INQ | 01-09-19 | C01
01-28-19 | Green Cloud Hangzhou Annual Me | | PEN | 01-29-19 | K09
Extract
Events
Reports
Notes
Options
New
Edit
Close

图 2-2-27 团队界面

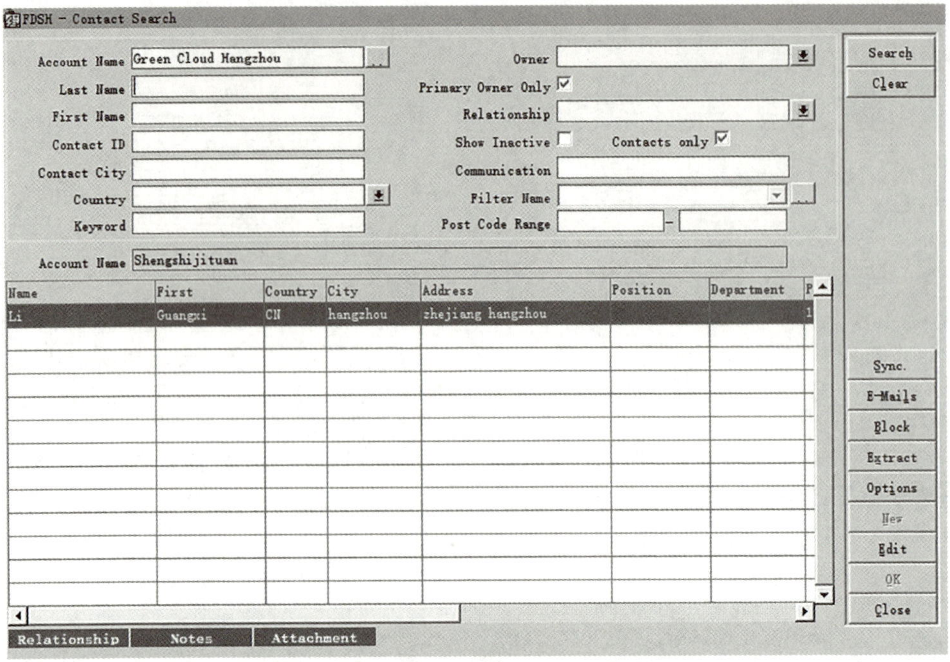
FDSH - Contact Search
Account Name
Green Cloud Hangzhou
Last Name
First Name
Contact ID
Contact City
Country
Keyword
Owner
Primary Owner Only
Relationship
Show Inactive
Contacts only
Communication
Filter Name
Post Code Range
Account Name
Shengshijituan
Name
First
Country
City
Address
Position
Department
Li
Guangxi
CN
hangzhou
zhejiang hangzhou
Search
Clear
Sync.
E-Mails
Block
Extract
Options
New
Edit
OK
Close
Relationship
Notes
Attachment

图 2-2-28　联络人界面

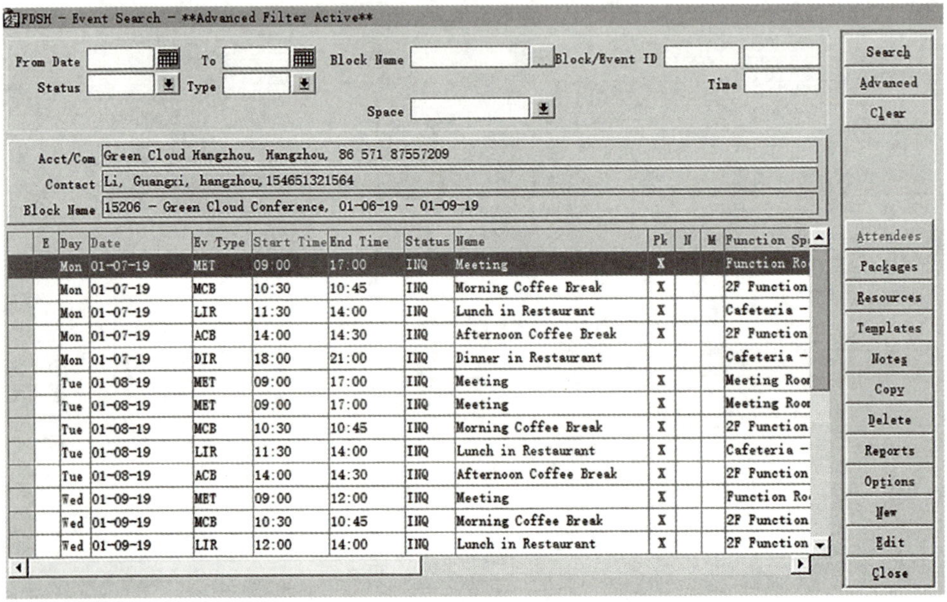
FDSH - Event Search - **Advanced Filter Active**
From Date
To
Block Name
Block/Event ID
Status
Type
Time
Space
Acct/Com
Green Cloud Hangzhou, Hangzhou, 86 571 87557209
Contact
Li, Guangxi, hangzhou, 154651321564
Block Name
15206 - Green Cloud Conference, 01-06-19 - 01-09-19
E
Day
Date
Ev Type
Start Time
End Time
Status
Name
Pk
N
M
Function Sp
Mon 01-07-19 MET 09:00 17:00 INQ Meeting X Function Ro
Mon 01-07-19 MCB 10:30 10:45 INQ Morning Coffee Break X 2F Function
Mon 01-07-19 LIR 11:30 14:00 INQ Lunch in Restaurant X Cafeteria -
Mon 01-07-19 ACB 14:00 14:30 INQ Afternoon Coffee Break X 2F Function
Mon 01-07-19 DIR 18:00 21:00 INQ Dinner in Restaurant Cafeteria -
Tue 01-08-19 MET 09:00 17:00 INQ Meeting X Meeting Roo
Tue 01-08-19 MET 09:00 17:00 INQ Meeting X Meeting Roo
Tue 01-08-19 MCB 10:30 10:45 INQ Morning Coffee Break X 2F Function
Tue 01-08-19 LIR 11:30 14:00 INQ Lunch in Restaurant X Cafeteria -
Tue 01-08-19 ACB 14:00 14:30 INQ Afternoon Coffee Break X 2F Function
Wed 01-09-19 MET 09:00 12:00 INQ Meeting X Function Ro
Wed 01-09-19 MCB 10:30 10:45 INQ Morning Coffee Break X 2F Function
Wed 01-09-19 LIR 12:00 14:00 INQ Lunch in Restaurant X 2F Function
Search
Advanced
Clear
Attendees
Packages
Resources
Templates
Notes
Copy
Delete
Reports
Options
New
Edit
Close

图 2-2-29　会议界面

（二）选项功能（Profile Options）

公司档案的选项功能和散客档案的选项功能大部分是相同的，操作方法也是相同的，如附件（Attachment）、变更（Changes）、信用卡（Credit Cards）、删除（Delete）、未来预订（Future）、历史（History）、合并（Merge）、协议价（Neg. Rates）、备注（Notes）、偏好（Preferences）等（见图 2–2–30）。

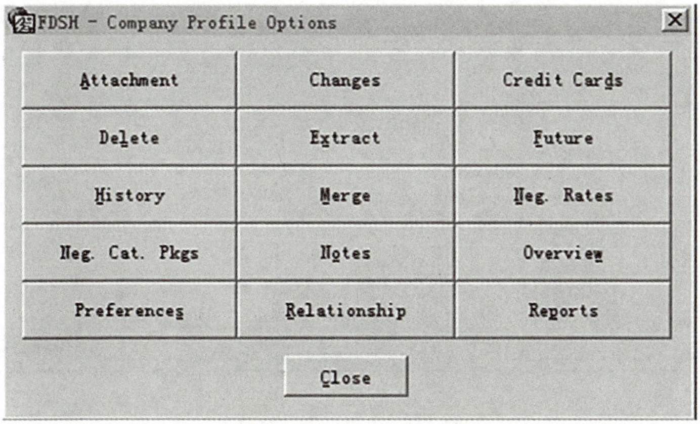

图 2-2-30　选项界面

1. Notes（备注）

在这里可以输入这个公司的备注信息。如果在公司档案中建立的是 Reservation Notes，当预订链接这个公司档案后，Reservation Notes 会自动复制到订单上（见图 2–2–31）。

2. Overview（概览）

在该界面可以看到该公司所有入住酒店的情况（见图 2–2–32）。

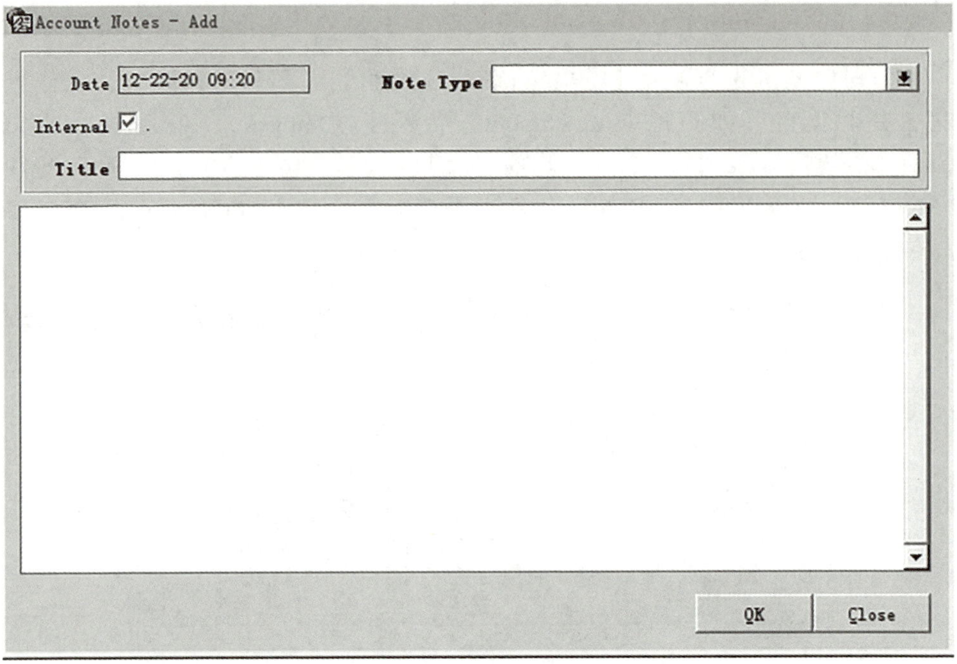
Account Notes - Add
Date
12-22-20 09:20
Note Type
Internal
Title
OK
Close

图 2-2-31　备注界面

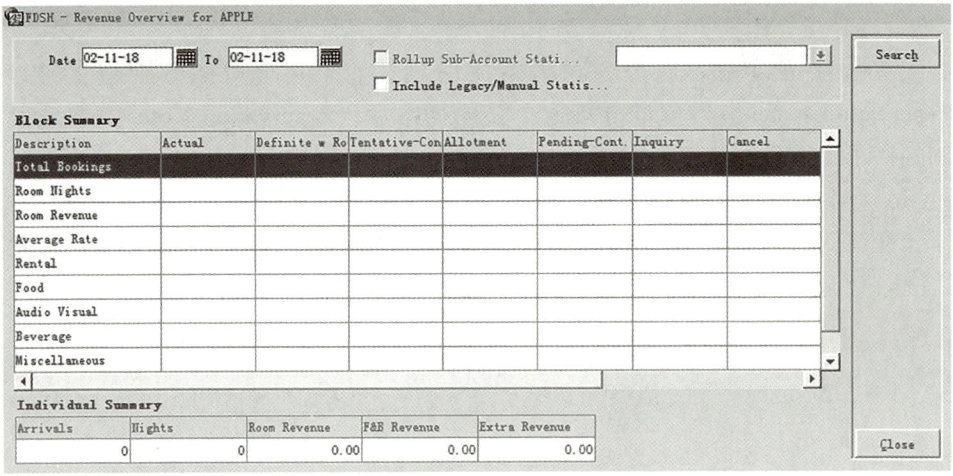
FDSH - Revenue Overview for APPLE
Date
02-11-18
To
02-11-18
Rollup Sub-Account Stati...
Include Legacy/Manual Statis...
Search
Block Summary
Description
Actual
Definite w Ro
Tentative-Con
Allotment
Pending-Cont.
Inquiry
Cancel
Total Bookings
Room Nights
Room Revenue
Average Rate
Rental
Food
Audio Visual
Beverage
Miscellaneous
Individual Summary
Arrivals
Nights
Room Revenue
F&B Revenue
Extra Revenue
0
0
0.00
0.00
0.00
Close

图 2-2-32　概览界面

3. Relationship（关联）

在该界面可以建立该公司与其总公司或子公司或雇员之间的联系，这样方便查找（见图 2-2-33）。

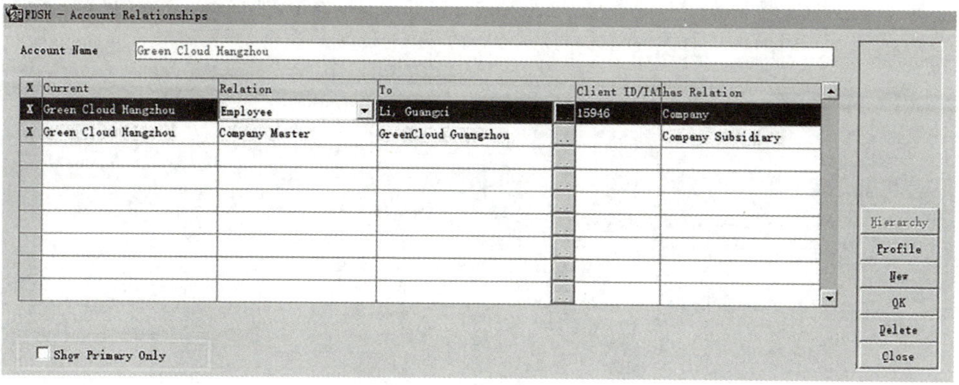

图 2-2-33　关联界面

4. Reports（报表）

在该界面可以查看该公司在酒店的住店、餐饮等情况（见图 2-2-34）。

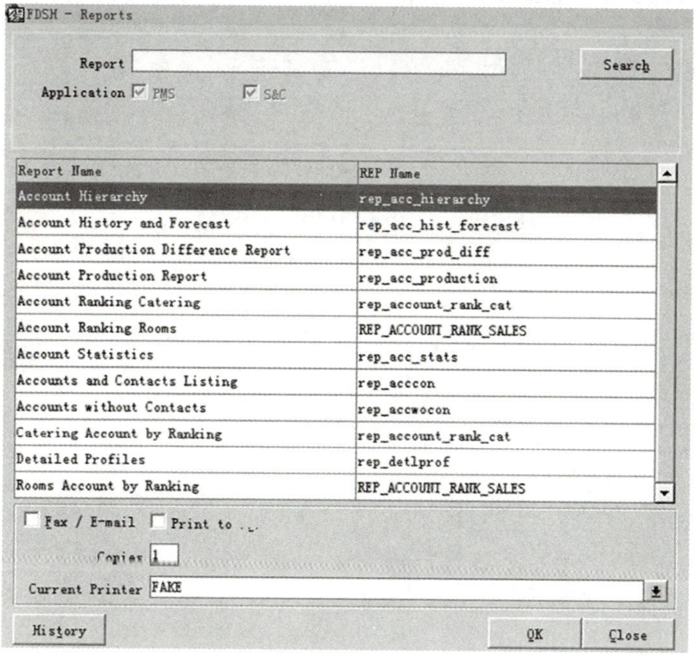

图 2-2-34　报表界面

三、旅行社档案（Travel Agent）

微课 2-2-2

旅行社档案主要涉及酒店的协议旅行社，其档案内容和公司档案几乎相同，此处不再介绍（见图 2-2-35）。

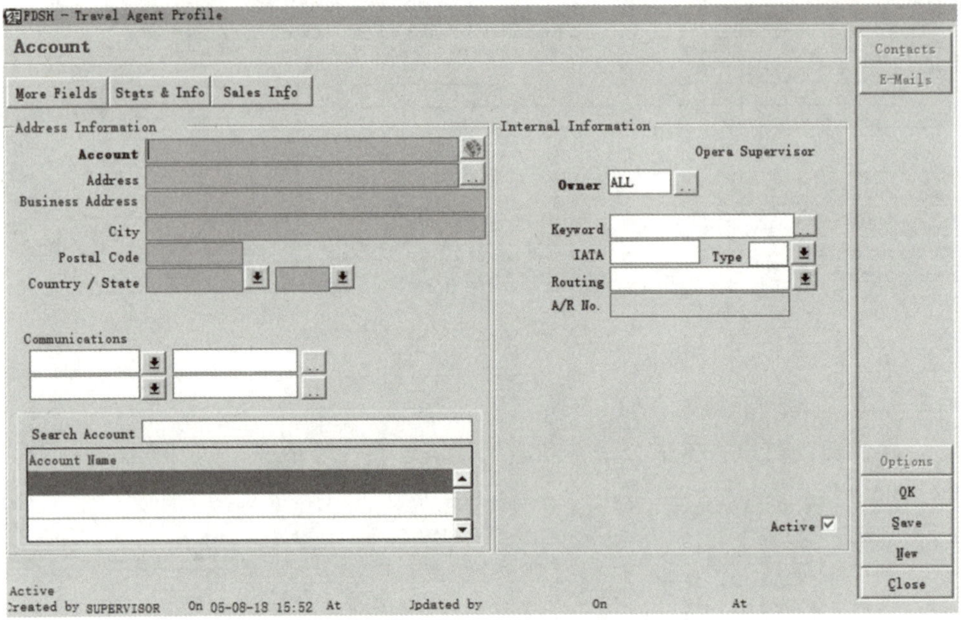

图 2-2-35　旅行社档案界面

思考与练习

参考答案

一、单选题

1. 基本档案中哪个字段说明该客人允许挂账？（　　）

A. VIP 够一定级别

B. Company 中有公司名称

C. Rate Code 中指定了价格代码

D. A/R # 分配了账号

2. 同一个对象的基本档案有好几个，如何处理较为妥当？（　　）
A. 保留一个，其他的统统删掉
B. 留那儿吧，爱谁谁
C. 用 Merge 功能合并
D. 别糟践，改个名字给别人接着用
3. 饭店可供租赁的基本产品是（　　）。
A. 房间（Rooms）
B. 房型（Room Types）
C. 房间特征（Features）
D. 间夜数（Room-Nights）
4. 酒店产品必不可少的三大要素是（　　）。
A. 礼仪 + 端盘子 + 铺床
B. 客房 + 餐饮 + 娱乐
C. PMS + POS + 外围系统
D. 空间 + 时间 + 服务
5. 隐藏客史档案的功能按键是（　　）。
A. Active
B. Live
C. Shy
D. View by
6. Last Name 是指客人的（　　）。
A. 姓氏
B. 名字
C. 中间名字
D. 全名
7. 客人喜爱的房间需要填写在（　　）功能按键里面。
A. Salutation
B. Pref. Room
C. VIP
D. City
8. 决定客人联系方式排列顺序的功能按键是（　　）。
A. Type
B. Number
C. Display Seq
D. Primary
9. Notes 里面的 Central Comments 是指（　　）。
A. 可以上传到酒店中央预订系统里面的备注信息，酒店集团内部各个分店都可以下载查看
B. 一般性备注
C. 客人偏好
D. 背景信息
10. Opera 系统中（　　）功能按键可以查看客人历史变更信息。
A. Qunaer
B. Want
C. Alt
D. Changes

二、上机操作

1. 建立一个你自己的档案，包含你的姓、名、家庭地址、电话号码、手机号码和电子邮件地址等信息。

提示：在练习中，会用到以下功能按钮：Individual Profile – Name/Address/Communications。

2. 替你最喜欢的电影明星建立一个档案，包含他 / 她的家庭地址、电子邮件地址和手机号等信息，并注明他 / 她喜欢苏打水和新鲜水果。

提示：在练习中，会用到以下功能按钮：

（1）Individual Profile – Name/Address/Communications；

（2）Profile Notes。

3. 建立一个名为“Travel”的旅行社档案，包含公司地址、电话号码、传真号码和网页地址，并有 IATA 会员号：91828876，同时提供中国银行账号，并设置 10% 的返佣比例。

提示：在练习中，会用到以下功能按钮：

（1）Accounts Profile（Travel Agent）/Address/Communications；

（2）Statistics & Info. – Commission Codes/Percentage；

（3）Bank Account。

4. 建立 TP 母子公司（其中母公司为 TP，子公司为 TP1）档案，联系人为周海洋，有协议价。

提示：在练习中，会用到以下功能按钮：

（1）Accounts Profile（Company）– Name/Contacts；

（2）Options – Neg. Rates；

（3）Options – Relationship。

3 项目三 预订/Reservation

项目导读

预订是酒店与客人达成“预订协议”并进行房控的一个过程。从饭店信息系统的角度来看，预订就是通过恰当的方式收集客人信息，将其在酒店信息系统中输入并得出结果。预订的操作功能非常丰富，包括新建预订、查询预订、更新预订、取消预订、分享房间、锁定房号、复制预订、聚会预订、折扣优惠、接送机服务、公司预订、团队预订等，这些功能有助于为客人提供个性化服务。本项目的学习有助于理解 Opera PMS 系统中建立预订与建立档案的关系。

学习目标

1. 掌握散客预订的操作流程；
2. 掌握公司预订的操作流程；
3. 掌握团队预订的操作流程；
4. 掌握更新与取消预订的操作流程。

思维导图

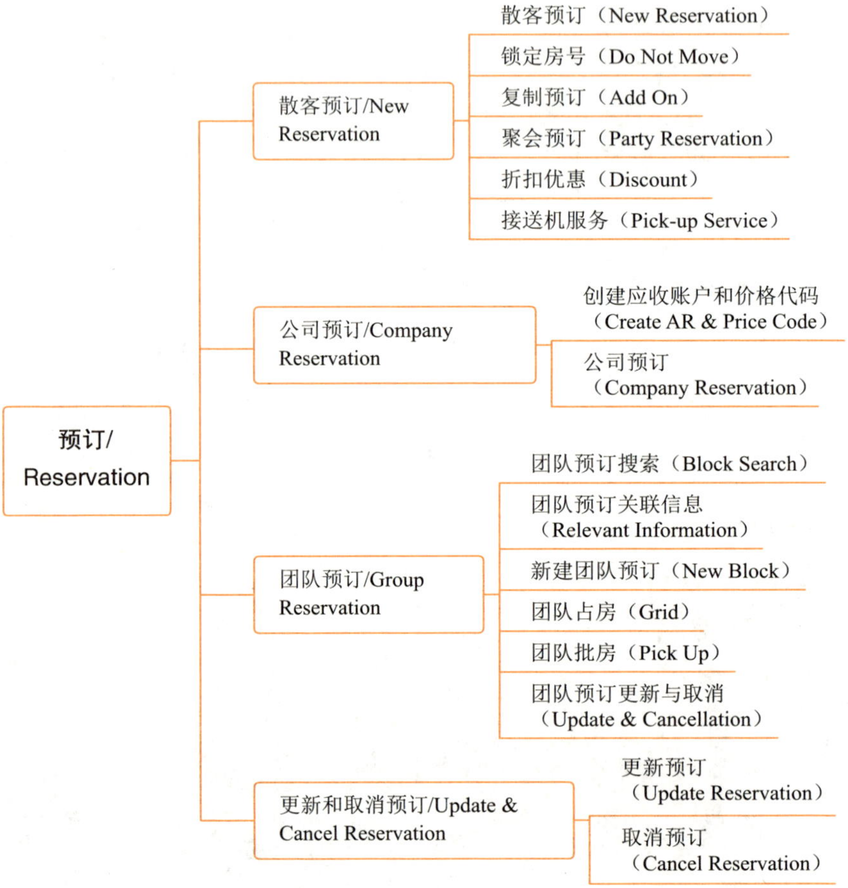

任务一　散客预订 /New Reservation

散客预订部分包括散客预订、锁定房号、复制预订、聚会预订、折扣优惠、接送机服务等操作流程的内容。

一、散客预订（New Reservation）

在新建散客预订时，可以通过快捷键 Alt+R+N 或 F7 打开预订的第一个界面（见图 3-1-1）。

微课 3-1-1

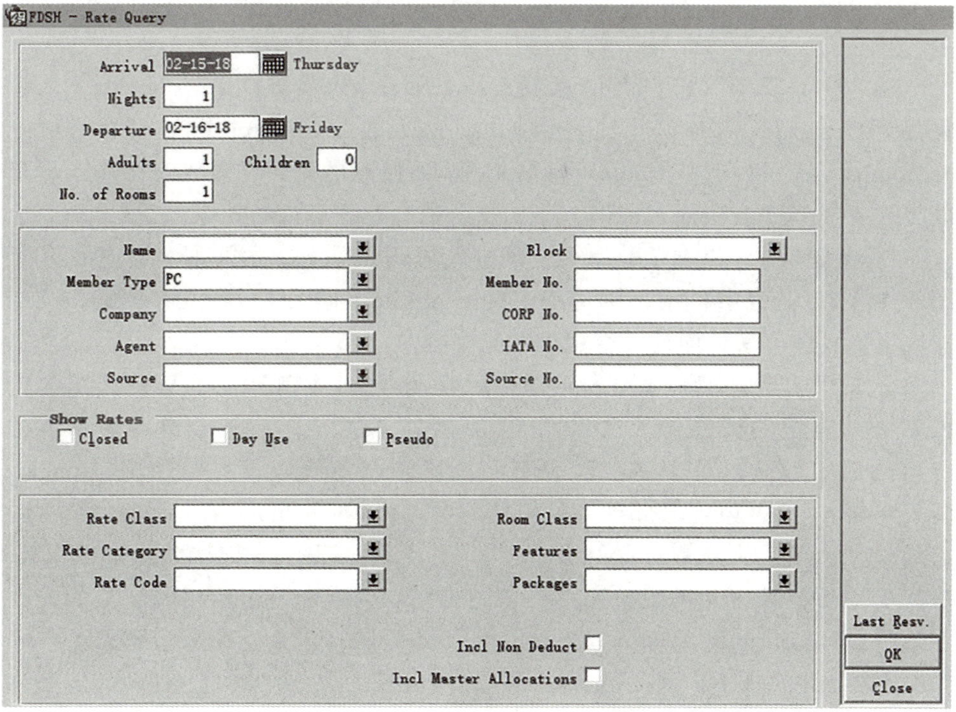

图 3-1-1　Rate Query 界面

图 3-1-2　散客网上预订房间

随后，需要依次将宾客信息录入：Arrival（入住日期）→ Nights（入住晚数）/Departure（离店日期）→ Adults（成人数）/Children（儿童数）→ No. of Rooms（房间数）→ Name（姓名）。需要注意的是，在录入过程中，尽量以 Tab 或 Shift Tab 快捷键来做上下切换，提高办理预订的效率。

在录入 Name（姓名）时，会自动进入 Profile Search（档案检索）界面（见图 3-1-3）。若已有档案，则选择正确的 profile（档案）；若没有档案，则新建档案，具体可参见项目二客史档案的内容。

全部录入完毕后，按 Enter 键进入房价明细查询界面（见图 3-1-4）。根据之前确定的信息（入住日期、房间数、夜数），系统会自动显示不同房型的房间数量，其中绿色代表有可用房，红色代表没有可用房。Include Overbooking 代表包含超额预订的可用房数，Physical Inventory 代表剩余可用房数。左边第一列代表的是房间价格类型，上面第一行代表的是房间类型，房间价格类型和房间类型交叉得出房间价格。当点击一个价格时，界面的右下角就会显示 Info 的内容，包含对房价（Package，包价）和房型的描述。

在界面的左下角，Average Rate 代表两天平均房价，比如入住两天的第一天是 1000 元，第二天是 2000 元，那么最终显示的是 1500 块；如果选择 Total Rate，那么最终显示的是 3000 元；First Night 代表第一晚的房价。

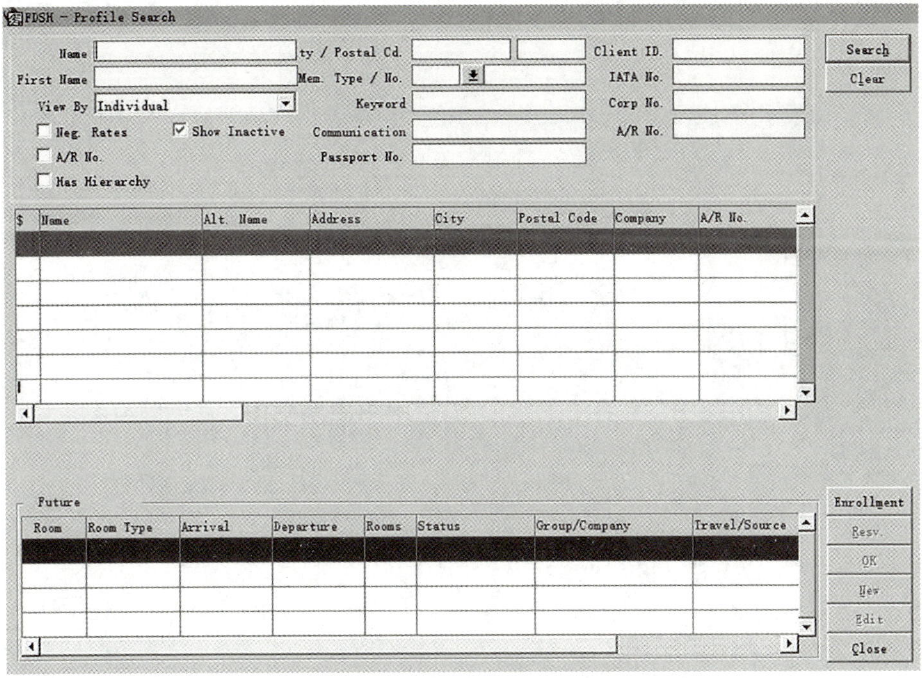

图 3-1-3　Profile Search 界面

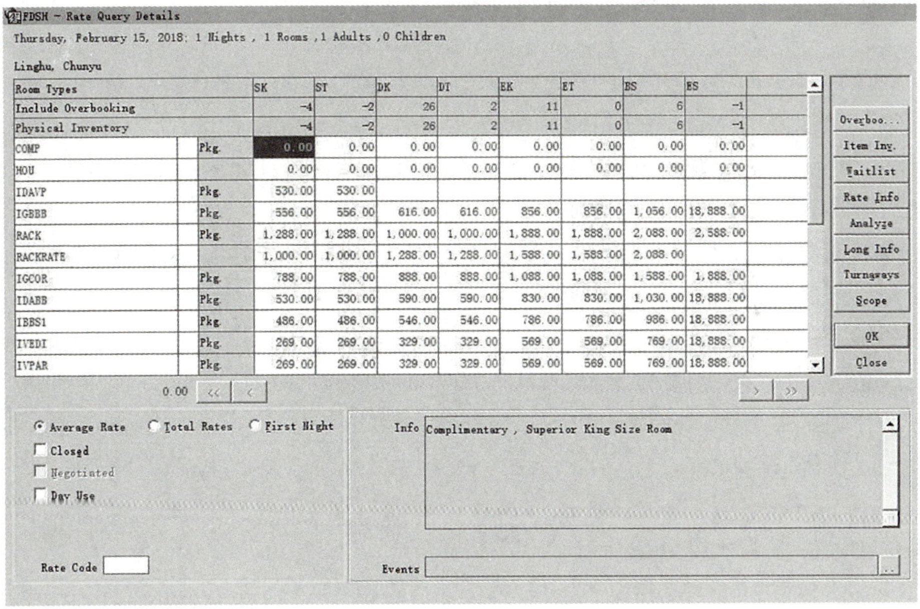

图 3-1-4　Rate Query Details 界面

选择符合要求的房间类型和价格代码，再次以 Enter 键进入预订主界面（见图 3–1–5）。

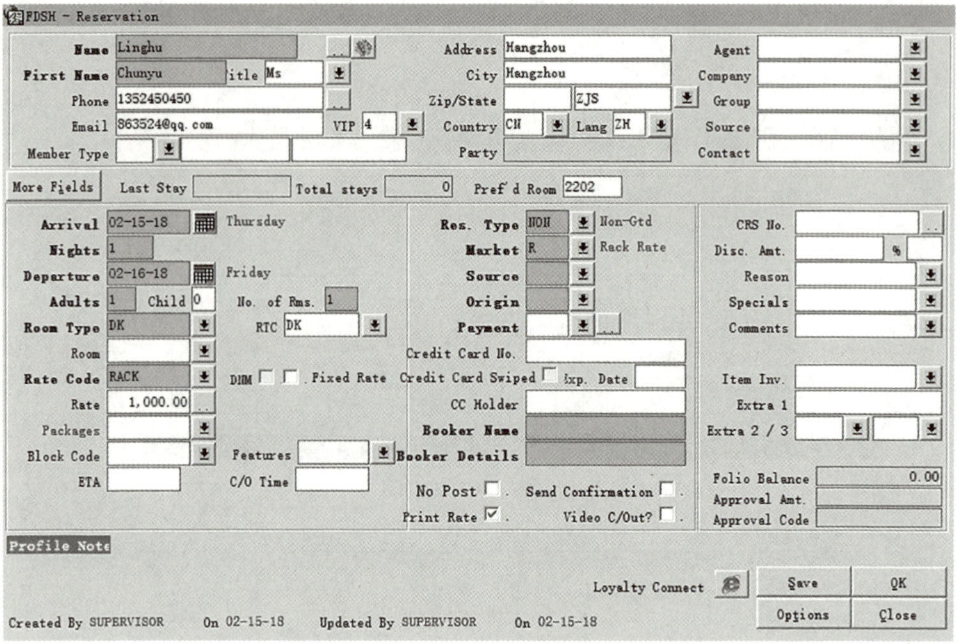

图 3–1–5　Reservation 界面

预订主界面上半部分的内容是入住客人精简版的档案信息，如果要看详细版，可以点开 Name 边上的两个点。此外，Last Stay 代表的是上次入住的时间，Total Stay 代表的是历史总共入住了多少晚，Pref'd Room 代表的是最喜欢的房号。

可根据客人的实际情况，在预订主界面下半部分内录入相关的预订内容，其中黑体加粗选项为必须录入的项目，否则将无法生成预订。必录项目包括在预订界面已录入的 Name，First Name，Arrival，Nights，Departure，#Rooms，房价明细查询界面已录入的 Rate Code，Room Type，以及在预订主界面需要录入的 Res. Type，Market，Source，Origin，Payment，Booker Name，Booker Details。

Room 代表房号。往往在预订过程中，酒店是不会把房号直接填上的，而在实际入住当天才会分配房号。

Rate 显示的是净房费，打开旁边两个点的按键，查看 Rate Information，可以看到 10% 的服务费、6.6% 的税费以及总房价。

Features 代表房间特色要求，比如客人需要高楼层或低楼层的房间、安静或距离电梯最近的房间等。当选上后，不符合要求的房间会自动被过滤。在入住率较高的时候，建议关闭此功能。Features 会询问是否关联到宾客档案，如果关联了，代表着每一次入住，都会用此标准筛选房间；如果只是这一次的话，那么选择不关联即可。

Package 代表包价，即房价除了房费以外还包含了其他什么产品，比如早餐、门票等。

Reservation Type 可分成两种类型，第一种是没有担保的预订，第二种就是有担保的预订。担保预订又分为信用卡担保、公司担保、旅行社担保等。

Market，Source 和 Origin，可根据实际情况选择。

Payment 通常会选择 Cash，除非是信用卡担保。如果办理入住时，客人选择以预授权的方式支付押金，还需要修改 Payment。

Booker Name 和 Booker Details，如果预订人和入住人为同一人，则以“.”来代替。

No Post 如果勾选，代表不能挂账。

Send Confirmation 代表在预订完了之后，是否将预订信息通过他的联系方式发送。

Print Rate 代表房价是否要保密。如果勾选代表房价不保密，它会显示在入住登记单（RC）上；如果不打钩代表房价保密，通常发生在第三方预付款的预订类型。

Video Check Out 代表可以通过房间内的电视来自动办理退房手续。

Specials 代表客房布置要求，可根据客人的 VIP 类型布置客房，比如放置饼干、水果、高级饮用水、巧克力等。Specials 会询问是否关联到宾客档案，如果关联了，代表着每一次入住，都会用这样的标准布置；如果只是这一次的话，那么选择不关联即可。

Comments 代表备注，有四种类型。第一种是 Reservation，即在预订界面会显示的备注。第二种是 In House，即在入住界面显示的备注。第三种是 Cashier，即在结账界面显示的备注。第四种是 All Comment Types，即所有界面都会显示备注。一般情况下，如果客人费用自理，那么备注会录入 POA；如果房费是公司结、其他费用自理，那么就录入 RM TO CO，OTH TO POA。

单击 OK 或键入 Alt+O，将生成一个独立且唯一的 Confirmation Number，即预订号（见图 3–1–6），代表预订已经成功。

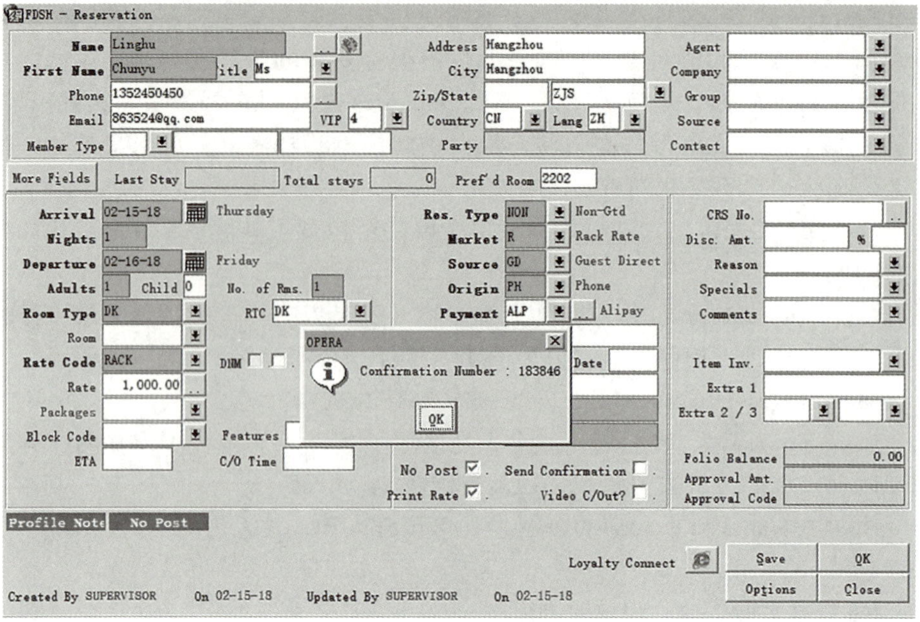

图 3-1-6　预订号界面

预订做完后，可以通过 Reservation 下面的 Update Reservation（Alt+R+U）来打开查询预订的界面（见图 3-1-7），录入预订的名字或预订号就可查询预订。如果查询到预订，代表之前的预订成功。

二、锁定房号（Do Not Move）

当宾客有特殊要求时，在客情允许的情况下，酒店会在系统中锁定宾客所需的房号。具体操作如下：

首先打开预订主界面，单击 Room 右边两个点的按键，可以看到符合其房型要求的所有房号。选中一个房号并确定后，即可在预订主界面上看到选定的房号。其次，勾上 DNM（do not move），会发现 Room 房号这一栏底色从白色变成了红色，其后面的下拉框也变灰了（没有权限的员工是无法改变其房号的），最后单击 OK 或者是 Alt+O。

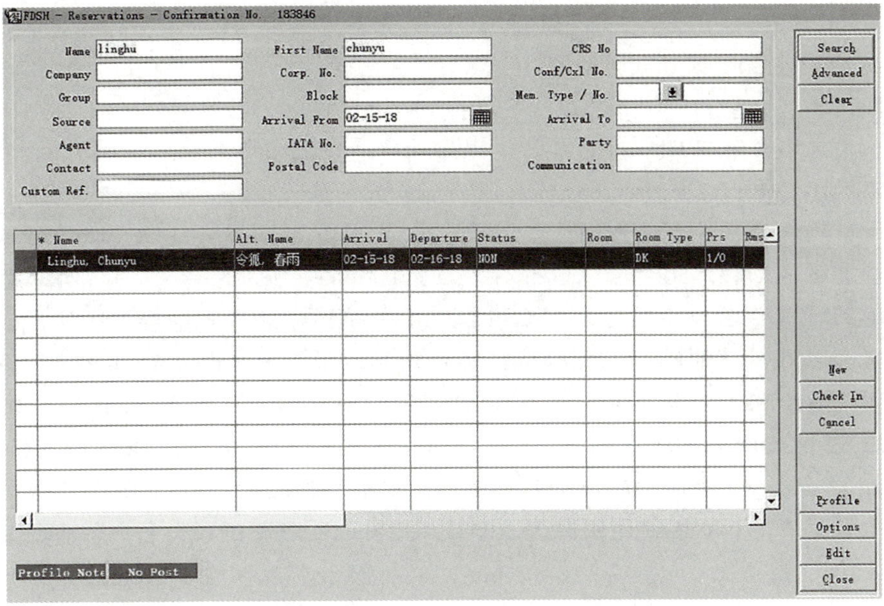

图 3-1-7　查询预订界面

退出后，可以看到房号这一栏的底色变成了红色（见图 3-1-8），这表明这个房号已被锁定住，是不可改变的。

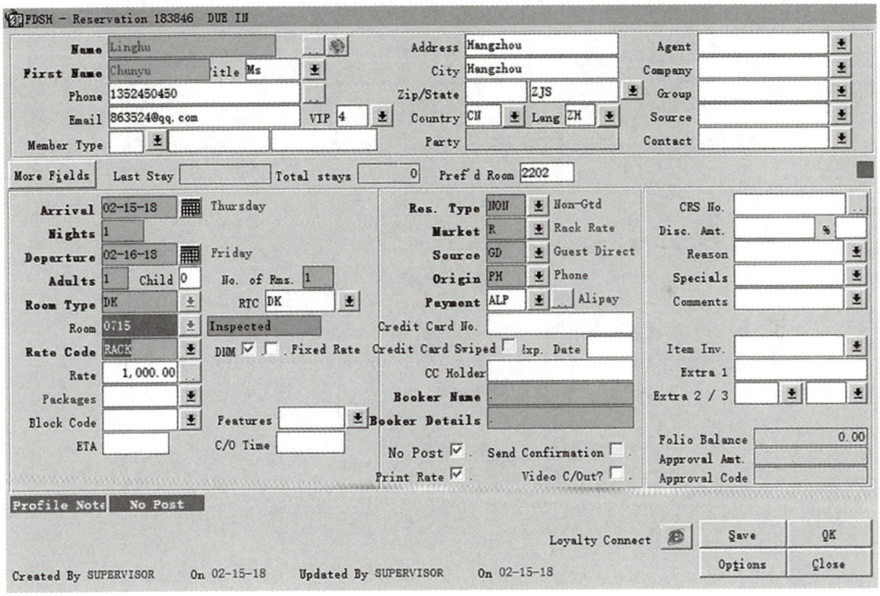

图 3-1-8　锁定房号界面

三、复制预订（Add On）

当宾客要求增加预订时，为了提高效率，我们可以直接复制已有的预订。具体操作如下：

首先，打开预订主界面，单击 Options（见图 3–1–9），单击 Add On 或使用快捷键 Alt+O，此时可以选择客人预订的属性（见图 3–1–10）。如果客人新增的订房要求改变房型，那么可以单击下拉键，选择其他类型的房型。除了房型以外，其他内容也可以选择是否复制，包括 Payment Method（付款方式）、Specials（特殊要求）、Custom Reference（客人喜好）、Window/Room Routing Instructions（分账指令）、Comments（备注）、Package（包价）、Item Inventory（借用物品）、Guest Name（客人姓名）。其次，在新出现的预订主界面单击 OK 或使用快捷键 Alt+O，就可以看到新的预订号，代表复制预订成功。

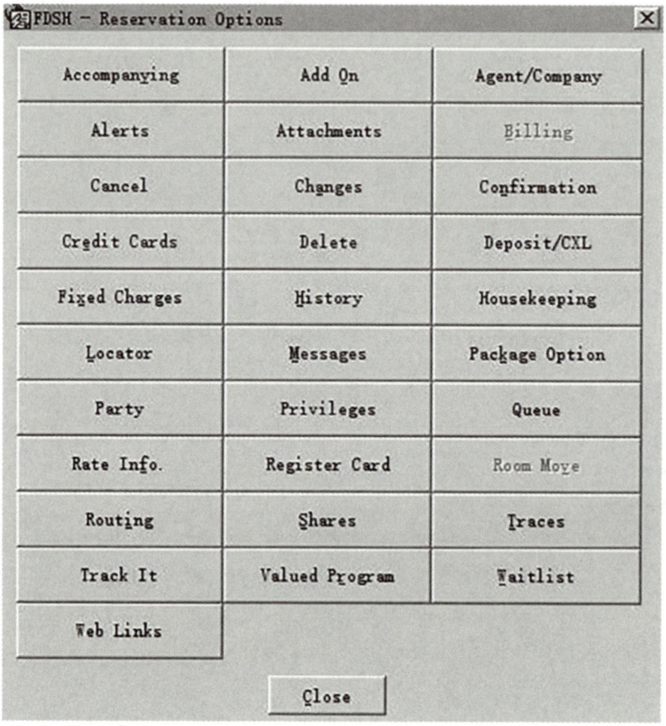

图 3–1–9　Options 界面

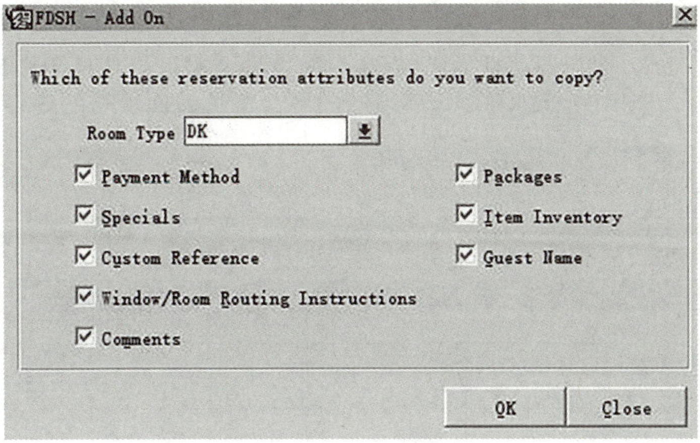

图 3-1-10　Add On 界面

四、聚会预订（Party Reservation）

在原先的预订中，我们默认为 1 间房，如果需要增加用房，可以使用 Add On 的功能来复制预订。除此之外，还可以启用 Party 预订的功能。Party 除了可以复制预订以外，还可以将此 Party 内所有的房间都生成一个 Party 号。通过 Party 号可在 Update Reservation 里检索出这个 Party 号的所有房间。具体操作如下：首先将预订的房间数（No. of Rms）改成 2，其次打开 Option 中的 Party 界面（见图 3-1-11），再次通过 Split 或 Split All 来拆分预订，直至 Rooms 变成 1 为止。与此同时，我们可以使用 Add to Party 来将其他预订加入此 Party，还可以使用 Chg. Party 来更换另外一个 Party，也可以使用 Detach 将预订从此 Party 内删除。

五、折扣优惠（Discount）

如果需要给客人折扣优惠，我们可进行如下的具体操作：

打开一个已有的预订，找到界面右栏的 Disc. Amt.（折扣优惠），在这个字段后面有两个空格，中间一个百分号。第一个空格填写优惠的具体金额，第二个空格填写优惠的百分比。假如客人在办理入住时持有一张 20 元优惠券，此时需要在第一个空格内填写 20，保存后系统会提醒报价项目是否会发生变化，点击 OK。此时，房费就从原来的 1000 元变成 980 元。假如客人所持有的是打九折的优惠券，那么就在第二个空格内填上 10 即可。点击保存后，房费就会从原来的 1000 元变成 900 元。需要注意的是，折扣优惠的两个空格只能填写一个，如果两个都填写，后填的内容会覆盖前面填写的内容。

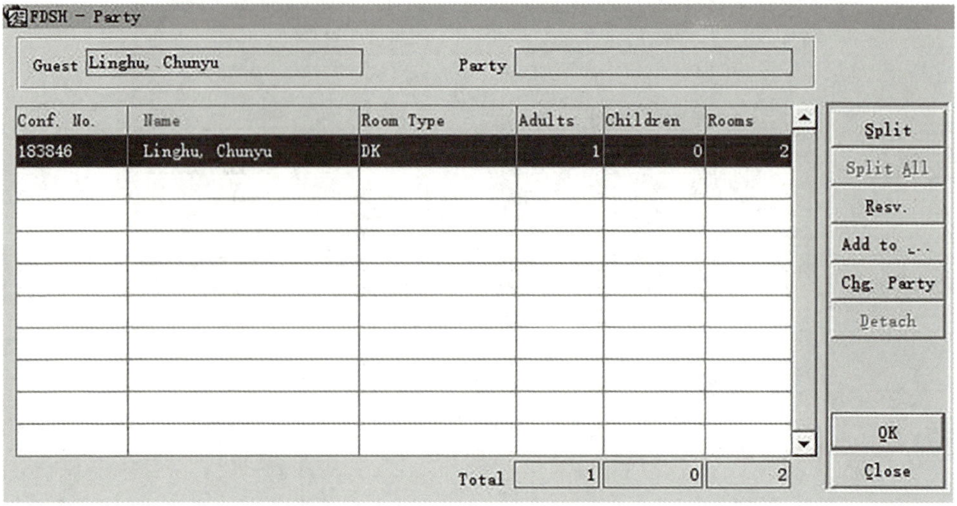

图 3-1-11　Party 界面

图 3-1-12　周末特惠促销广告

除此之外，在保存预订时，系统会提示要求在 Disc. Amt. 下面的 Reason 一栏填写折扣优惠的原因。在列表中已罗列常见的原因，比如总经理、值班经理、市场营销总监或销售主管授权同意等（见图 3-1-13），根据实际情况选择其一保存后退出即可。

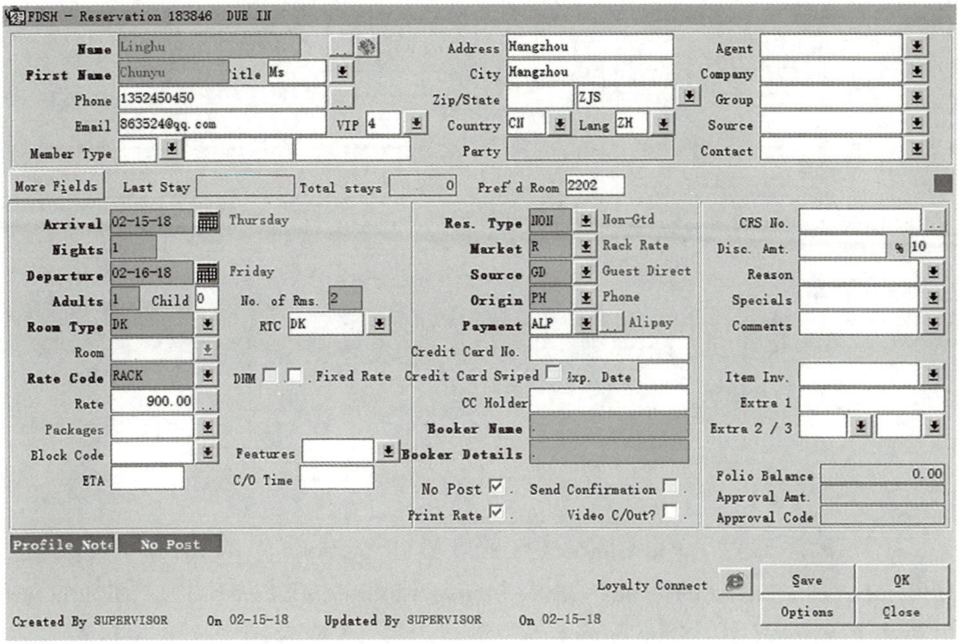

图 3-1-13　Discount 界面

六、接送机服务（Pick-up Service）

当客人做完预订后要求接机服务的话，需要把接机服务的相关信息录入到系统中。具体操作如下：

首先打开客人的预订，单击 More Fields，将接机的信息录入中间段（右边段是送机服务的内容），在 Pickup Reqd. 字段点 Yes（见图 3-1-14）。

Arrival Date：接机的具体日期

Carrier Code：接机的航班号

Transport No.：接机的车牌号

Station Code：接机的航站楼

Transport Type：接机用车。假如酒店没有客人所需的车，可以选择 Outside Rented Car，即通过外租公司来租借车辆接机。

以上信息输完后，保存即可。送机信息的录入与接机是类似的，在此不再赘述。此外，接机费用可以通过两种方式录入系统：

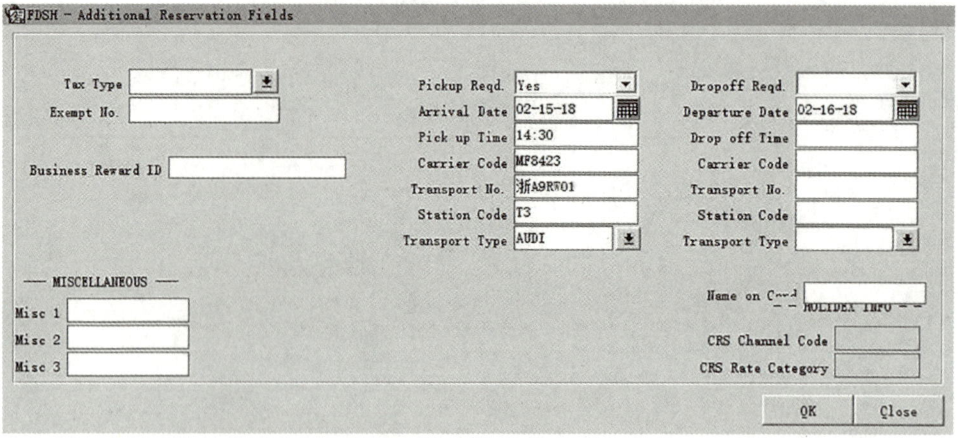

图 3-1-14　Additional Reservation Fields 界面

第一种，通过 Fixed Charges 入账。点击 Options 中的 Fixed Charges 选择 Once，选好相应的时间，录入 Transportation（代码 5100），在 Amount 里录入相应的费用，Supplement 一栏输成 Pick up 或者用中文的接机费来表示（见图 3-1-15）。这笔费用录入后，会出现一个高亮条，这里显示的是 Transportation。这笔费用不是马上入账，而是要等客人入住后且过完当晚的夜审，才会入账。

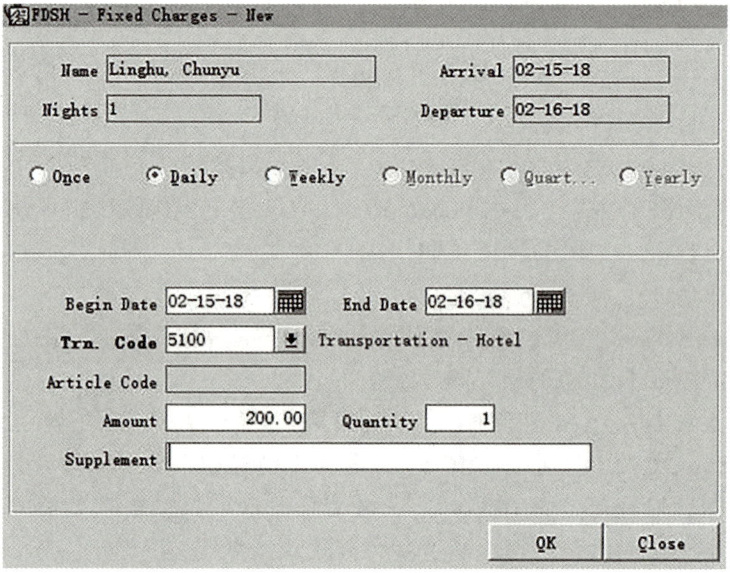

图 3-1-15　Fixed Charges 界面

第二种，通过 Billing 直接入账。由于客人还没有入住，所以 Billing 还是灰色，可以通过 Privileges 激活 Billing。Privileges 有三个选项：第一个是 No Post，就是不能挂账，这个和之前的 No Post 是一样的；第二个是 Pre Stay Charging，也就是打开 Billing 的功能（见图 3-1-16）；第三个是 Post Stay Charging，即客人退房后，可以通过这个功能再次入账。此时，需要勾上第二个选项 Pre Stay Charging，随后 Billing 就从灰色变成了黑色（见图 3-1-17）。此时打开 Cashier 直接入账即可。

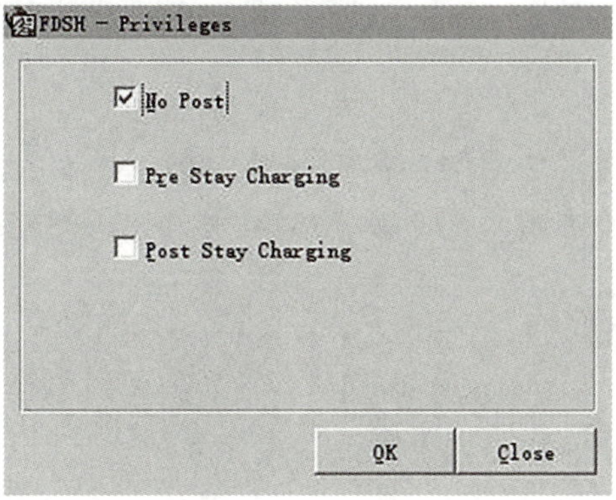

图 3-1-16　Privileges 界面

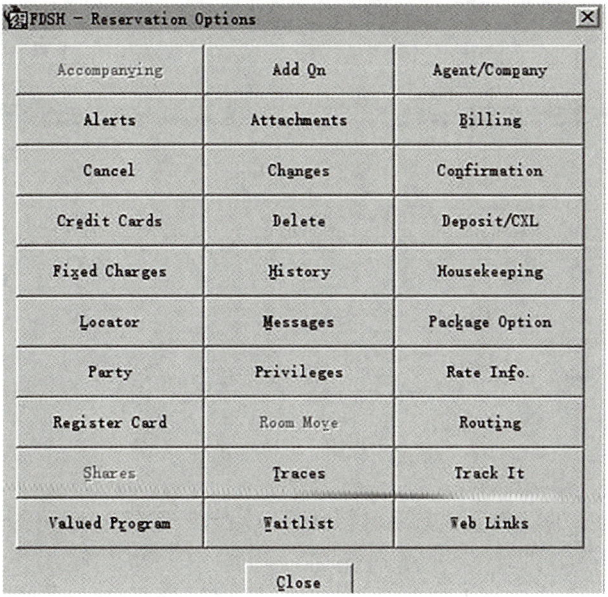

图 3-1-17　Option 界面的变化

任务二　公司预订 /Company Reservation

公司预订过程包括创建应收账户、价格代码和进行公司预订等操作。

一、创建应收账户和价格代码（Create AR & Price Code）

微课 3-2-1

1. 创建应收账户

在项目二中，已经学习了如何创建公司档案。假设这家公司可以在酒店挂账消费，那么就需要为这家公司创建应收账户。

在图标式菜单中点击 AR（Account Receivable，应收账户），选择 Account Maintenance（账户的维护和管理），输入收银账号和密码，进入 AR Account Search（应收账户搜索）页面（见图 3-2-1）。

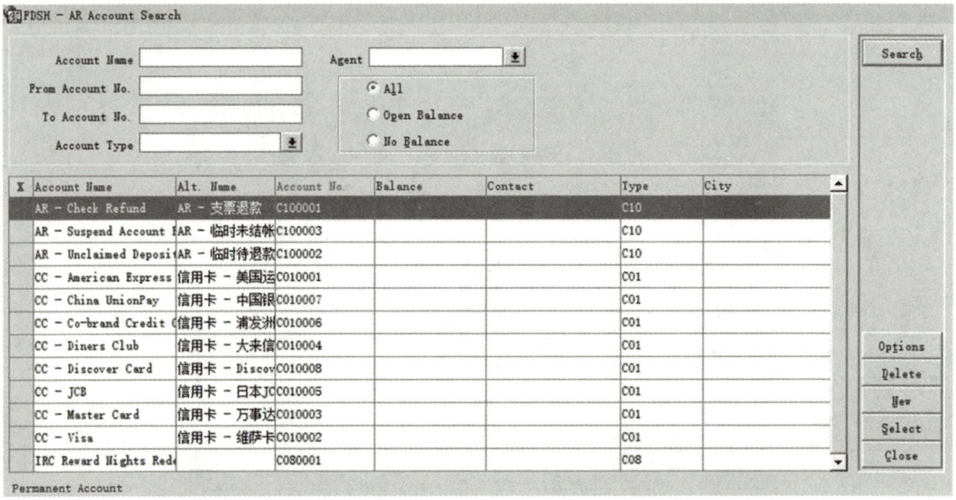

图 3-2-1　AR Account Search 界面

首先在 Account Name 里搜索系统中是否已经存在公司的应收账户，点击 Search（Alt+H），如没有找到公司应收账户，那么点击 New，选择新建（Alt+N）。弹出一个对话框，左上角的标题是 profile search，录入并选择要创建 AR 账户的公司名称。点击 OK 后，弹出创建 AR 账户的界面。

第一个为加粗的字段，Account Type（账户类别），系统默认的是 C02 代表 Company Local（当地公司）。除此之外，还有 14 种应收账目的类型，从 C01 到 C14，比如信用卡协议账户、当地公司、跨国公司、当地旅行社、跨国旅行社、长住型客户等。

第二个为加粗字段，Account Number（应收账户的编号）。在输入编号时要遵守命名规则：第一个是大写的英文字母 C，再输入 6 个阿拉伯数字（见图 3-2-2）。如果没有按照这个规则来输入的话，系统就会报错。

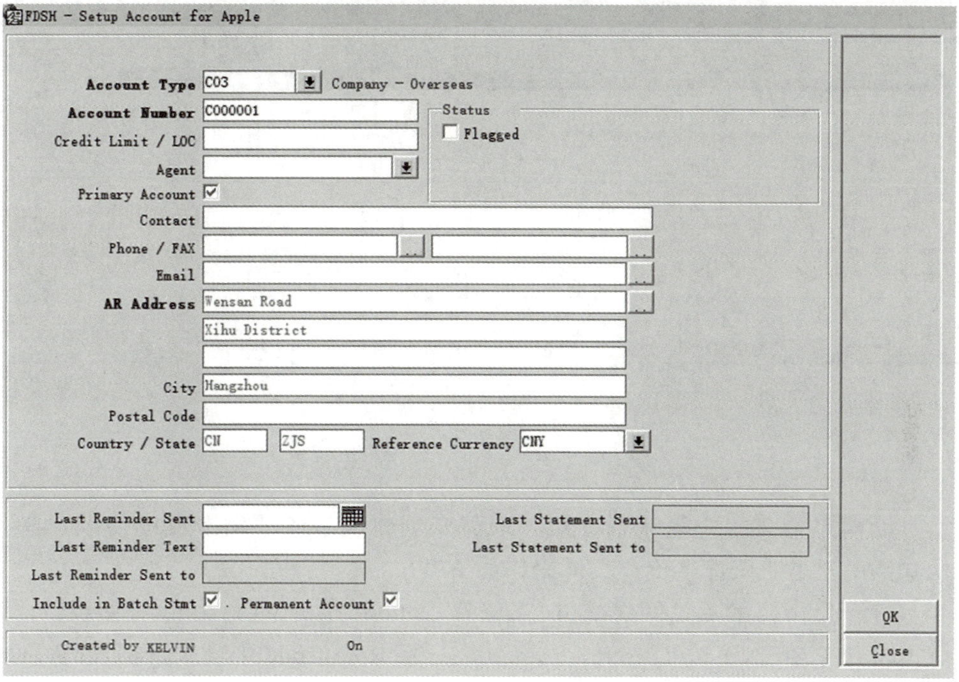

图 3-2-2　Setup Account 界面

第三个到第八个为非加粗字段，可以选择性输入。Credit Limit/LOC 是酒店给予该公司的信用额度和透支额度。Agent 是与该公司关联的员工账户。Primary Account 系统默认是选中的，意思是这个应收账号是该公司的主要账号。Contact 是该公司的联系信息，包括联系人、电话号码、传真、电子邮箱。

第九个为加粗字段，AR Address 为该公司应收账户的地址，用于邮寄应收账单。填写方法与档案类似，详见项目二。

Reference Currency（货币类别）为 CNY（人民币），也可以修改为其他的货币类别。

在创建 AR 时，最重要的是输入三个加粗字段，即账户类型、账户编号以及应收账户地址，点击 OK（Alt+O）保存。一旦创建成功，在搜索列表中就可以查询到 Account Number 和 Account Type 等相关信息。再次回到公司档案页面时，就可以查询到应收账户的编号和公司的地址（见图 3-2-3）。

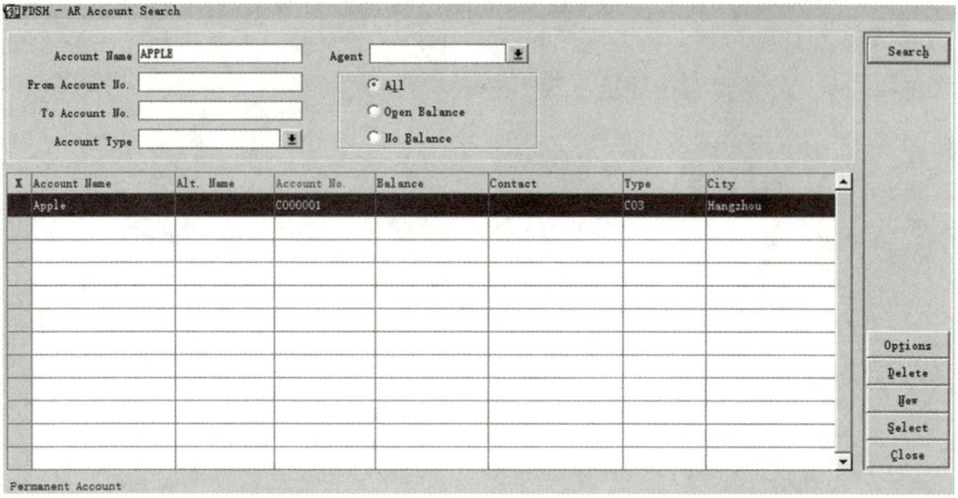

图 3-2-3　AR Account Search 界面

2. 设置价格代码

设置完公司的应收账款，接下来需要创建属于该公司专属的协议代码，换句话说就是协议优惠价。具体操作如下：

打开公司档案（见图 3-2-4），选择 Options 中的 Neg. Rates（协议价），点击打开（Alt+N），点击 New 选择新建，在 Rate Code 中输入价格代码。通过点击下拉框，选择其中一个价格代码，比如 Corporate Included BKF，即房费包含早餐，点击 OK。紧接着是明确此协议优惠价的开始时间和结束时间，需根据酒店跟公司签订的用房协议来进行调整（见图 3-2-5）。Sequence 是排序，如果这家公司价格代码不止一个，就需要明确排序。价格代码创建完成，点击 Close 关闭。

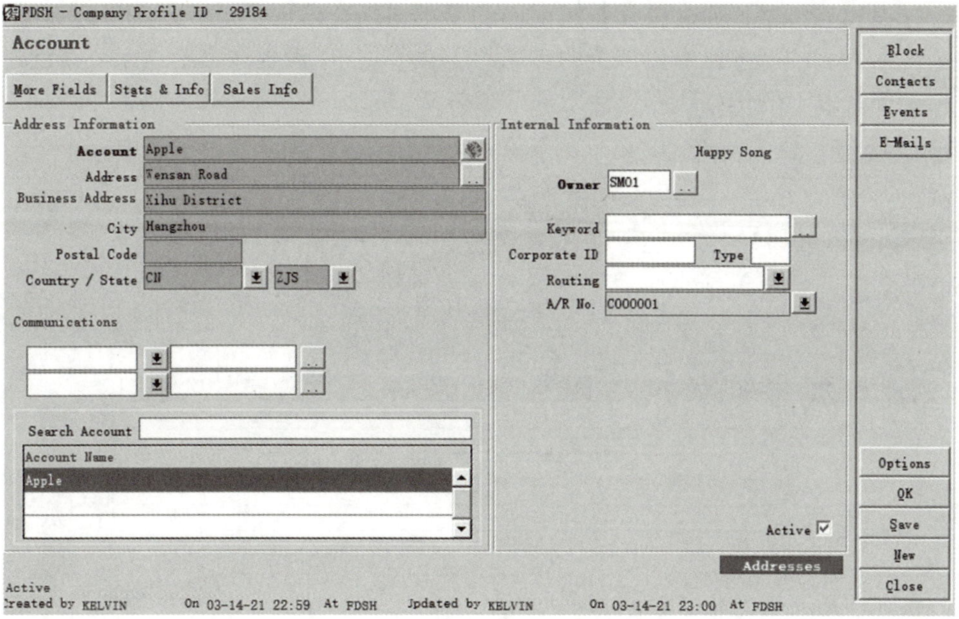

图 3-2-4　Company Profile 界面

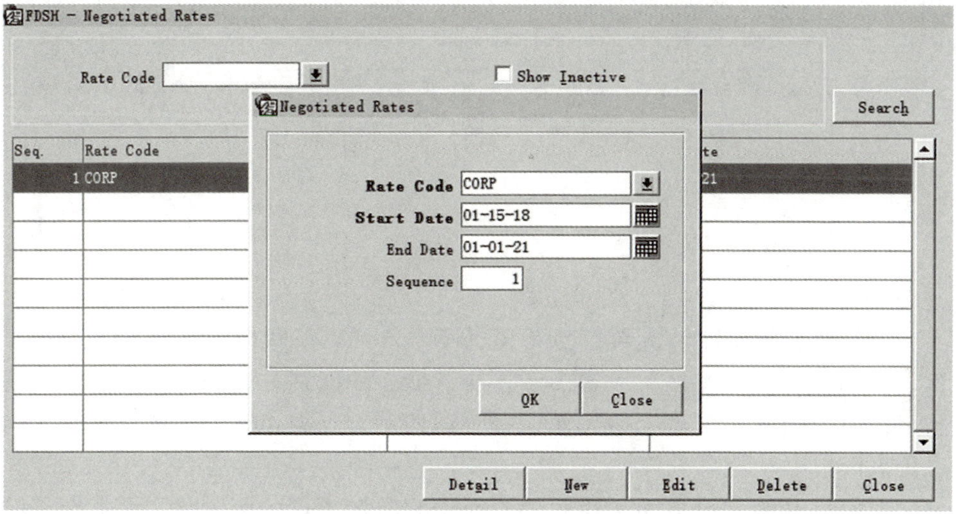

图 3-2-5　Negotiated Rates 界面

一旦公司价格代码创建完成，在公司档案右下角会出现一个红色的高亮显示的按键 Neg. Rates，在搜索页面右下角也会出现该红色高亮显示的按键。

设置完价格代码的公司，其前面的小空格内会出现一个美元符号的标志，表示该公司的档案是有协议价的（见图 3–2–6）。假设现在去给这家公司创建第二个及以上的价格代码，会出现两个美元符号。

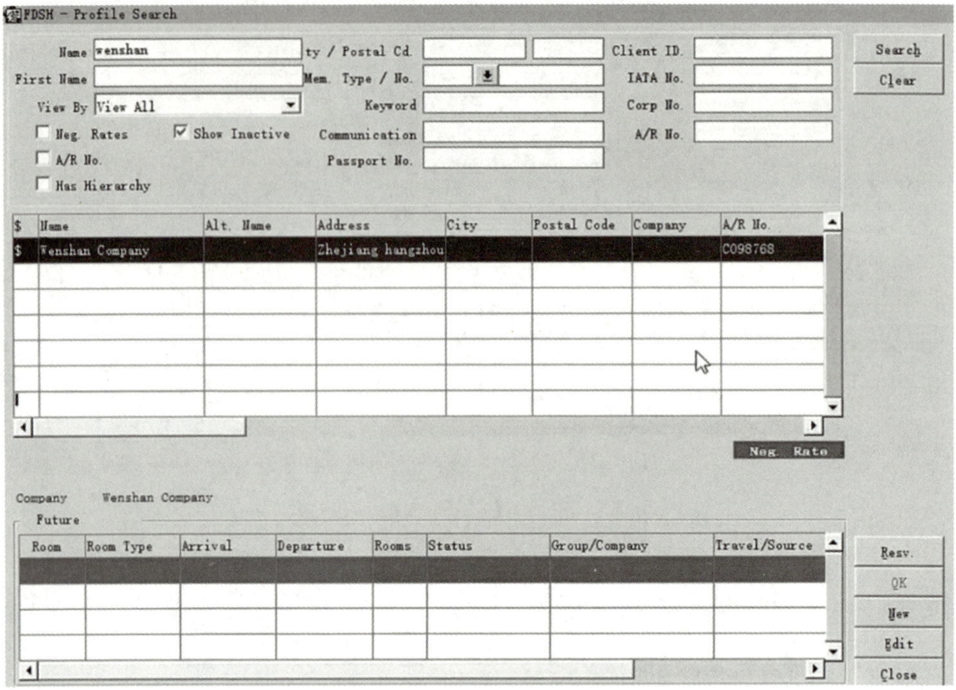

图 3–2–6　Profile Search 界面

二、公司预订（Company Reservation）

在新建公司预订时，点击 New Reservation 或者按快捷操作键 F7，可打开预订页面。前期的操作与散客预订一样，唯一的区别是，公司预订需要关联一个公司的档案，在 Company 里选择公司档案，点击 OK（Alt+O）后进入到询价页面。

此时打开的询价页面和我们之前创建的散客预订的区别是，在这个页面上仅仅显示了这家公司所创建的协议价和价格代码（见图 3–2–7）。

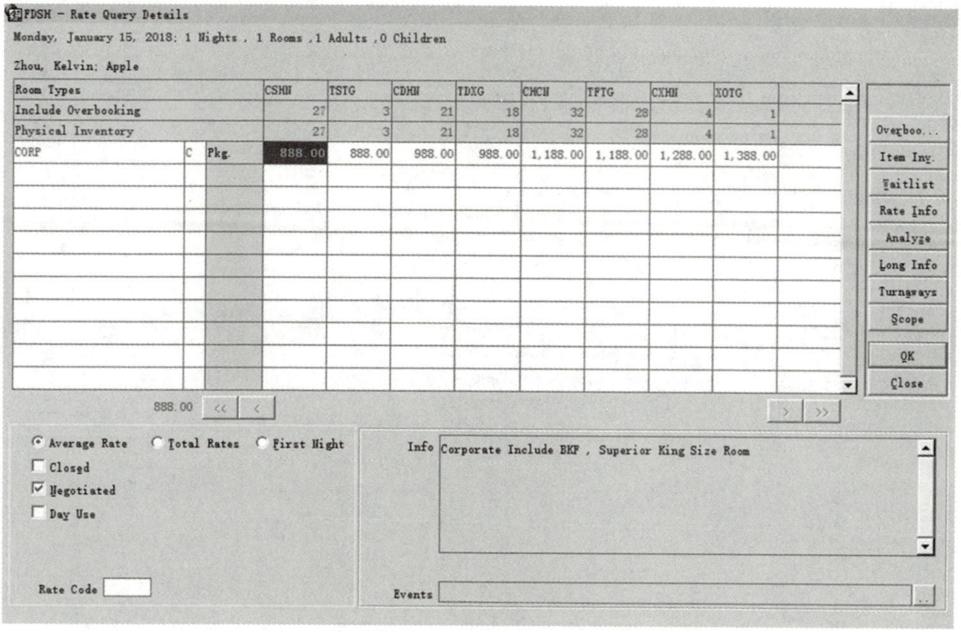

图 3-2-7　Rate Query Details 界面

根据客人要求选择一个合适的房间类型，进入到预订主界面。这个预订主界面与前面介绍的散客预订是相同的，需要填写所有加粗字段。

Market（市场细分）选择 Corporate（公司），Source（预订来源）选择 Company Direct（公司预订），Origin（预订渠道）选择电话预订。

公司预订中，Payment 付款方式与散客预订不一样，因为公司是有应收账户的，可以挂账。所以公司预订的付款方式我们通常会选择第三个 Direct Bill（挂账消费），点击 OK（Alt+O）。

Booker Name 和 Booker Details，这与散客预订一样，如果预订人和住店人是同一人，那么就在空格内各输入一个小黑点即可；如果预订人和住店人不是同一人，那么就写上预订人的姓名及联系方式。点击 OK（Alt+O），生成预订号。此时进入 Update Reservation，通过预订号把刚刚的预订信息找到，意味着预订已经成功。

由于公司订房的付款方式为挂账，所以需要为其设置 Routing，也就是路径。在设置 Routing 之前，我们先进入原先的预订，设置一个备注“All to Co.”，表示客人在酒店中的所有消费全部由公司支付（见图 3-2-8）。

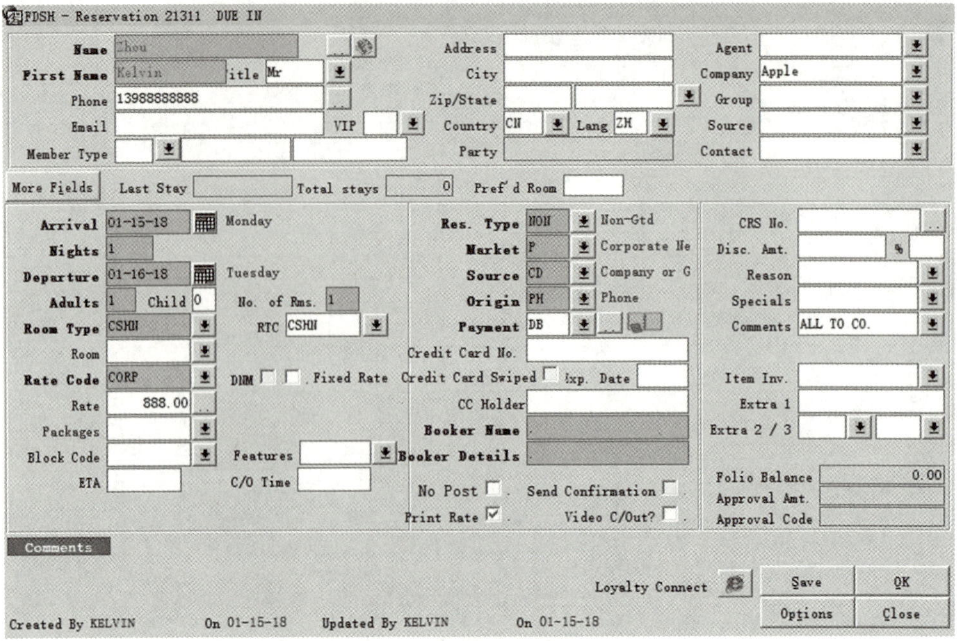

图 3-2-8　Reservation 界面

点击 Options（Alt+T）中的 Routing（路径）（Alt+I），第一行是路径的两个不同类型：一个是 Room Routing，另一个是 Window Routing。

首先介绍 Room Routing（房间路径），即客人与客人之间，房间与房间之间的一种转账。比如说，甲和乙两位客人，甲入住 201 房间，乙入住 202 房间。甲住店期间的所有消费都由乙来进行承担，那我们就需要设置一个 Room Routing，把甲客人的 201 房间的所有消费全部转到乙客人 202 房间去。

第二个 Window Routing（窗口路径），即窗口与窗口之间的转账。比如说，客人的账单，有两个收银窗口。一个收银窗口的命名是住店人本人，另外一个收银窗口的命名是支付费用的公司。将酒店所有消费都转到公司名下就属于 Window Routing，即窗口与窗口之间的转账。

现在要建立的公司预订就属于 Window Routing。我们选择好 Window Routing 后，再对时间进行选择。第一个选项是 Entire Stay，即客人住店期间的所有消费，都按照 Window Routing 来转账。第二个选项是 Other Dates，可以设置 Window Routing 的开始和结束时间。

Name 录入的内容为把费用转入账户的名称，该预订是将客人在酒店的所有消费都由公司支付，所以 Name 选择公司档案即可。

Transactions 是指需要把哪些项目转到公司账户，根据此预订的要求，是将所有的消费项目都转到公司账户，选择最后一个 All Transactions（见图 3–2–9），点击 Add（Alt+D），再点击 OK（Alt+O）保存即可。当左下角出现 Routing 这个高亮显示的红色按键，就意味着 Routing 设置成功。

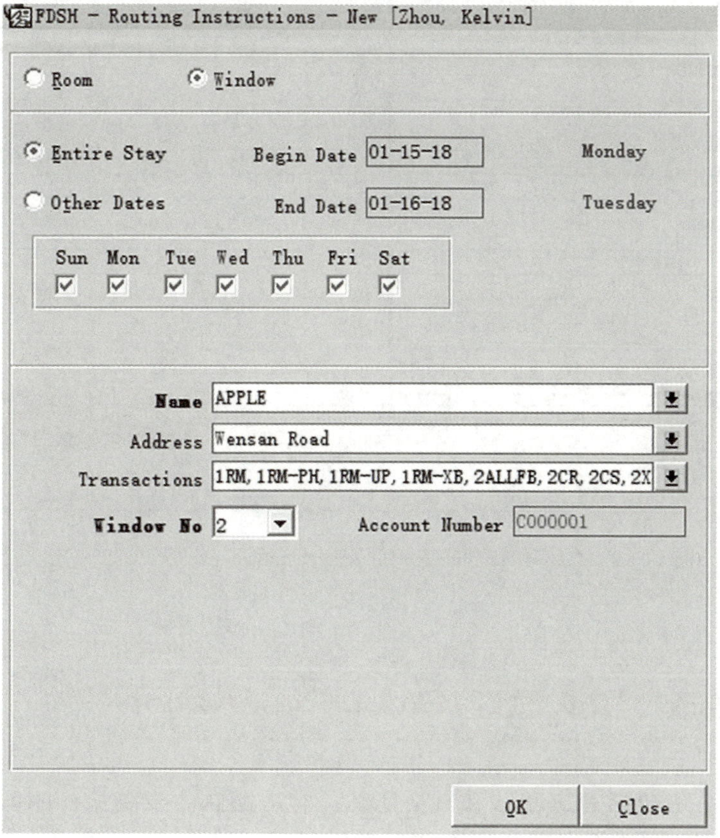

图 3-2-9　Routing Instructions 界面

如果要验证 Routing 是否设置成功，可以进入 Billing 界面，点击鼠标右键，点击 New Window 就可以看到以公司命名的第二个收银窗口。Post 一笔消费，假如入账信息进入第二个收银窗口，意味着 Routing 设置成功。最后，将刚刚的一笔消费冲账即可（见图 3–2–10）。

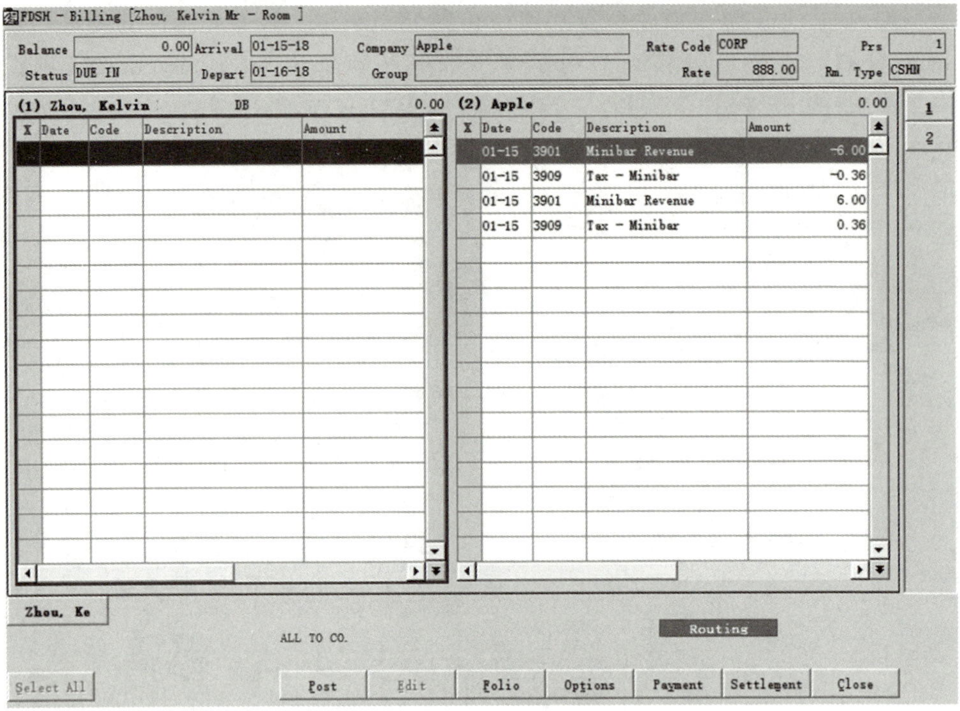

图 3-2-10 Billing 界面

任务三 团队预订 /Group Reservation

团队一般包括客房团队和宴会团队。客房团队主要指旅行团队，宴会团队可分为不住房宴会和住房宴会两种类型。

团队预订过程包括团队预订搜索、团队预订关联信息、新建团队预订、团队占房、团队批房、团队预订的更新与取消等操作流程。

一、团队预订搜索（Block Search）

微课 3-3-1

在新建团队预订之前，可以首先搜索该团队预订是否已经存在，搜索时依次打开的功能按键顺序为：Reservation → Block → Advanced，可显示如图 3-3-1 的团队预订搜索界面。

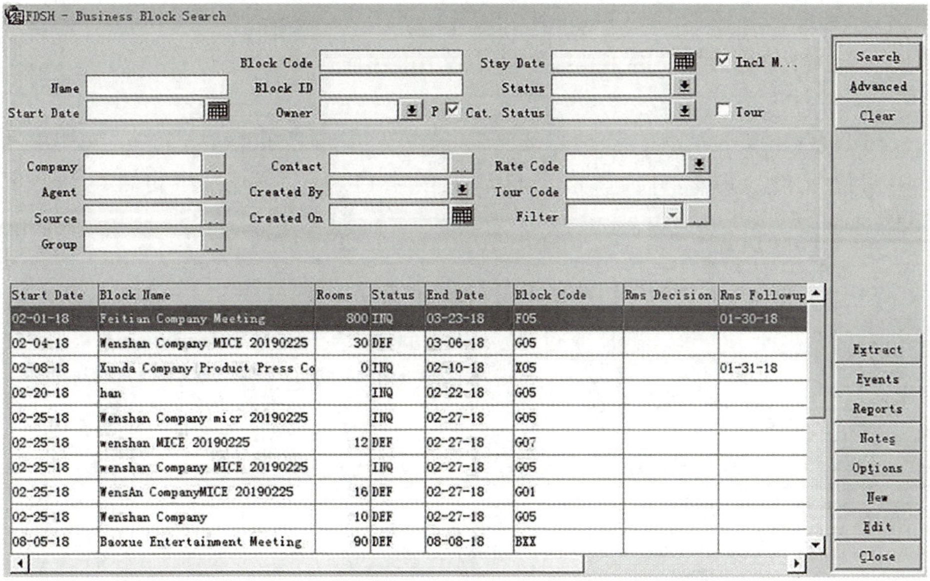

图 3-3-1 团队预订搜索

Name：团队名字

Start Date：团队入住开始的时间

Block Code：团队代码，具有唯一性，代码的格式可以在系统后台根据酒店自身需要设定

Block ID：团队预订的唯一代码，会在团队预订成功后自动生成

Owner：酒店负责该团队服务的营销经理

Stay Date：团队入住的日期

Status：团队预订的状态。系统中团队预订的状态可分为六种：

INQ：Inquiry，询价，公司向酒店询问相关产品价格

PEN：Pending，发出合同，公司向酒店发出意向合同

TEN：Tentative，收到合同，酒店方收到公司合同

DEF：Definite，发出团单，公司向酒店发出入住团队名单

ACT：Actual，团队入住，公司团队如期抵达酒店并办理入住

CXL：Cancel，团队取消，团队预订因故取消

Cat. Status：宴会状态

Created By/On：创建团队的酒店员工 / 时间

Rate Code：价格代码

Tour Code：旅行社团队代码

二、团队预订关联信息（Relevant Information）

与散客预订一样，团队预订也可以关联公司或者旅行社档案。如果签署了用房协议价，那么团队预订会自动继承来自所属公司或旅行社的协议价（见图 3–3–2）。

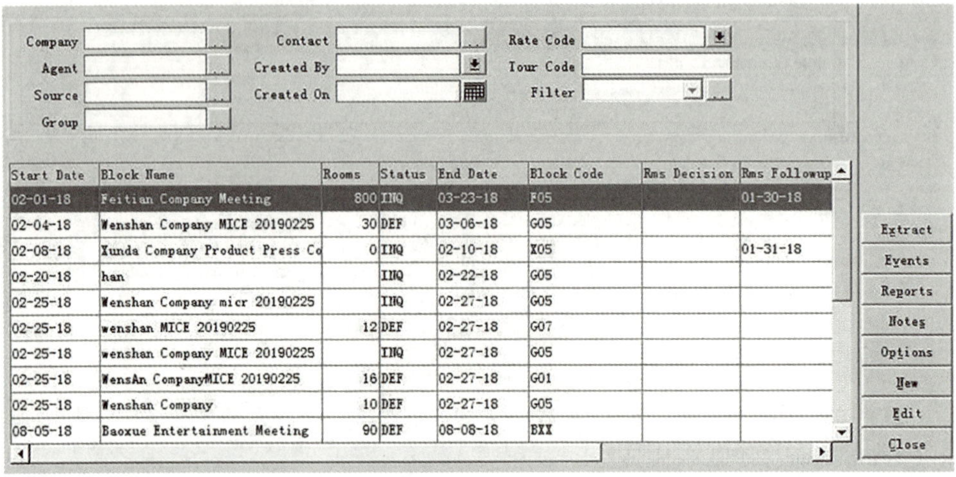

图 3-3-2　团队预订关联信息

Company：公司档案。如为酒店协议公司的团队，可直接关联该公司档案。

Agent：旅行社档案。如果该团队来自旅行社，可直接关联该旅行社档案，用于统计该旅行社的产量并计算佣金。

Source：预订源档案。该类档案可以理解为来自第三方电子商务网站的档案，用于统计该预订源的产量并计算佣金。

Group：团队档案。此处不需要手动输入，团队的档案将在团队预订保存后自动建立。

Contact：联系人档案。每个团队都有一位联系人，可以在此关联该联系人档案。

三、新建团队预订（New Block）

打开 New 新建团队预订功能按键进入如图 3-3-3 的界面。

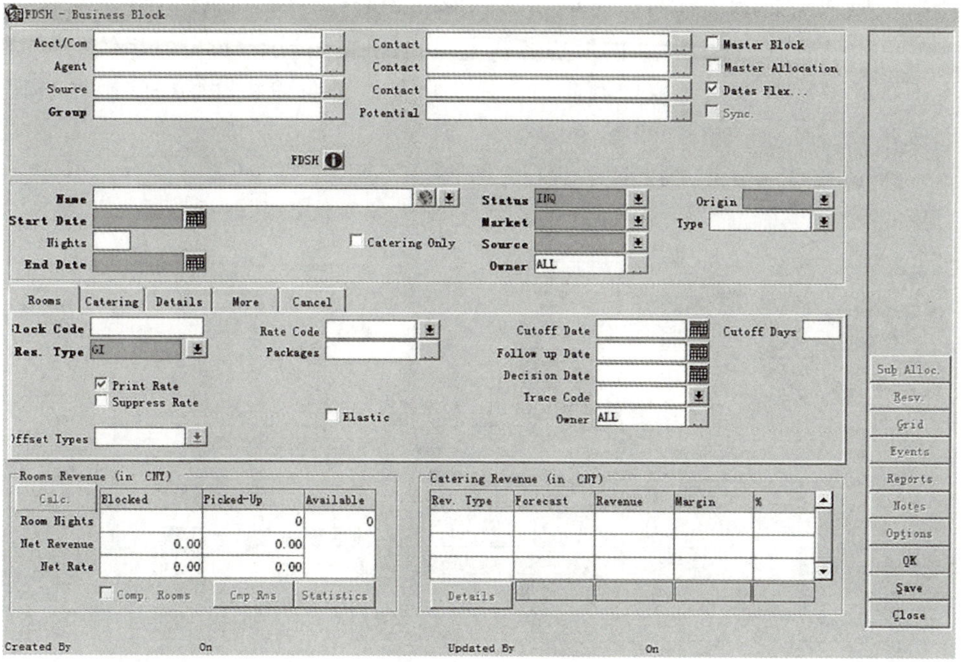

图 3-3-3　新建团队预订

Start Date：团队入住开始的时间

Nights：团队入住夜数

End Date：团队入住结束的时间

Res. Type：预订类别

Elastic：弹性锁房。酒店对某些类型的团队预订有严格的规定，订房数量以及入住时间一旦被确认，则不可以更改，此时不勾选此选项；相反，酒店对某些类型的团队用房要求比较宽松，入住时间允许变更，则勾选此选项。在做团队预订拆分或实际入住期间，允许弹性锁房的团队根据实际住房情况增加或者减少用房量，改变团员入住时间等。当超出预订的客房数量时，系统会允许从酒店其他可卖房中“借房”，以满足团队用房需求。

Rate Code：团队入住的价格代码

Packages：团队入住的包价代码

Cutoff Date，Cutoff Days：设置团队预订拆分的最后截止确认时间。对于同一个团队，两者只能设置一个：Cutoff Days 是指团队预订截止的期间，Cutoff Date 是指团队预订截止的具体时间。为了保证客房出租率，酒店一般会严格控制团队确认其团员名单和预订拆分的最后时间（即团队发送团员分房名单的最后截止时间），如果超过这个时间没有进行预订拆分，系统会自动将团队的锁房释放出来变成酒店可卖房，即前厅部可以将这些房间销售给其他散客，以提高酒店的出租率和收益率。

Details：Payment（付款方式）选择为“CA”，表示团队付款方式为现金（见图 3-3-4）。

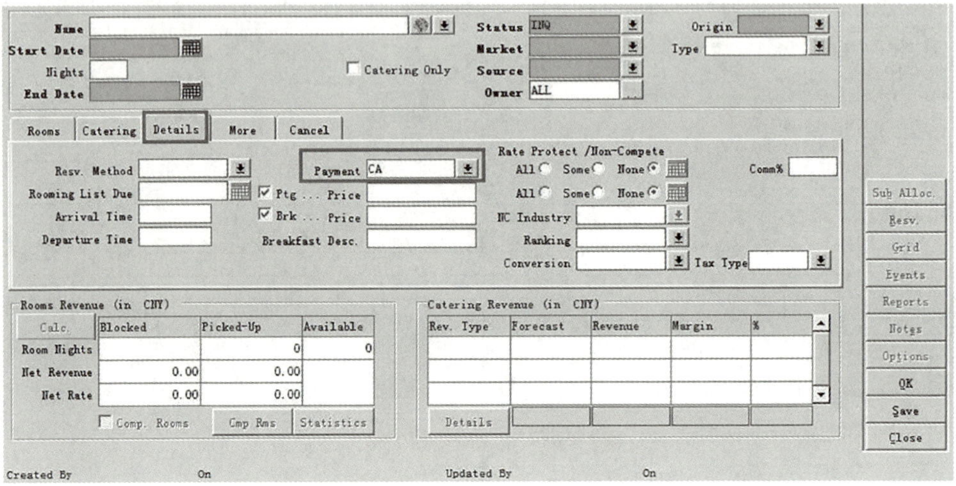

图 3-3-4　团队付款方式

四、团队占房（Grid）

在设置好团队预订基础信息之后，就可以点击功能按键“Grid”进行占房操作了（见图 3-3-5、图 3-3-6）。

进入占房界面后，首先点击功能按键“Priorities”查询酒店可用房数量（见图 3-3-7）。

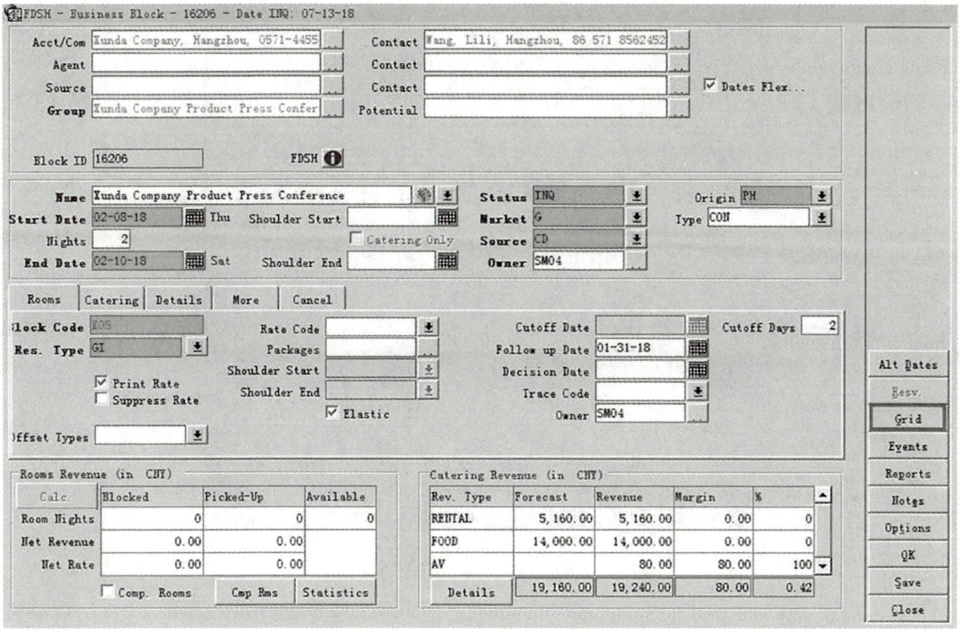
FDSH - Business Block - 16206 - Date INQ: 07-13-18
Acct/Com
Xunda Company, Hangzhou, 0571-4455
Agent
Source
Group
Xunda Company Product Press Confer
Contact
Wang, Lili, Hangzhou, 86 571 8562452
Contact
Contact
Potential
Dates Flex...
Block ID
16206
FDSH
Name
Xunda Company Product Press Conference
Start Date
02-08-18
Thu
Nights
2
End Date
02-10-18
Sat
Shoulder Start
Catering Only
Shoulder End
Status
INQ
Market
G
Source
CD
Owner
SM04
Origin
PH
Type
CON
Rooms
Catering
Details
More
Cancel
Block Code
Res. Type
GI
Print Rate
Suppress Rate
Offset Types
Rate Code
Packages
Shoulder Start
Shoulder End
Elastic
Cutoff Date
Follow up Date
01-31-18
Decision Date
Trace Code
Owner
SM04
Cutoff Days
2
Alt Dates
Resv.
Grid
Events
Reports
Notes
Options
OK
Save
Close
Rooms Revenue (in CNY)
Calc.
Blocked
Picked-Up
Available
Room Nights
0
0
0
Net Revenue
0.00
0.00
Net Rate
0.00
0.00
Comp. Rooms
Cmp Rms
Statistics
Catering Revenue (in CNY)
Rev. Type
Forecast
Revenue
Margin
%
RENTAL
5,160.00
5,160.00
0.00
0
FOOD
14,000.00
14,000.00
0.00
0
AV
80.00
80.00
100
Details
19,160.00
19,240.00
80.00
0.42

图 3-3-5　功能按键 Grid

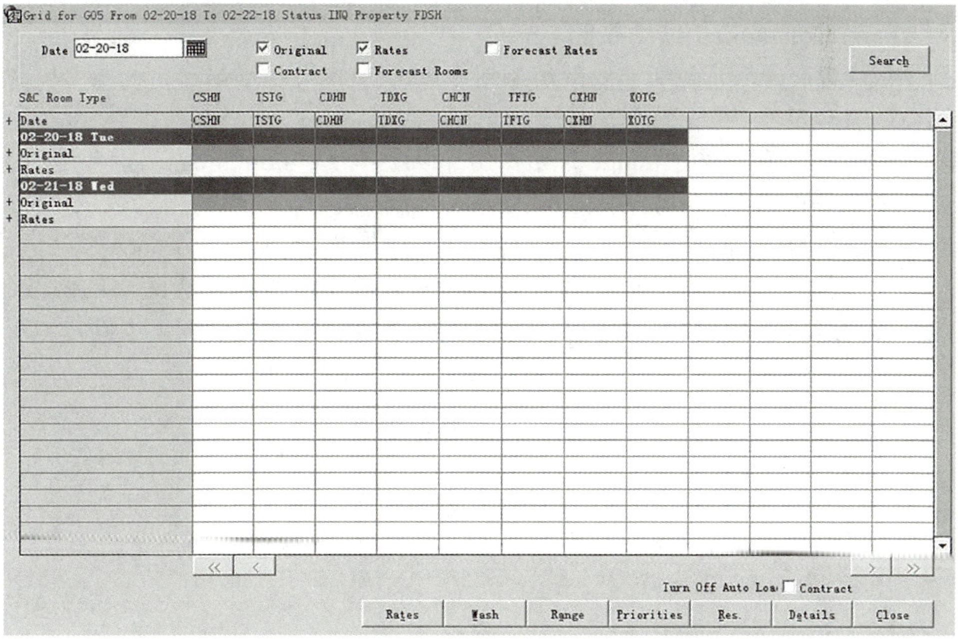
Grid for G05 From 02-20-18 To 02-22-18 Status INQ Property FDSH
Date
02-20-18
Original
Contract
Rates
Forecast Rooms
Forecast Rates
Search
S&C Room Type
CSHN
TSTG
CDHN
TDXG
CHCN
TFTG
CXHN
XOTG
Date
02-20-18 Tue
Original
Rates
02-21-18 Wed
Original
Rates
Turn Off Auto Loa
Contract
Rates
Wash
Range
Priorities
Res.
Details
Close

图 3-3-6　占房界面

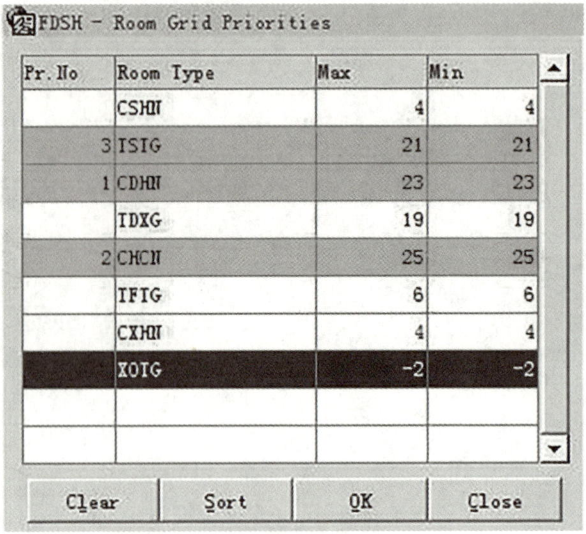

图 3-3-7　查询酒店可用房数量

Room Type：房间类型。依次点击团队所需要的 CDHN，CHCN 及 TSTG 这三个房型，Pr. No 空格内就会按顺序出现相应的数字 1、2、3。

Max：房间的最大可用数量

Min：房间的最小可用数量

在设置好团队预订所需要的房型后，点击“OK”按键保存，这三个房型就会在房型列表中的前三列优先显示（见图 3-3-8）。

然后点击功能按键 Range 开始占房，从上至下，从左至右，选择相应的日期（Date Range）和房型（Room Types）后，去设置所需的房间数量（No. of Rooms）：Occupancy 1 表示 1 位客人入住的房间数量，Occupancy 2 表示 2 位客人入住的房间数量，Occupancy 3 表示 3 位客人入住的房间数量，Occupancy 4 表示 4 位客人入住的房间数量，根据团队预订实际需要进行填写（见图 3-3-9）。

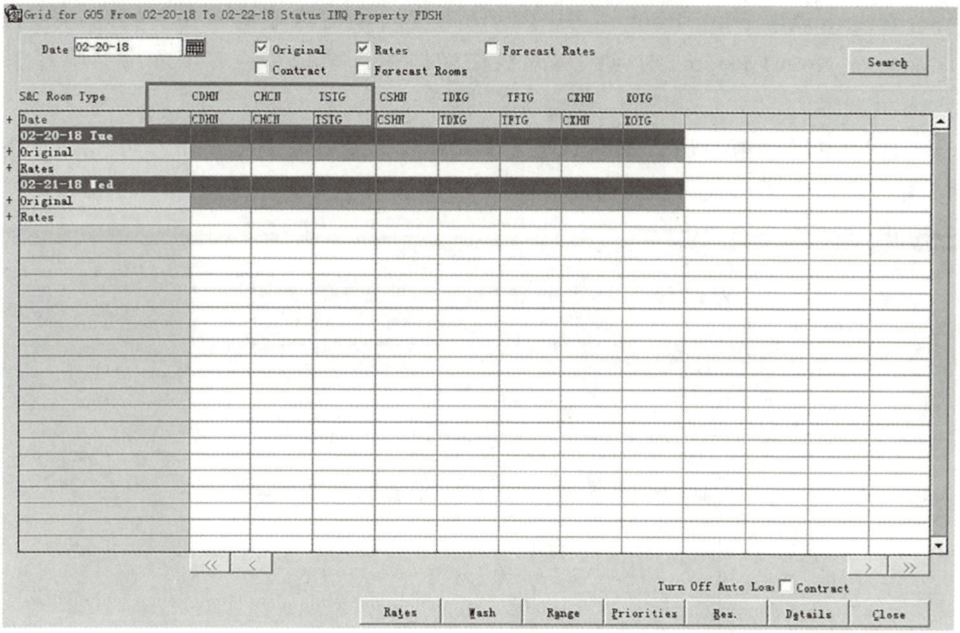
Grid for G05 From 02-20-18 To 02-22-18 Status INQ Property FDSH
Date 02-20-18
Original
Contract
Rates
Forecast Rooms
Forecast Rates
Search
S&C Room Type
CDHN CHCN ISTG CSHN IDXG IFIG CXHN XOIG
Date
02-20-18 Tue
Original
Rates
02-21-18 Wed
Original
Rates
Turn Off Auto Loa
Contract
Rates
Wash
Range
Priorities
Res.
Details
Close

图 3-3-8　团队所需房间类型优先显示

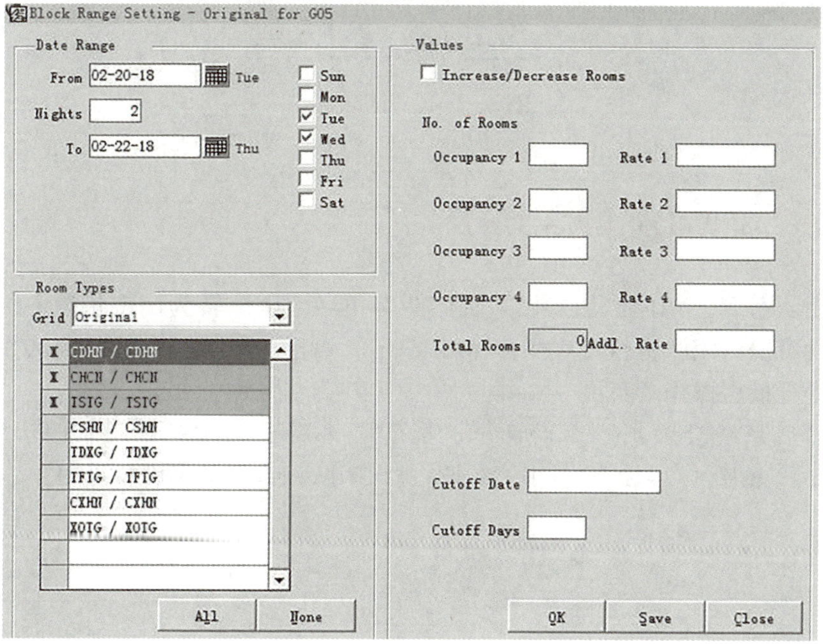
Block Range Setting - Original for G05
Date Range
From 02-20-18 Tue
Nights 2
To 02-22-18 Thu
Sun
Mon
Tue
Wed
Thu
Fri
Sat
Room Types
Grid Original
CDHN / CDHN
CHCN / CHCN
ISTG / ISTG
CSHN / CSHN
IDXG / IDXG
IFIG / IFIG
CXHN / CXHN
XOIG / XOIG
All
None
Values
Increase/Decrease Rooms
No. of Rooms
Occupancy 1
Rate 1
Occupancy 2
Rate 2
Occupancy 3
Rate 3
Occupancy 4
Rate 4
Total Rooms 0
Addl. Rate
Cutoff Date
Cutoff Days
OK
Save
Close

图 3-3-9　团队占房

Increase/Decrease Rooms：用于团队占房时增房或减房。在空格内勾选上之后，在 No. of Rooms 对应的房间数量空格内，填写正数表示加房，填写负数表示减房。

团队占房结束之后，团队状态（Status）就会发生变化，在公司和酒店签订用房协议之后转为 TEN：Tentative，酒店在收到团队入住名单后转为 DEF：Definite（见图 3-3-10）。

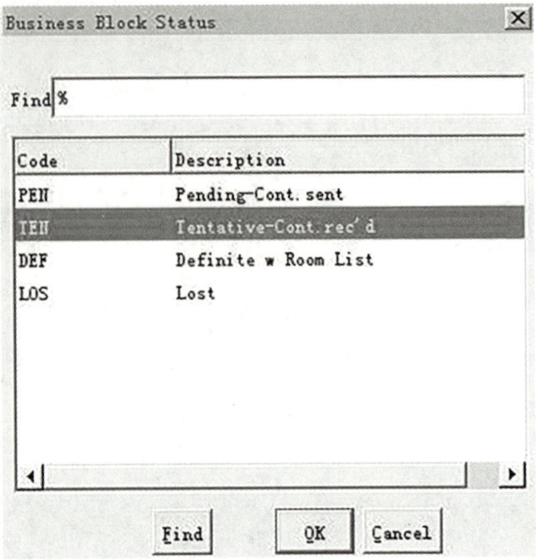

图 3-3-10 团队状态

五、团队批房（Pick Up）

团队所属公司向酒店发出入住团队名单后，团队转为确定状态（DEF），之后就可以对团队进行批房操作（Pick Up），此时点击右侧功能按键“Resv.”即可进行批房操作（见图 3-3-11）。

然后系统会弹出一个对话框，提醒是否需要创建一个团队假房（Post Master）（见图 3-3-12），点击“Yes”进入团队预订名单界面（见图 3-3-13）。

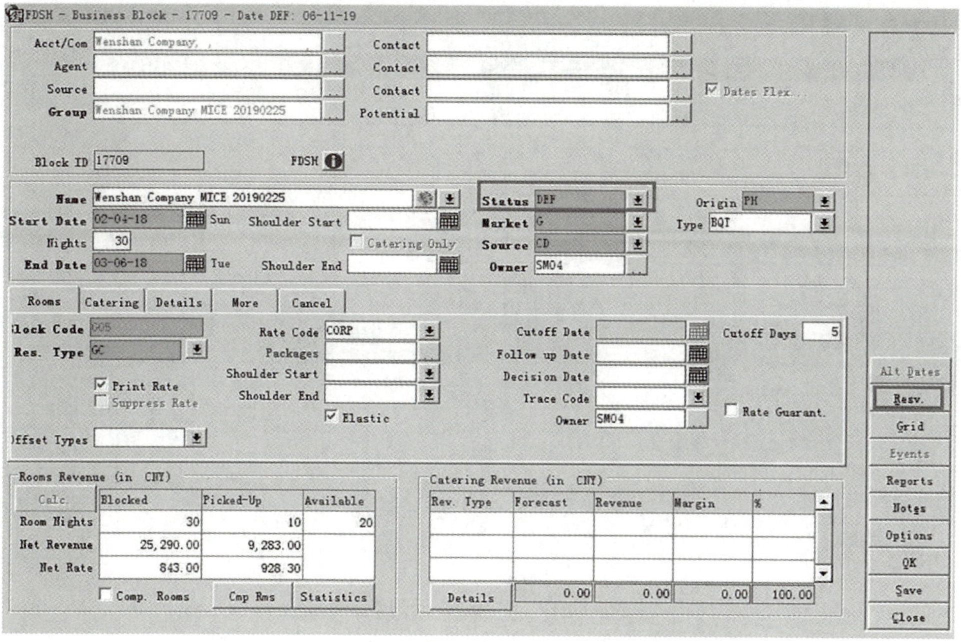
FDSH - Business Block - 17709 - Date DEF: 06-11-19
Acct/Com Wenshan Company,
Agent
Source
Group Wenshan Company MICE 20190225
Contact
Contact
Contact
Potential
Dates Flex
Block ID 17709
FDSH
Name Wenshan Company MICE 20190225
Start Date 02-04-18 Sun
Nights 30
End Date 03-06-18 Tue
Shoulder Start
Catering Only
Shoulder End
Status DEF
Market G
Source CD
Owner SM04
Origin PH
Type BQT
Rooms
Catering
Details
More
Cancel
Block Code
Res. Type GC
Print Rate
Suppress Rate
Offset Types
Rate Code CORP
Packages
Shoulder Start
Shoulder End
Elastic
Cutoff Date
Follow up Date
Decision Date
Trace Code
Owner SM04
Cutoff Days 5
Rate Guarant.
Rooms Revenue (in CNY)
Calc.
Blocked
Picked-Up
Available
Room Nights 30 10 20
Net Revenue 25,290.00 9,283.00
Net Rate 843.00 928.30
Comp. Rooms
Cmp Rms
Statistics
Catering Revenue (in CNY)
Rev. Type
Forecast
Revenue
Margin
%
Details 0.00 0.00 0.00 100.00
Alt Dates
Resv.
Grid
Events
Reports
Notes
Options
OK
Save
Close

图 3-3-11 团队批房

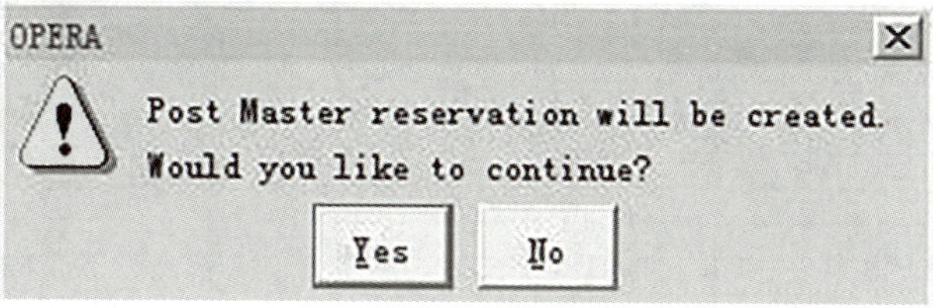
OPERA
Post Master reservation will be created.
Would you like to continue?
Yes
No

图 3-3-12 创建团队假房

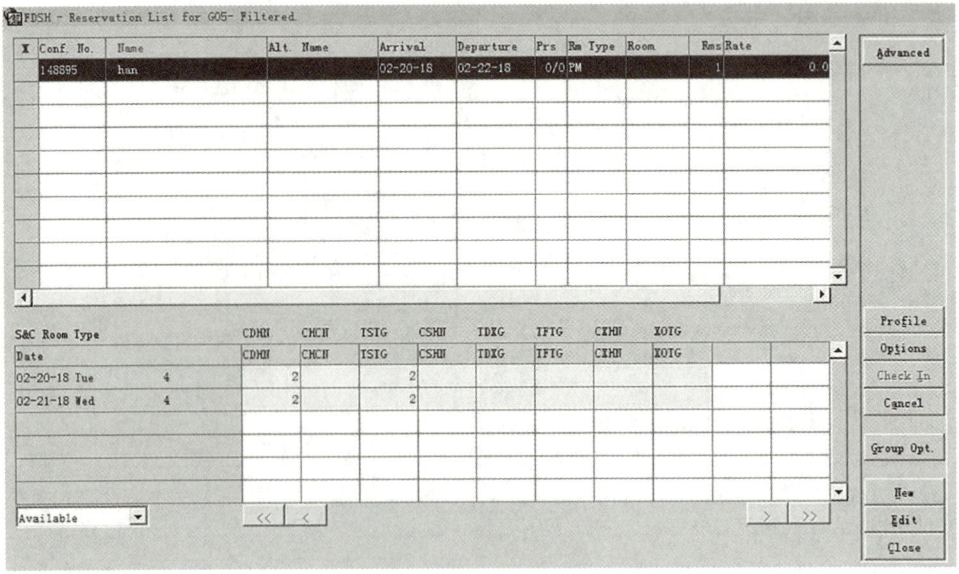

图 3-3-13　团队预订名单

然后依次点击功能按键 Group Opt. → Rooming List 进入图 3-3-14 界面。

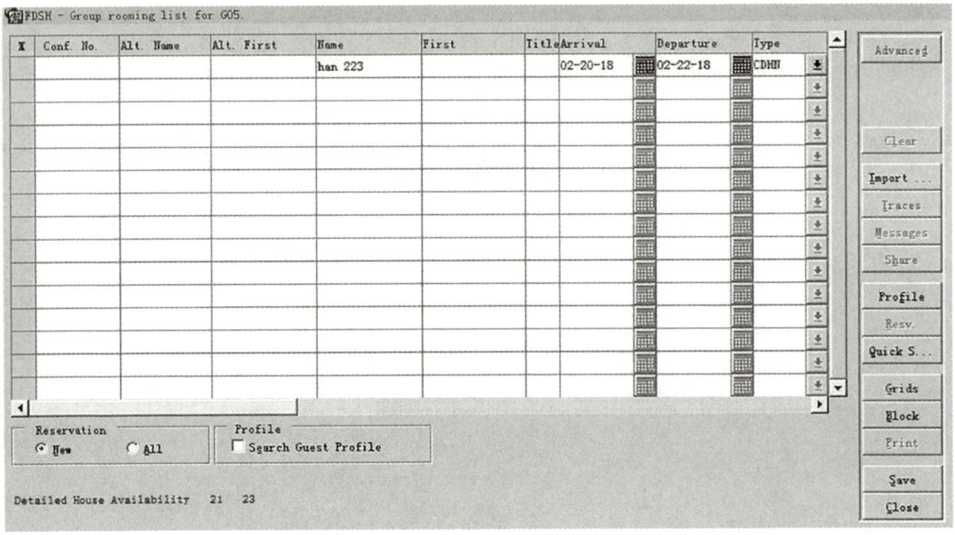

图 3-3-14　团队批房

1. 没名单的团队

此时如果是没有客人名单的简单团队，可以直接点击功能按键 Quick Split

进行预订生成，在 Number of Rooms 中输入团队所需的房间数后点击功能按键“Split”，团队批房即可完成（见图 3–3–15）。

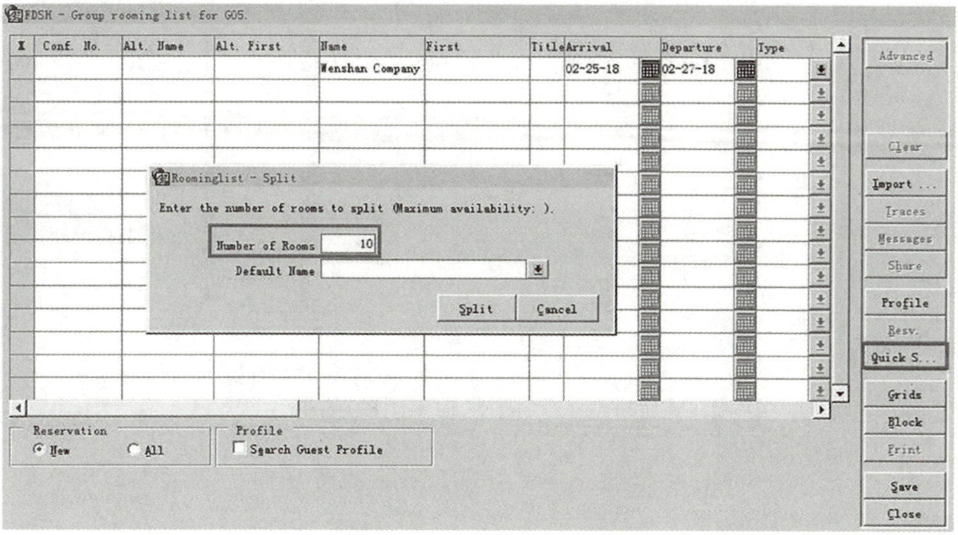

图 3-3-15 没名单的团队批房

如果团队住宿时间跨度长、房量大、房型多，无法一次分解（Split）出来，可在图 3–3–15 中 Arrival，Departure 及 Type 里面选择相应的抵店时间、离店时间及房型后再分别进行分解，直到所有房间都批房完成。

2. 有名单的团队

如果是有名单的团队，就可以在房间生成前将客人名单录入，在 Alt. Name 处填写中文名（如：龙欣欣），Name 处填写姓氏拼音（Long），First 处填写名字拼音（Xinxin），Title 处填写称谓。Arrival，Departure 及 Type 处填写相应的抵店时间、离店时间及房型，完成之后点击 Save 保存（见图 3–3–16）。

3. 有分享入住（Share）的团队

按照上面的操作程序，把客人名字等详细信息录入完毕之后，选择需要分享入住客人的预订信息（点击图 3–3–17 界面第一列的空格，当空格内出现“X”时表示勾选成功），然后打开功能按键“Save”，会出现一个对话框，上面有三个选项：第一个选项表示其中一位客人支付全额房费；第二个选项表示两位客人各自承担房费的一半；第三个选项表示两位客人各自都承担全额房费。选择好相应的选项，点击“OK”完成分享入住的操作（见图 3–3–17）。

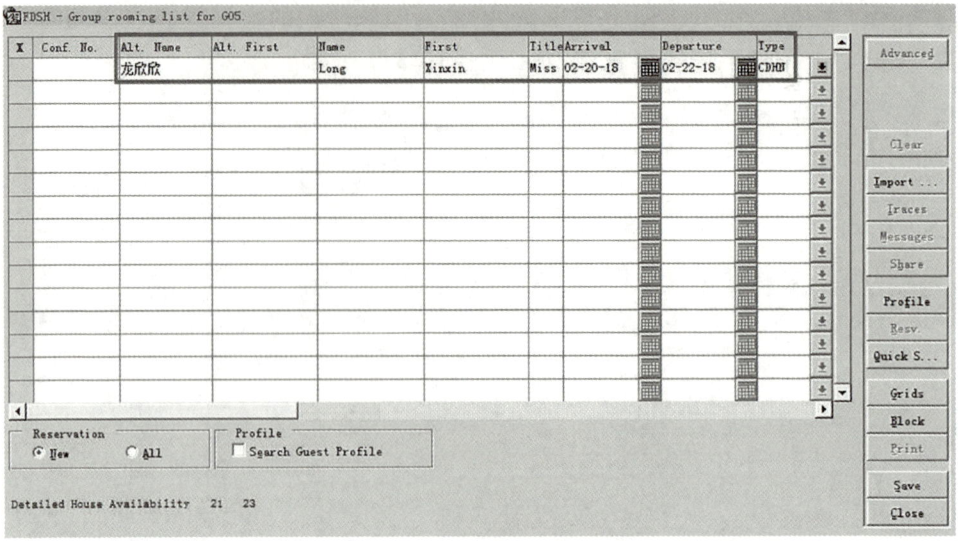

图 3-3-16　有名单的团队批房

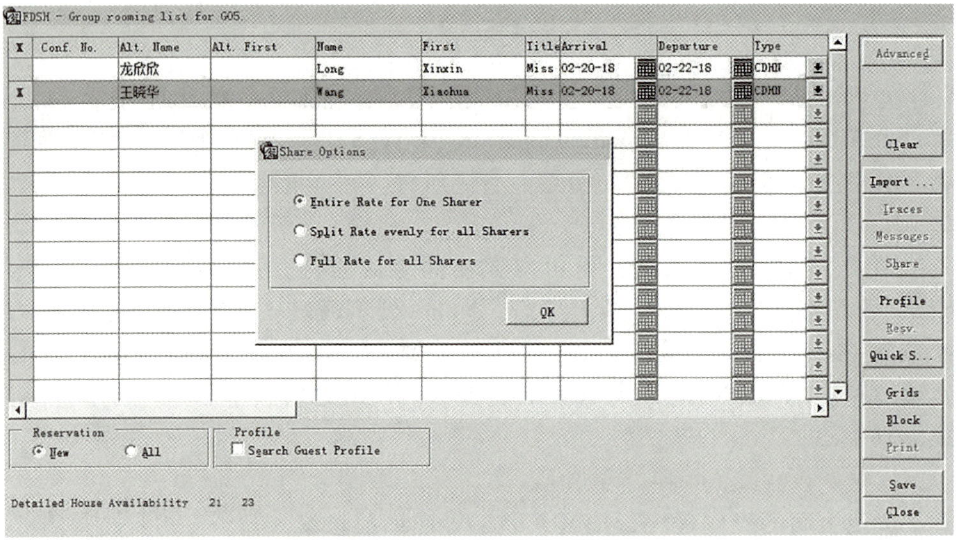

图 3-3-17　有分享入住（Share）的团队

六、团队预订更新与取消（Update & Cancellation）

1. 团队预订更新

团队预订生成之前，可直接在预订信息上做相应的更新，比如更改抵店时间、离店时间或房间数等。

团队预订生成之后，在对团队中某位客人的预订信息更新之后，点击"OK"按键保存，此时系统会弹出一个对话框：第一个选项表示只更新此客人预订信息；第二个选项表示整个团队预订信息同时更新；第三个选项表示只更新已选择客人的预订信息；第四个选项表示只更新同一天抵达酒店客人的预订信息；第五个选项表示只更新已经入住客人的预订信息；最后一个选项表示只更新特定时间内在店客人的预订信息（见图 3-3-18）。

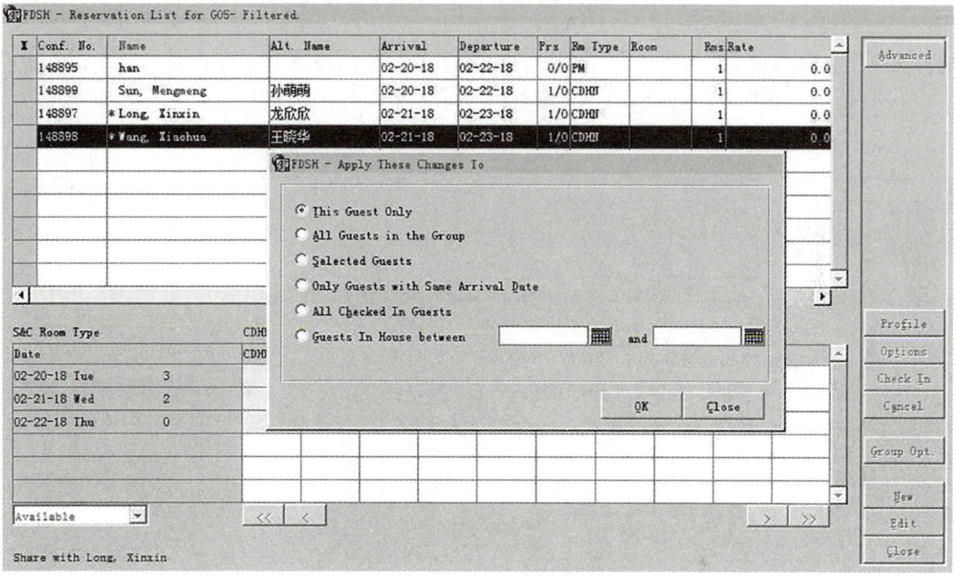

图 3-3-18　团队预订更新

2. 团队预订取消

进行团队预订取消操作，可直接在团队状态（Status）中选择 CXL：Cancel，并选择相应的原因即可（见图 3-3-19）。

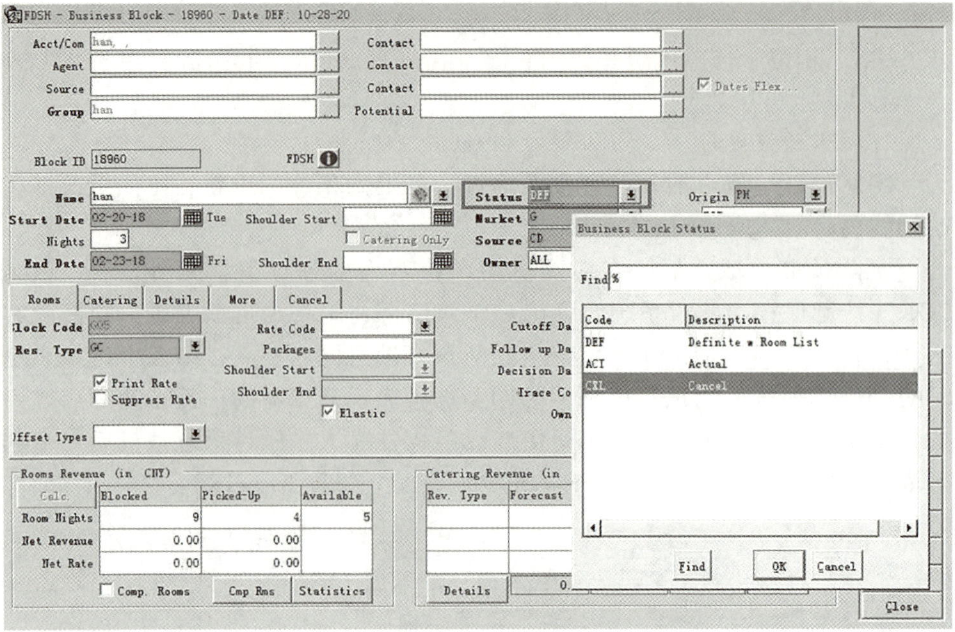

图 3-3-19 团队预订取消

任务四 更新和取消预订 /Update & Cancel Reservation

有时候由于酒店或客人的原因，需要为已有的预订做修改或取消。接下来将介绍如何在 Opera 系统中操作更新和取消预订。

一、更新预订（Update Reservation）

点击 Update Reservation（Alt+R+U），打开更新预订界面（见图 3-4-1）。输入 Name（姓氏）和 First Name（名），点击 Search（或按回车键）找到需要寻找的预订信息，选中并双击（或按回车键）进入预订主界面。

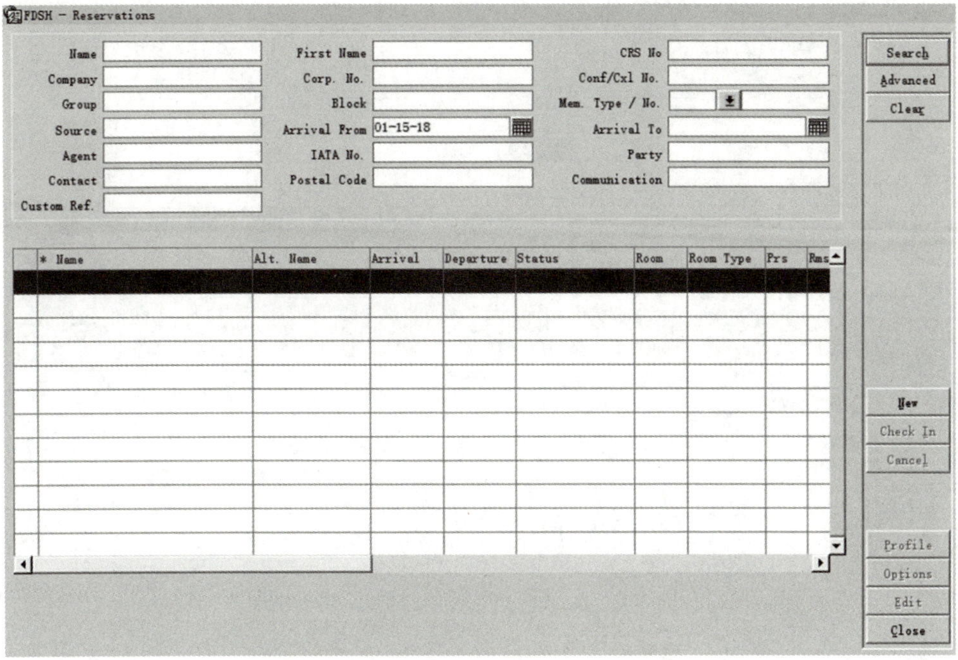

图 3-4-1　Reservation 界面

假设客人要修改房型，那么单击 Rate Code 下拉框，查看当天的房型是否有空余（见图 3-4-2）。如果房型是绿色的，代表有充足的房间。接着单击原来的 Rate Code，单击 OK（Alt+O）。此时系统会跳出提示，显示预订信息已被修改，请确认包价，单击 OK（Alt+O）后，系统又会跳出提示，要求操作者确认相关房型是否有库存，单击 OK（Alt+O）即可。此时，确认已修改为所需的房型和房价后，单击 OK（Alt+O），预订信息修改成功。

拓展知识

客房类型多样，价格高低有别，才能满足不同消费者的需求。

按规格分	
大床间 King Room	双床间 Twin Room
三人间 Triple Room	套间 Suite

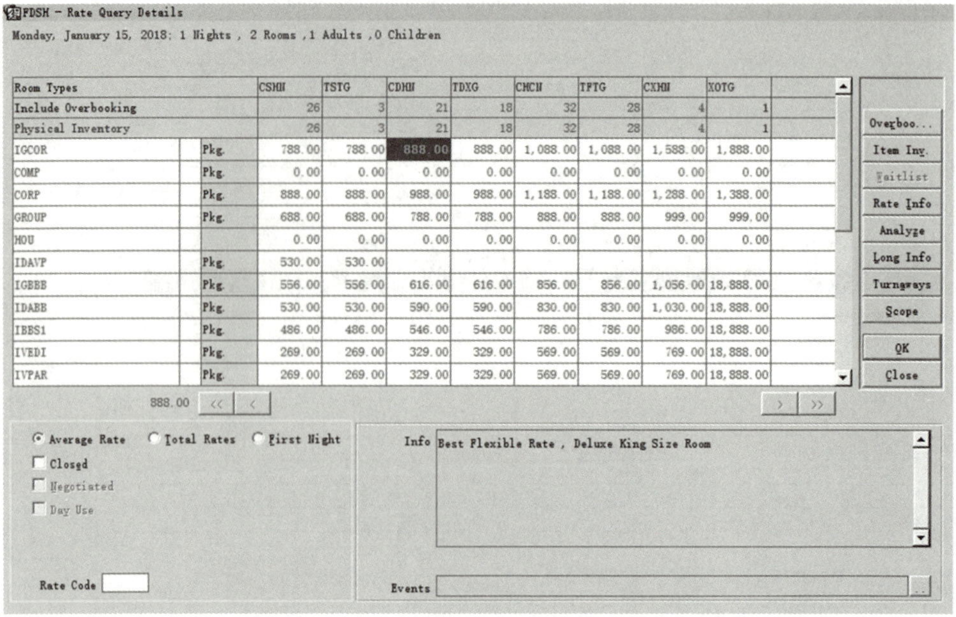

Room Types		CSMN	TSTG	CDMN	TDXG	CHCN	TFTG	CXMN	XOTG
Include Overbooking		26	3	21	18	32	28	4	1
Physical Inventory		26	3	21	18	32	28	4	1
IGCOR	Pkg.	788.00	788.00	888.00	888.00	1,088.00	1,088.00	1,588.00	1,888.00
COMP	Pkg.	0.00	0.00	0.00	0.00	0.00	0.00	0.00	0.00
CORP	Pkg.	888.00	888.00	988.00	988.00	1,188.00	1,188.00	1,288.00	1,388.00
GROUP	Pkg.	688.00	688.00	788.00	788.00	888.00	888.00	999.00	999.00
HOU		0.00	0.00	0.00	0.00	0.00	0.00	0.00	0.00
IDAVP	Pkg.	530.00	530.00						
IGBBB	Pkg.	556.00	556.00	616.00	616.00	856.00	856.00	1,056.00	18,888.00
IDABB	Pkg.	530.00	530.00	590.00	590.00	830.00	830.00	1,030.00	18,888.00
IBBS1	Pkg.	486.00	486.00	546.00	546.00	786.00	786.00	986.00	18,888.00
IVEDI	Pkg.	269.00	269.00	329.00	329.00	569.00	569.00	769.00	18,888.00
IVPAR	Pkg.	269.00	269.00	329.00	329.00	569.00	569.00	769.00	18,888.00

图 3-4-2　Rate Query Details 界面

二、取消预订（Cancel Reservation）

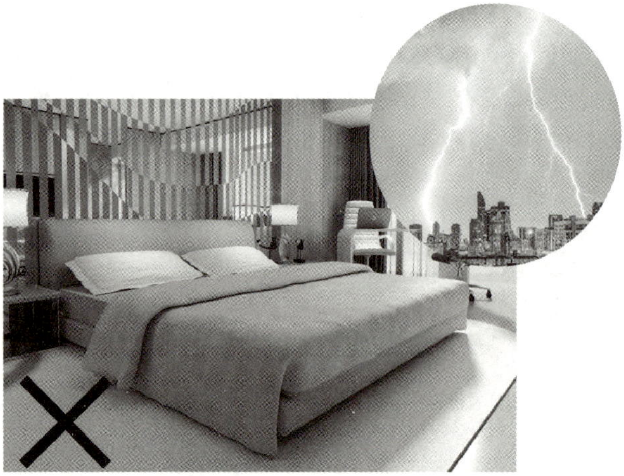

图 3-4-3　因雷电天气取消预订

如果需要取消预订，在 Update Reservation 查询到预订后，在右边一列找到 Cancel。单击 Cancel（Alt+A），会跳出取消的页面并需要输入取消的理由。点击下拉框，选择原因（见图 3–4–4），比如，因天气原因，或客人生病了，或重复预订了，或行程改变了等。当跳出取消预订的编码时（见图 3–4–5），代表取消预订操作成功。

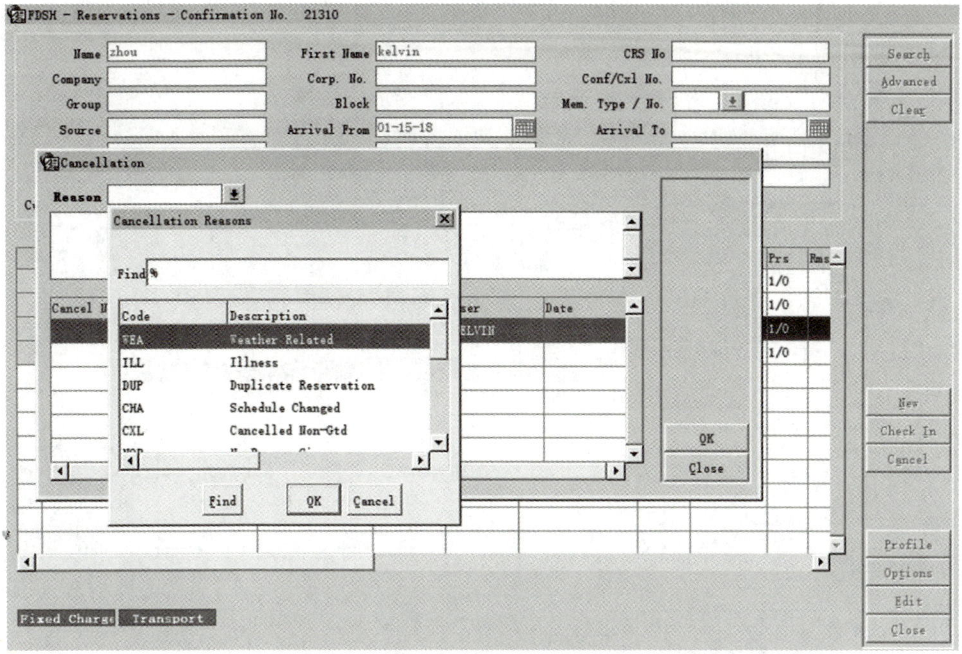

图 3–4–4　Cancellation Reasons 界面

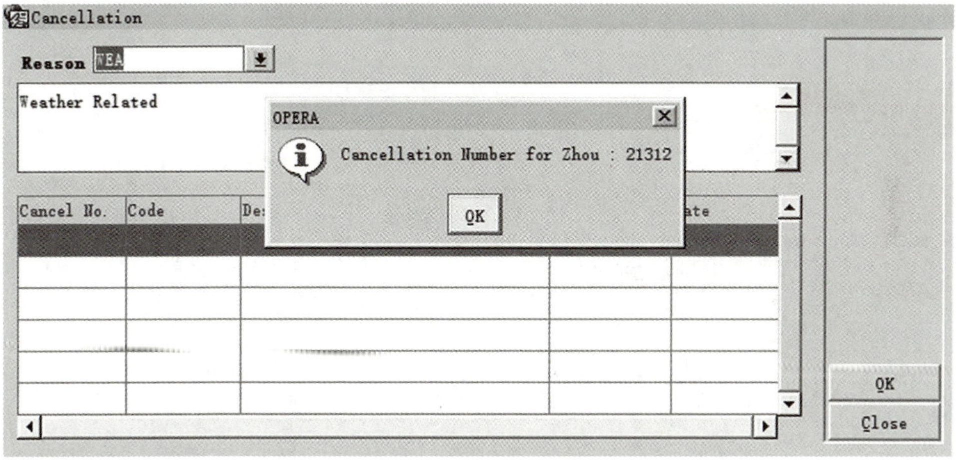

图 3–4–5　取消预订的编码界面

此时，输入预订编码或者取消预订的编码，点击 Search，可以查到该笔已经取消的预订。此时原本的 Cancel 键变成 Reinstate（恢复预订）。假设需要恢复预订，那么点击 Reinstate，就可以恢复这笔取消的预订（见图 3–4–6）。

微课 3-4-1

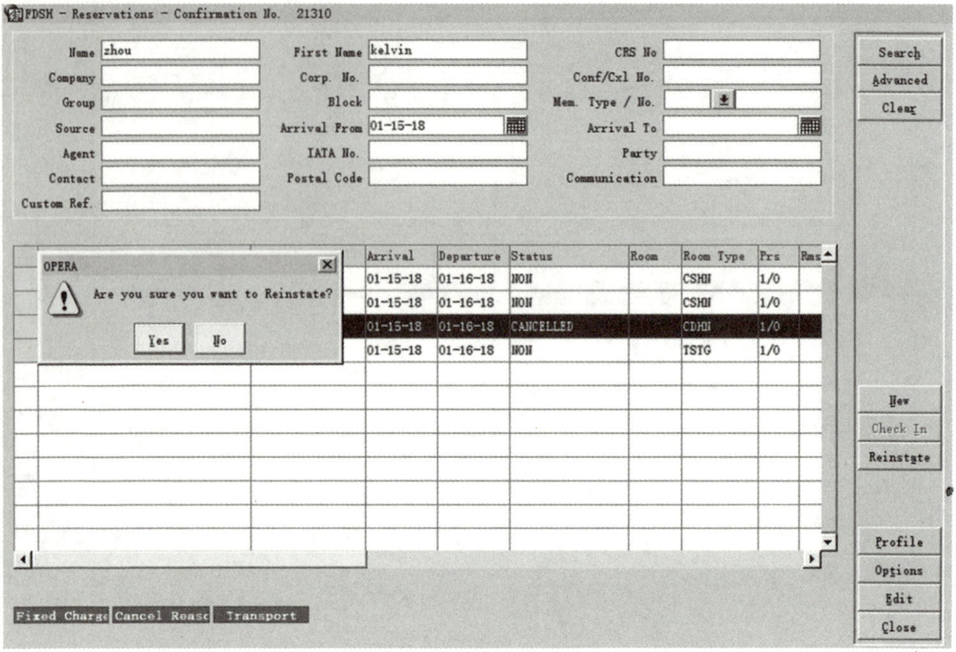

图 3-4-6　Reinstate 界面

拓展阅读

客房类型知多少

按级别分	
经济间 Economy Room	普通间 Standard Room
高级间 Superior Room	豪华间 Deluxe Room
商务标间 Business Room	行政标间 Executive Room

知道房间类型后，就可以预订房间了。通过互联网进行预订，是目前较为通行的订房方式。在移动互联网时代，越来越多的散客

开始使用网络预订。

酒店官网预订：客人登录酒店的门户网站，在了解酒店地理位置、交通状况、设备设施、客房餐饮介绍及价格等信息后，直接进行在线预订。

OTA 预订：OTA（在线旅游）指旅游消费者通过网络向旅游服务提供商预订旅游产品或服务，并通过网上支付或线下付费。宾客可通过 OTA 平台了解酒店信息，进行预订操作。

微信预订：通过酒店微信公众号或小程序预订酒店。对于常客而言，微信预订十分方便。

电子邮件预订：客人通过电子邮件发出预订申请。会议和典礼活动的策划者抑或那些需要大量"一致性"预订的客人，更喜欢通过电子邮件咨询有关房价或订房服务等方面的事项。

思考与练习

参考答案

一、单选题

1. 新建一个预订，下列哪些内容不是必需的？（　　）

A. Reserv. Type（预订类型）

B. Market（市场细分）

C. Source（业务来源）

D. Payment（付款方式）

2. 一位已经取消预订的客人反悔，表示还是想继续原来的预订。在酒店有空房的情况下，我们如何应对最适宜？（　　）

A. 直接恢复原来的预订

B. 婉拒

C. 转入排队预订，有房时再考虑

D. 新建一个预订，已取消的不宜再用

3. 在公司档案中，Events 字段是指（　　）。

A. 事件营销　　B. 宴会活动

C. 客人喜好　　D. 客人备注

4. 西宁的宋女士和贵州的史女士来本市参加会展，想合住同一间客房。你怎样应对最适宜？（ ）

A. 新建一个预订，加 Accompanying

B. 新建一个预订，2 个成人

C. 两个预订 Share 一间房

D. 让其中一位客人搬过去住就可以了

5. Account Type 是指（ ）。

A. 客史档案的类别

B. 预订的类别

C. 客人预订客房的类型

D. 公司应收账号的类别

6. 在创建公司预订时，AR Account Search 是指（ ）。

A. 搜索公司的档案是否存在

B. 搜索公司的应收账户是否存在

C. 搜索散客档案是否存在

D. 搜索团队档案是否存在

7. 在 Share 操作时，Entire 是指分享入住的客人之间房费（ ）。

A. 两位客人如何付费尚不能确定

B. 两位客人都无需承担房费

C. 一位客人承担全部房费，另一位客人无需付费

D. 两位客人都承担全额房费

8. 在接送机服务 Pickup / Dropoff 中，Transport Type 是指（ ）。

A. 接机车子的品牌

B. 接机的车牌号

C. 抵达日期

D. 航站楼

9. 团队预订中，Owner 是指（ ）。

A. 客户经理

B. 所有者

C. 房间所有权

D. 服务员

10. 团队预订中，Cutoff Date / Cutoff Days 是指（ ）。

A. 取消预订

B. 延迟抵店

C. 截止日期

D. 提前抵店

二、上机操作

（一）创建一个散客预订

1. 客史档案创建

甲，现为 A 公司员工，出生于美国，长期生活在浙江杭州，生日 1998 年 10 月 3 日，酒店常客，联系电话 0571–32233568，客人不吸烟，喜欢入住 2209 房间，房间内希望放置当天的新闻类报纸；

A 公司，酒店负责人为 SM01，公司传真为 0571–44550216，应收账款编号为 C1232+ 本人学号后两位，公司价格代码为 CORP1。

2. 预订

甲通过电话预订酒店高级双床房 2 间，入住开始时间为系统中的今天，住 1 夜，安排接机，航班号 UM22，3 号航站楼，航班落地时间为 19：00，接机车宾利，牌号为浙 A2MM03，接机费为 150 元，客人信用卡预先支付押金 2000 元；

甲预订的 2 间房中，本人自己安排 1 间，另外 1 间安排给乙；

给甲免费升级为行政双床间，并享受价格九折优惠。

3. 分享入住

迟到的客人丙，与甲入住同一个房间，两个人房费 AA 制；

丙房间内需借用转换插头一个。

备注：客人甲、乙、丙及公司 A 的名字请自拟。

（二）创建一个聚会预订

甲，女，A 公司员工，生日 1999 年 11 月 13 日，酒店 6 级贵宾，会员号 15863，联系电话 13777806631，客人不吸烟，偏爱 608 房间，不接收酒店促销信息，房间内希望放置一束玫瑰花。

A 公司联系人为乙，女，办公电话为 0571–82834712，价格代码为 GROUP_A。

甲通过电话预订酒店大床房 3 间，入住时间为系统中时间的当日，入住 1 个间夜。需要酒店安排接站，到达站为杭州南站，接站费用为 150 元，高铁班次为 G174，房间赠送点心、依云水及果盘，客人预先在线支付信用卡押金 1500 元。

甲预订的 3 间房中，本人入住其中 1 间，另外两间分别由丙、丁入住。

为甲办理入住登记，要求账单设置：酒店内所有消费由 A 公司承担。同时甲在入住期间每天租用酒店会议室一间，收费价格为 800 元 / 天。

为丙、丁办理入住。给客房部留言：丙房间需要转换插头一个。

迟到的客人戊，入住丙的房间，丙承担全部房费。

戊水洗衬衣一件，洗衣费为 80 元。

备注：客人甲、乙、丙、丁、戊及 A 公司的名字请自拟。

4 项目四 前台接待/Front Desk

项目导读

酒店提供服务的核心部门是前台，前台接待（Front Desk）内容主要包括入住（Check In）以及在店客人（In House Guest），进一步细分的操作有：散客入住、免费升级房间、支付押金、分享入住、为分享入住的客人办理入住、仓储管理以及遗失物品管理。本项目的学习有助于理解 Opera PMS 系统中前台的功能要素：一是精准操作，提高信息准确度；二是科学管理，实现高效率对客服务。

学习目标

1. 熟悉散客入住的操作流程；
2. 掌握为客人办理入住的手续；
3. 熟悉在店客人的查询与管理操作；
4. 掌握为客人办理物品租借或进行遗失物品管理的步骤。

思维导图

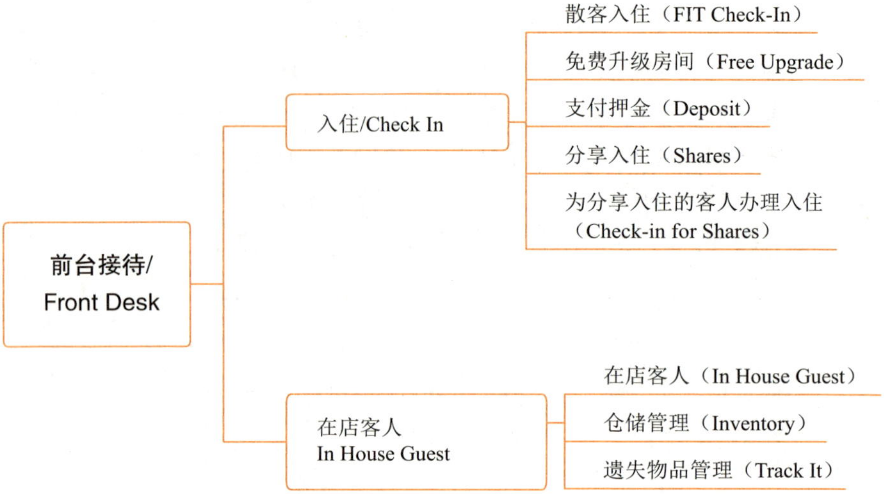

任务一　入住 /Check In

散客入住过程包括办理入住手续、免费升级房间、支付押金、分享入住、为分享入住的客人办理入住手续等操作流程。

微课 4-1-1

一、散客入住（FIT Check-In）

图 4-1-1　在前台办理入住登记手续

第一种办理入住登记手续的途径，是在 Update Reservation 搜索客人的预订信息。当搜索到抵店日期是当天的预订时，右边的 Check In 键会被激活。点击 Check In 即可办理入住登记手续。

第二种办理入住登记手续的途径，是点击 Front Desk 并选择 Arrivals（即将抵店），搜索客人的预订信息，点击 Check In 即可办理入住登记手续（见图 4-1-2）。通常情况下，在 Front Desk 途径下办理入住相对比较高效，因为在 Arrival 的预订列表中只显示当天的预订。

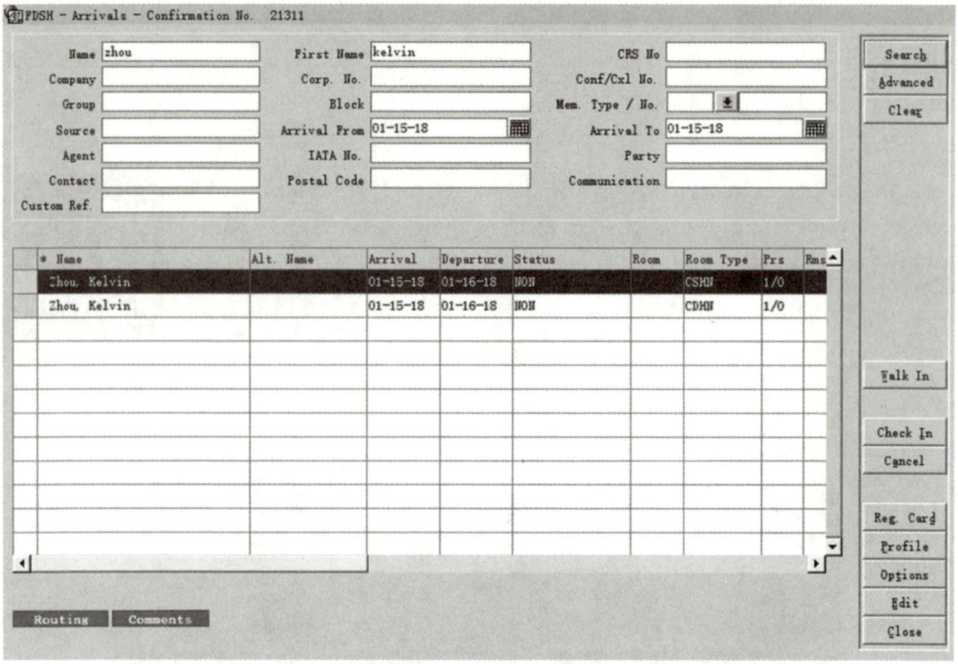

图 4-1-2　Check In 界面

如果选用第二种办理入住登记手续，在点击 Check In 时，系统会弹出一个对话框，显示已经自动分配了房间号码（见图 4-1-3）。如果客人对系统自动分配的房间不满意，可以通过点击下拉框，筛选符合客人要求的空房。在下拉框中出现的房间状态都为 Inspected，即已经检查过的空的干净房。

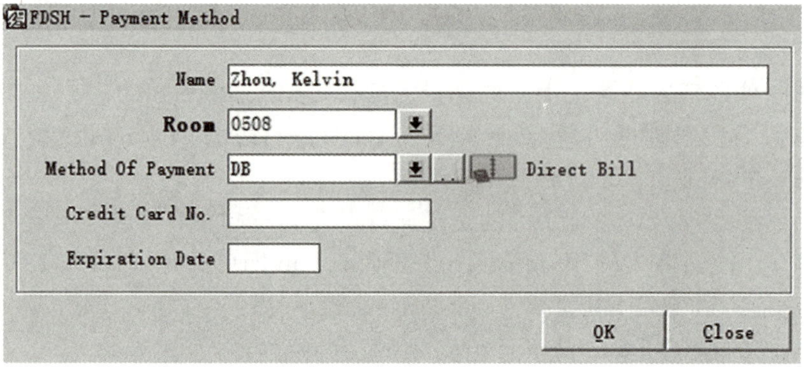

图 4-1-3　Payment Method 界面

如果客人需要一个无烟房，那么就在搜索条件中增加一条 Features（房间特征），选中 No Smoking Room。当前面的空格内出现叉号时，表示已选中此附加条件（见图 4-1-4）。点击 OK 和 Search，检索符合无烟房的空房，选中其中一间房即可。

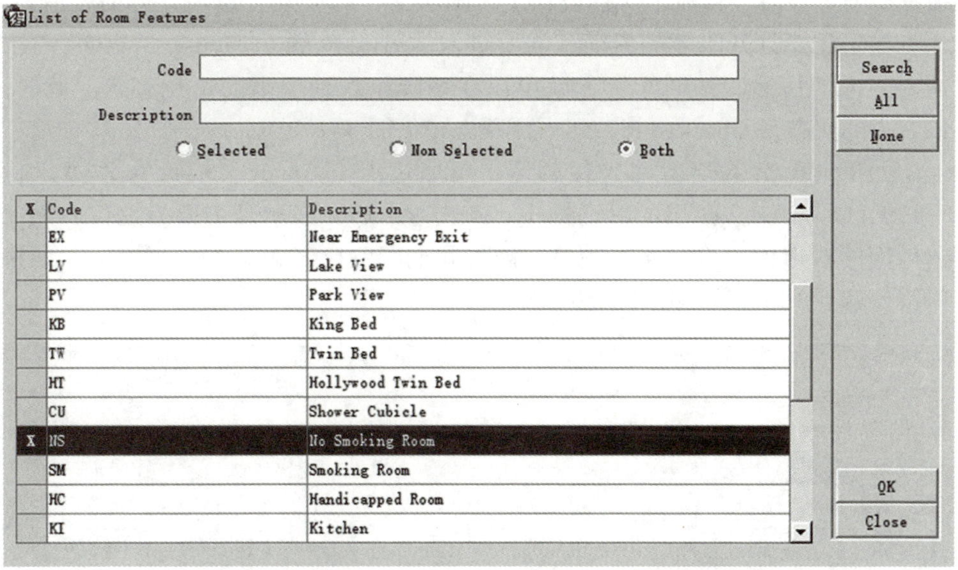

图 4-1-4　List of Room Features 界面

图 4-1-5　信用卡

接下来需要完善入住客人的付款方式。如果在付款方式中选择信用卡的话，需要输入 Credit Card No.（信用卡的卡号）以及 Expiration Date（信用卡的有效期）。假如客人的付款方式选现金付款，那么就选 CA，即 CASH，点击 OK。系统弹出一个对话框，提示是否需要打印入住登记单（见图 4–1–6）。根据需要选择后，将显示入住成功（见图 4–1–7），点击 OK 后，界面就消失。

如果需要打开刚才的界面，需要进入 Arrival 里的 In House Guests。再次输入客人的房号，按回车键，就可以在系统里找到原来的这位客人。此时，该客人的状态为 Checked in，即入住状态（见图 4–1–8）。

如果此时客人要取消入住的话，可通过点击 Cancel Check-In 取消入住（见图 4–1–9）。在弹出的对话框中，点击 Yes 后，显示是否要为这位客人保留房间的对话框（见图 4–1–10），因为我们刚刚已经为其安排了房间。如果保留，就点击 Yes；不保留就点击 No。

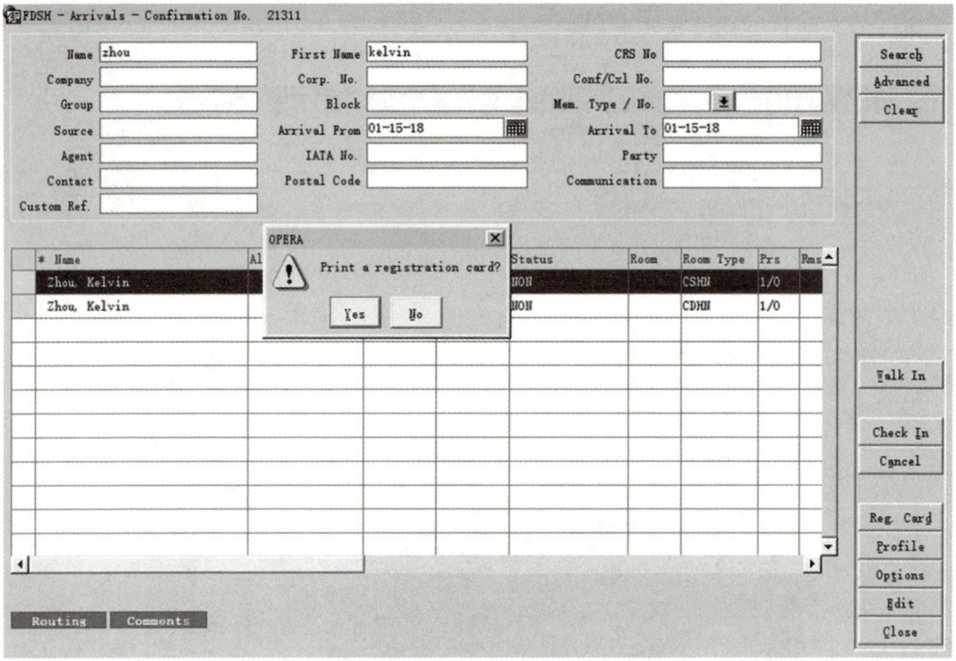

图 4–1–6　Print a registration card 界面

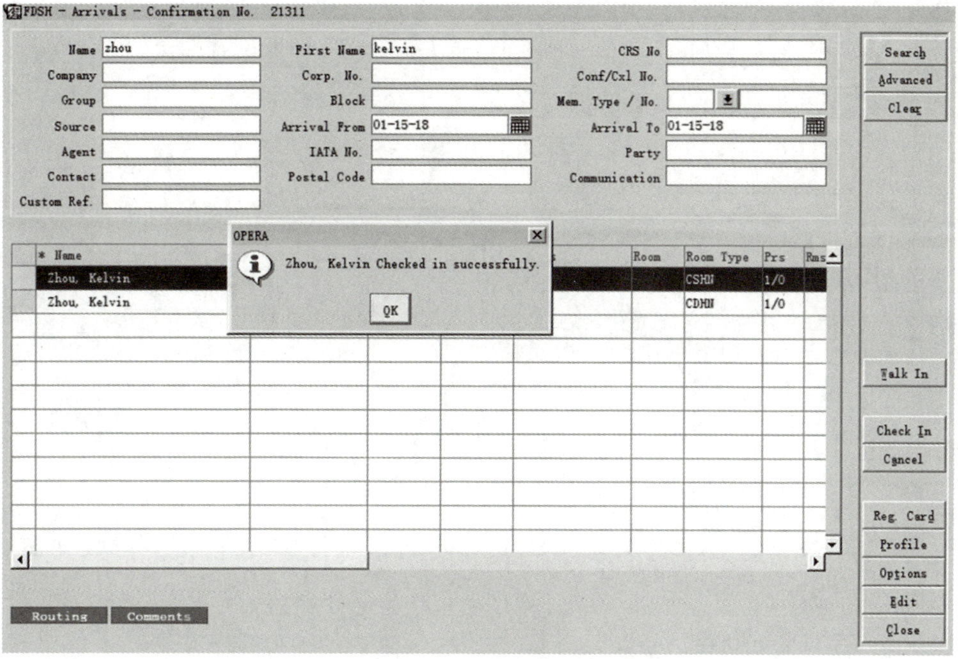
FDSH - Arrivals - Confirmation No. 21311
Name zhou
First Name kelvin
CRS No
Company
Corp. No.
Conf/Cxl No.
Group
Block
Mem. Type / No.
Source
Arrival From 01-15-18
Arrival To 01-15-18
Agent
IATA No.
Party
Contact
Postal Code
Communication
Custom Ref.
Search
Advanced
Clear
OPERA
Zhou, Kelvin Checked in successfully.
OK
* Name
Room
Room Type
Prs
Rms
Zhou, Kelvin
CSHN
1/0
Zhou, Kelvin
CDHN
1/0
Walk In
Check In
Cancel
Reg. Card
Profile
Options
Edit
Close
Routing
Comments

图 4-1-7　入住成功界面

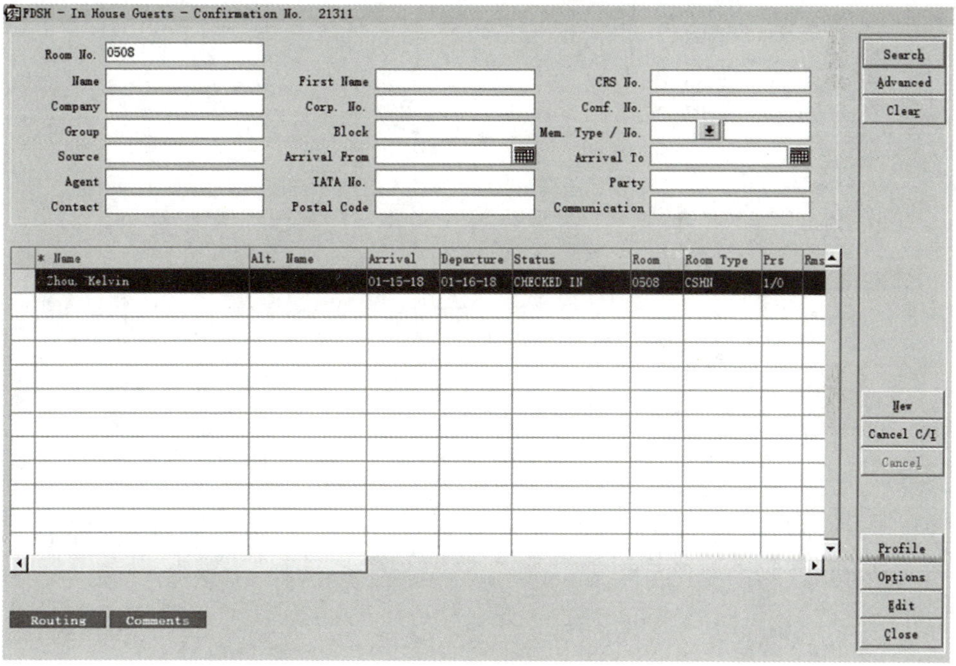
FDSH - In House Guests - Confirmation No. 21311
Room No. 0508
Name
First Name
CRS No.
Company
Corp. No.
Conf. No.
Group
Block
Mem. Type / No.
Source
Arrival From
Arrival To
Agent
IATA No.
Party
Contact
Postal Code
Communication
Search
Advanced
Clear
* Name
Alt. Name
Arrival
Departure
Status
Room
Room Type
Prs
Rms
Zhou, Kelvin
01-15-18
01-16-18
CHECKED IN
0508
CSHN
1/0
New
Cancel C/I
Cancel
Profile
Options
Edit
Close
Routing
Comments

图 4-1-8　In House Guests 界面

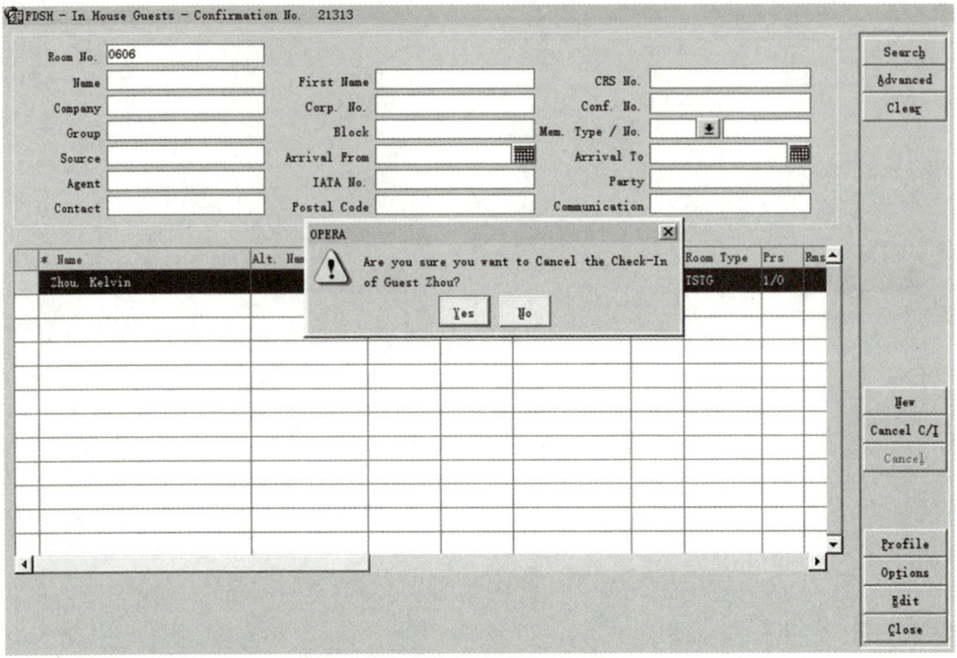
FDSH - In House Guests - Confirmation No. 21313
Room No.
0606
Name
Company
Group
Source
Agent
Contact
First Name
Corp. No.
Block
Arrival From
IATA No.
Postal Code
CRS No.
Conf. No.
Mem. Type / No.
Arrival To
Party
Communication
Search
Advanced
Clear
OPERA
Are you sure you want to Cancel the Check-In of Guest Zhou?
Yes
No
* Name
Alt. Nam
Room Type
Prs
Rms
Zhou, Kelvin
TSTG
1/0
New
Cancel C/I
Cancel
Profile
Options
Edit
Close

图 4-1-9　Cancel C/I 界面

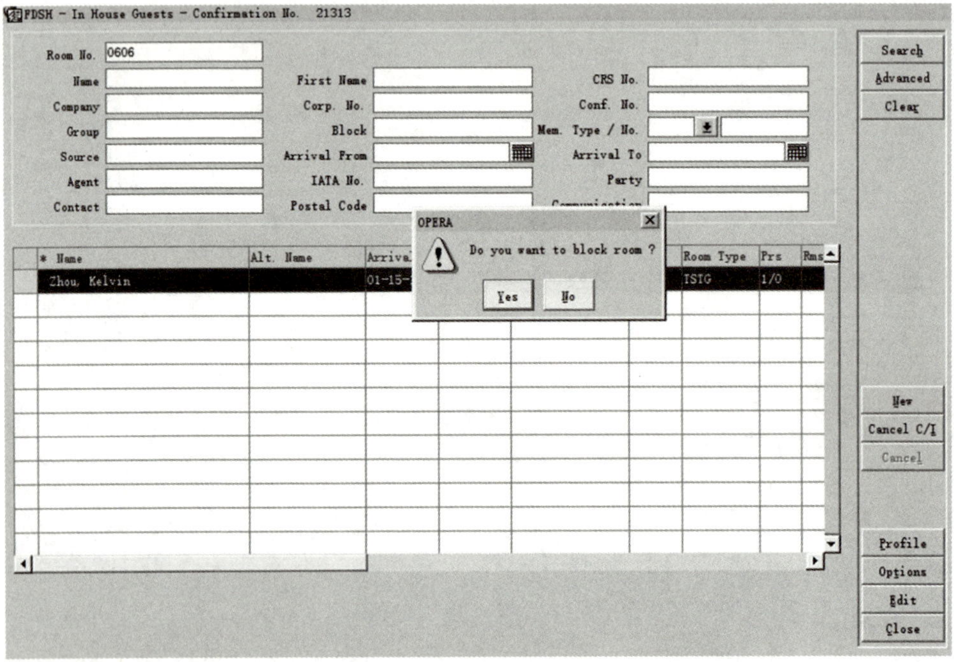
FDSH - In House Guests - Confirmation No. 21313
Room No.
0606
Name
Company
Group
Source
Agent
Contact
First Name
Corp. No.
Block
Arrival From
IATA No.
Postal Code
CRS No.
Conf. No.
Mem. Type / No.
Arrival To
Party
Search
Advanced
Clear
OPERA
Do you want to block room ?
Yes
No
* Name
Alt. Name
Room Type
Prs
Rms
Zhou, Kelvin
TSTG
1/0
New
Cancel C/I
Cancel
Profile
Options
Edit
Close

图 4-1-10　Block Room 界面

随后，系统弹出一个对话框，询问需要将之前的房间修改成什么状态（见图 4–1–11）。Inspected 为已经检查过的空的干净房间，Pick up 为简单整理的房间状态，Clean 为干净的房间，Dirty 为脏房。此时，需要判断客人使用房间的情况，在不确定的时候，建议选用 Dirty，以免出现不必要的麻烦。

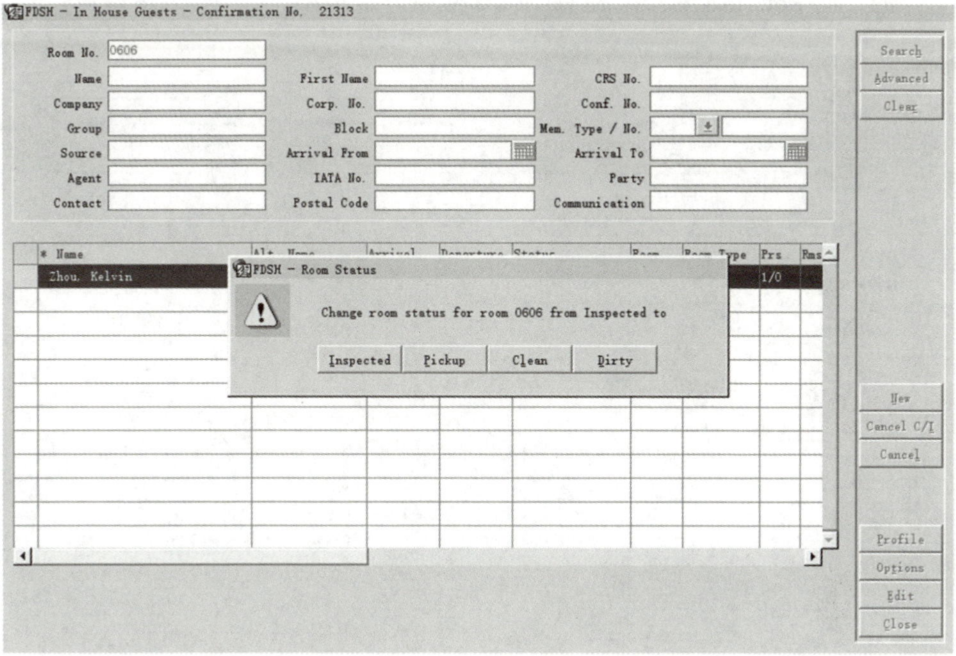

图 4–1–11　Room Status 界面

此时，在 In House Guest 列表中就没了刚才客人的信息，因为已经取消预订，而在 Arrivals 里会再次出现客人的信息。

二、免费升级房间（Free Upgrade）

通常情况下，在为客人办理入住时，如果客人是回头客或 VIP 客人，前台在房间充裕的情况下，会为客人免费升级房间。此外，当基础房型超额预订时，也会为客人免费升级房间。关于免费升级房间的具体操作如下：

首先打开更新预订或 Arrival 界面，通过输入姓名检索预订信息，打开预订信息就可以进入到预订界面。Room Type 为实际入住的房型，RTC 为实际支付房费的房型，如果这两项的内容一致，代表没有升级；如果内容不一样，实际入住的房型比实际支付房费的房型要好的话，代表已经升级。

点击 Room Type 右边的下拉键，可以看到所有的房型。选择更好的房型，点 OK 后，会弹出一个对话框，询问是否需要付费升级（见图 4–1–12）。如果选择 No，就可以看到 Room Type 和 RTC 不一样，Rate 价位也没有改变，点击 OK 后，免费升级成功。如果选择 Yes，就会看到 Room Type 和 RTC 是一致的，而 Rate 也会改变，这就不属于免费升级房型。

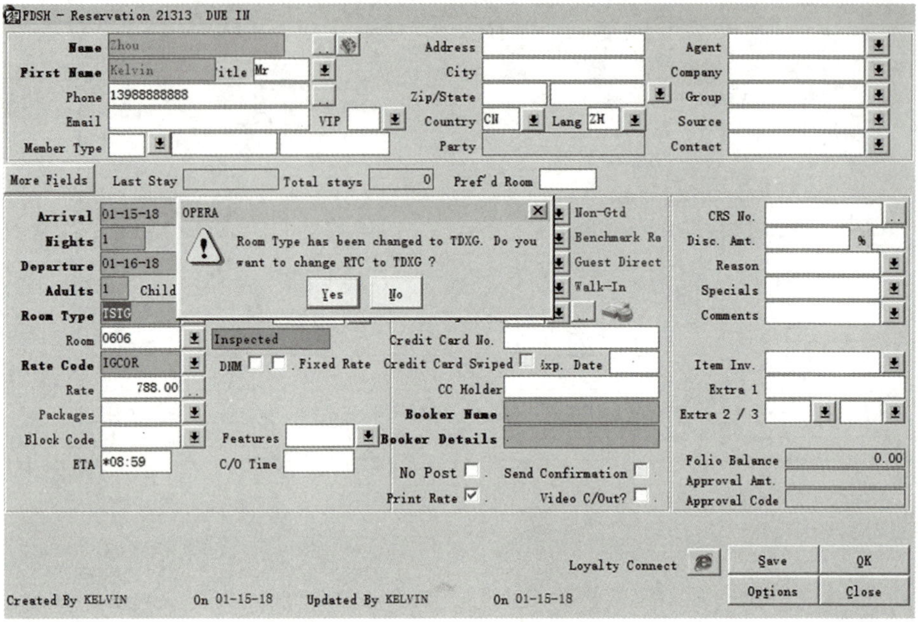

图 4–1–12　升级费用确认界面

三、支付押金（Deposit）

通常来说，大部分客人选择支付押金的方式为信用卡预授权，在 Opera 中具体操作如下：

首先，打开客人的信息界面，点击 Payment 付款方式的下拉框，把付款方式由 Cash 现金改成其中一种信用卡，并输入有效的信用卡卡号才可以通过保存。在下拉菜单中发现信用卡有系统自动输入和手动输入两种，如果信用卡的 POS 机刷卡系统和 Opera 系统相连接，我们在 POS 机上刷的每一笔预授权，都会自动记录其预授权金额和代码；如果没有 POS 机刷卡系统，那就选择手动输入信用卡信息（见图 4–1–13）。选择后，系统会弹出一个对话框，询问是否要把该信用卡的相关信息关联在该客人的档案上（见图 4–1–14），如果客人每次入住酒店时都使用该信用卡，那么就可以选择 Yes；如果不是或者不确定，就选择 No。

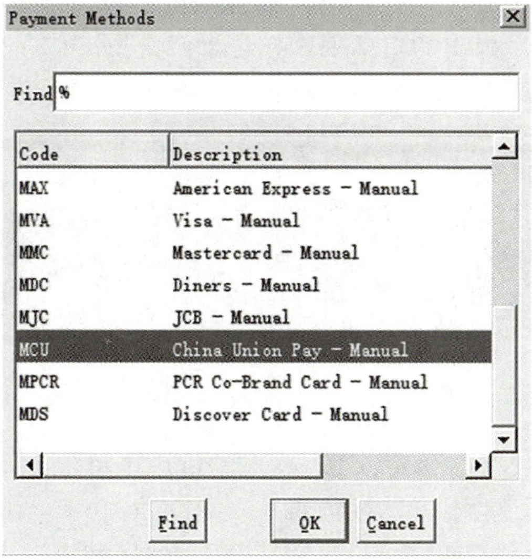

图 4-1-13　Payment Methods 界面

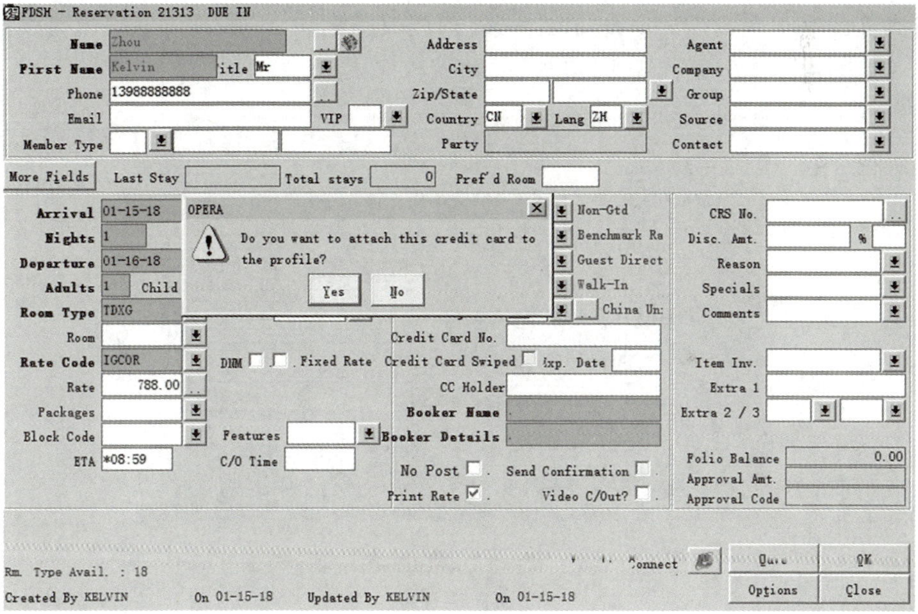

图 4-1-14　信用卡绑定界面

Exp. Date 信用卡的有效期，请按照月—年的顺序来输入。CC Holder 为 Credit Card Holder，即该信用卡的持有人。如果为住店客人本人的话，也可以不录入。完成这步操作之后，接下来需要通过 Options 选项中的 Credit Cards（Alt+E）进行记录。弹出的对话框中，包含两个按键：一个是预授权，另一个是信用卡的刷卡历史（见图 4–1–15）。

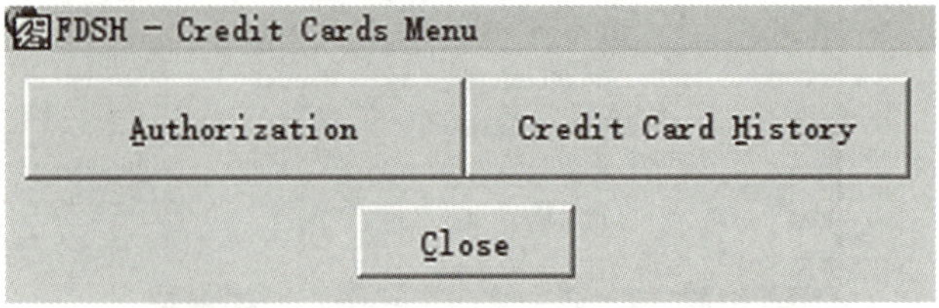

图 4–1–15　Credit Cards Menu 界面

点击第一个预授权（Alt+A），客人的信用卡已经默认录入，此时点击 Manual（Alt+M），弹出一个对话框（见图 4–1–16），在 Amount Manually Approved 手动输入预授权信息。自动填充的数据就是客人现在所预订房间每晚的房费加上 16.6% 的服务费。根据不同酒店收取押金的要求，录入相应的预授权金额及预授权代码。输入好信息点击 OK（Alt+O），此时，在客人信息界面的右下角可看到 Approval Amt. 预授权金额和 Approval Code 预授权代码（见图 4–1–17），代表手动输入的预授权完成。

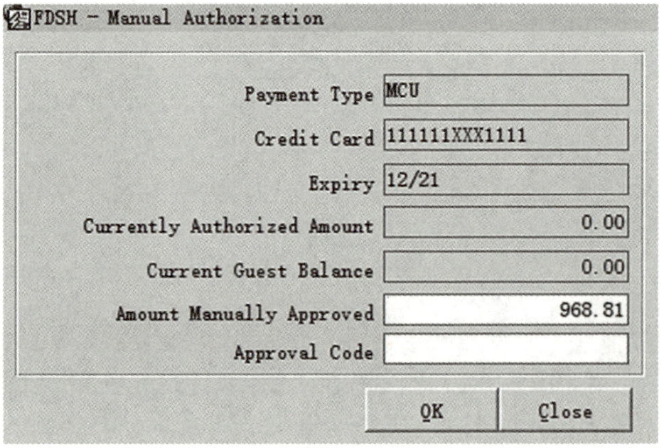

图 4–1–16　Manual Authorization 界面

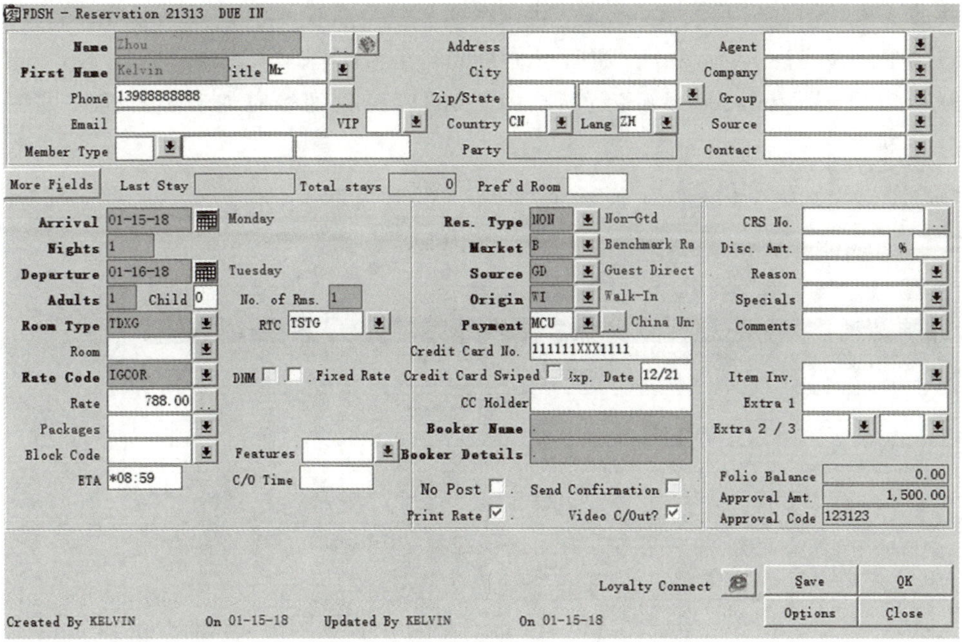

图 4-1-17　预授权信息界面

在录入信用卡预授权信息的时候，也会出现一些特殊的情况。比如不小心输入错误，原本为 2000 元却只输入了 1500 元。这时需要输入一笔负的 1500 元，正负平掉后，再输入一笔正的 2000 元。我们再次看到，客人信息页面的右下角预授权金额已经变成了 2000。

此外，如果客人分两次用不同的卡做预授权，需要去调整信用卡的卡号，即输入另外一张信用卡的卡号和有效期。输完第二张信用卡的相关信息之后，打开 Options，选择 Credit Cards 的预授权，手动输入预授权金额和代码后，点击 OK 就可以看到右下角预授权金额和代码为最近录入的信息，金额不会自动累计。如果需要查看客人总共交纳的押金，可以通过 Options → Credit Cards → Credit Cards History，查看客人所有的预授权历史信息（见图 4-1-18）。

在右下角的预授权信息上面有一个 Folio Balance，余额显示为 0。预授权代表银行临时冻结这部分金额，但是这部分金额并没有实际划归到酒店的账户，所以余额这里仍然显示的是 0。如果客人使用的是现金支付押金的话，余额就会发生变化。具体操作如下：点击 Options，选择 Billing（Alt+B），录入收银密码（密码同登录密码一样）。登录成功之后，选择 Payment，将支付方式改为 Cash 现金付款，Currency 货币的类别选择人民币，录入 Amount 金额，点击 Post（见图 4–1–19）。随后系统会询问是否要打印入账单，点击 No。此时可以看到，Balance 显示为负数，代表酒店已收到相应的现金押金（见图 4–1–20）。

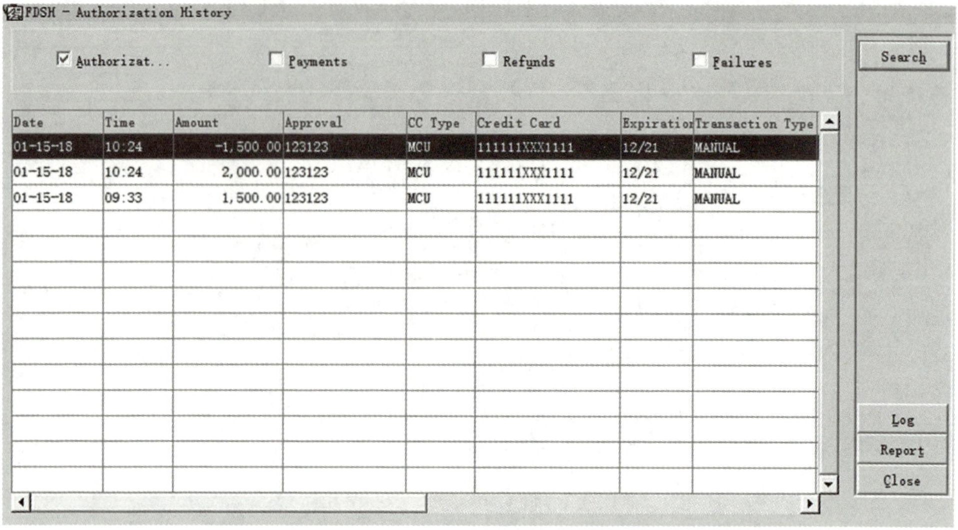

图 4–1–18　Authorization History 界面

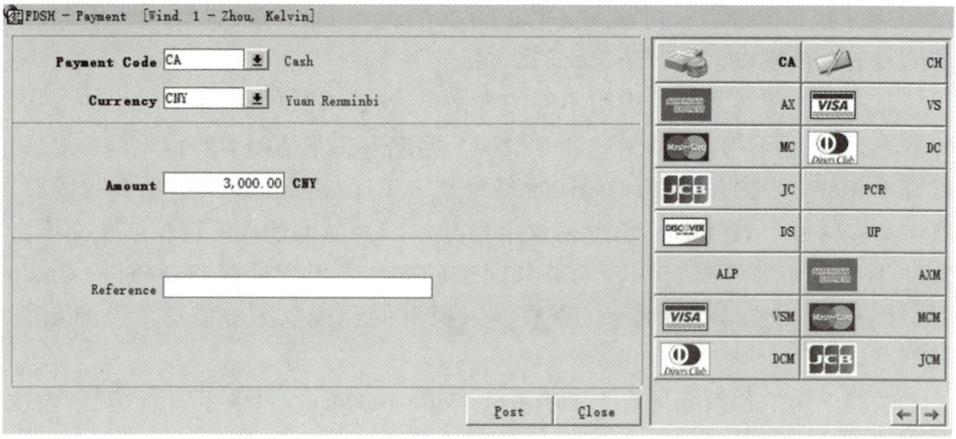

图 4–1–19　Payment 界面

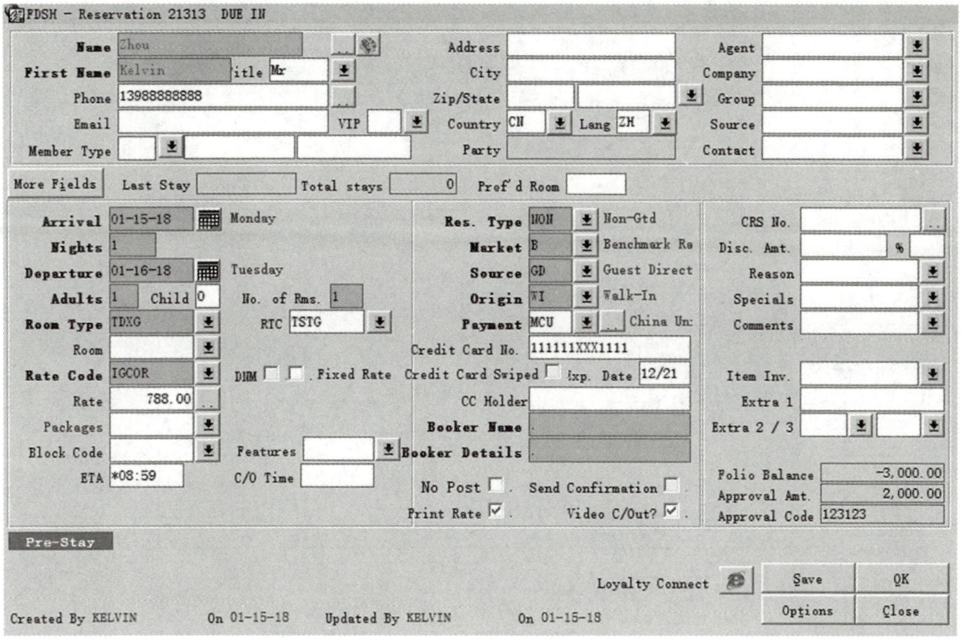

图 4-1-20　Folio Balance 界面

四、分享入住（Shares）

当一个房间有两位及以上的客人入住时，就需要用到分享入住的功能。点击 Option，选择 Shares，点击 Combine，系统会弹出一个对话框，询问是否要复制支付信息，可根据具体情况选择。接着选择默认的 Profile（见图 4-1-21），查找同住客人是否已经建有客史档案，若无则新建。

微课 4-1-2

Res. Type 预订类型和 Payment 支付方式，可根据个人的实际情况更改，点击 OK。此时需要选择两人中负责买单的那位客人（见图 4-1-22），并选择 Entire；如果是 AA，那就选择 Split。此时可以在预订界面查看是否出现一个红色的 Share，可以通过点击 Share 来查看同住的情况。

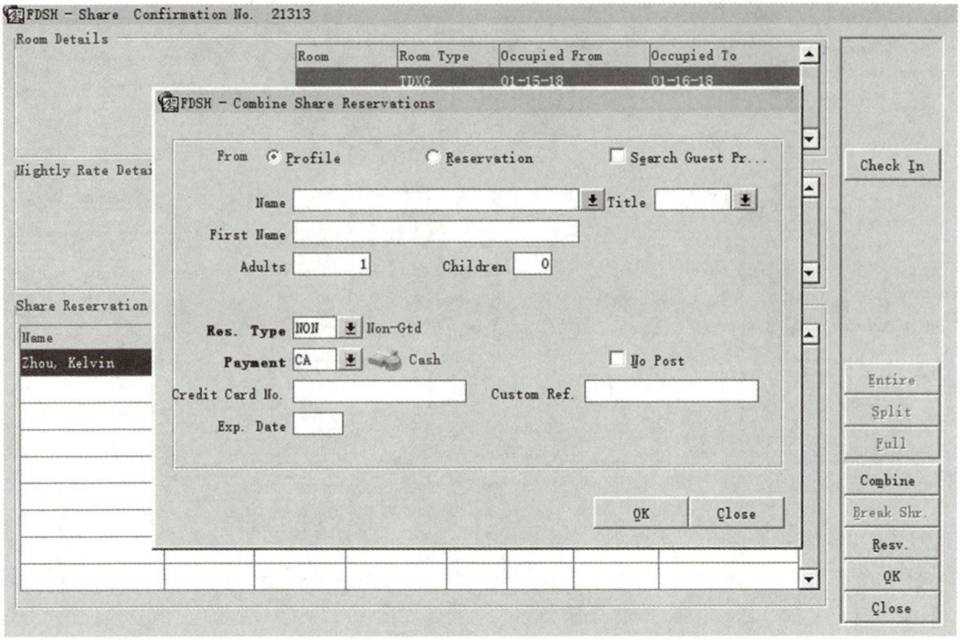

图 4-1-21 Combine Share Reservations 界面

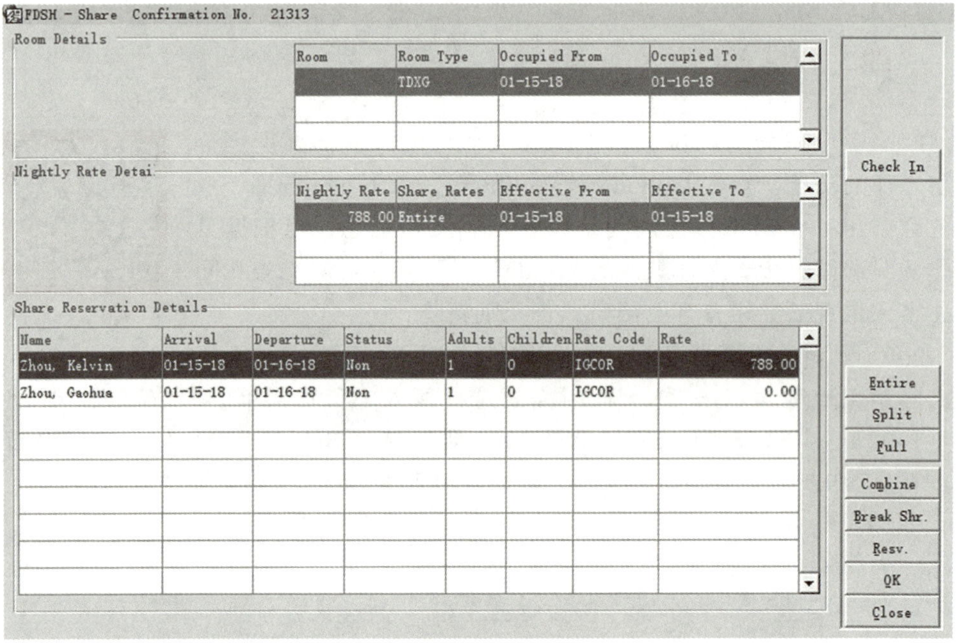

图 4-1-22 Share 界面

五、为分享入住的客人办理入住（Check-in for Shares）

为分享入住的两位客人办理入住的操作如下：在 Front Desk 中的 Arrivals 里检索客人信息，有同住的客人都会在 Name 前面标有星号且左下角有 Share 高亮显示的按键，接着按照常规的流程办理入住。此时，与一般的散客办理入住不同，系统会弹出一个对话框，询问是否要为同住客人也办理入住（见图 4-1-23），因为这两位客人是分享入住的。假如两人都已经抵达酒店，就选择 Yes，直接办理入住；假如同住客人还没有抵达酒店，就选择 No。

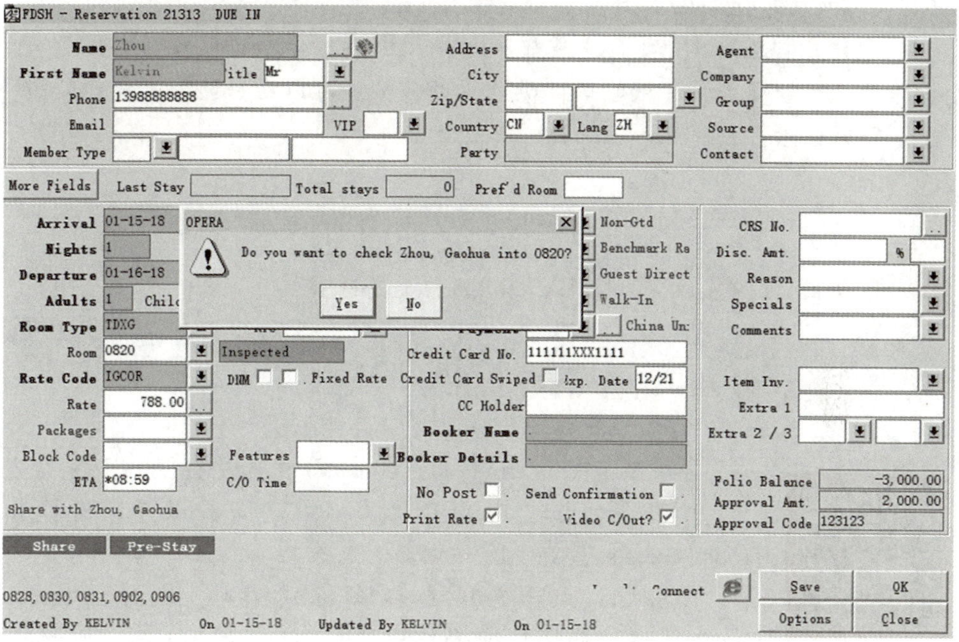

图 4-1-23 同住客人入住界面

随后，这两位客人的预订信息就从 Arrivals 即将抵店的客人信息里面消失，点击 Close 关闭。在 In House Guests 列表中可以通过房号或客人姓名找到这两位客人的信息。

拓展阅读

“菲住布渴”（Fly Zoo Hotel）是阿里经济体内多个团队协同打造的“新物种”。其中，飞猪负责全链路体验流程的设计，达摩院担纲酒店创新研究计划，阿里云则提供稳定安全的大数据底层服务；酒店内的智慧机器人，都启用了阿里人工智能实验室（A.I. Labs）的最新设计，智能场景事业部完成酒店整套数字化运营平台和 AI 智能服务中枢以及智能场景系统的研发。在酒店内，天猫国际推出了 7 个国家主题房，天猫等平台则为酒店家具、床品提供了供应链。

“菲住布渴”不光要你住进来，还要让你买买买。客房内的家具、床品及其他物件未来都会支持 APP 拍照后在线一键下单。

若你入住了天猫国际英国主题房，就可以在房间内直接体验当地精选特色商品，手机扫码买遍全球。

任务二　在店客人 In House Guest

一、在店客人（In House Guest）

微课 4-2-1

寻找在店客人（In House Guests）的方法有以下几种：

方法一：点击 Front Desk（Alt+F）下拉菜单，选择 In House Guests（Alt+I）。

方法二：点击 Front Desk 图标式菜单，选择 In House Guests。建议使用快捷操作键 Alt+F+I 打开 In House Guests，通过客人的房号或姓名来检索（见图 4-2-1）。

除了以房号和客人的姓名搜索在店客人以外，也可以通过其他方式检索，比如通过公司、团队、预订员、联系人、客人的抵店时间、Postal Code（邮政编码）、Conf. No.（确认预订的编号）、Party（聚会预订号）、Communication（联系方式）等一些信息来检索在店客人。

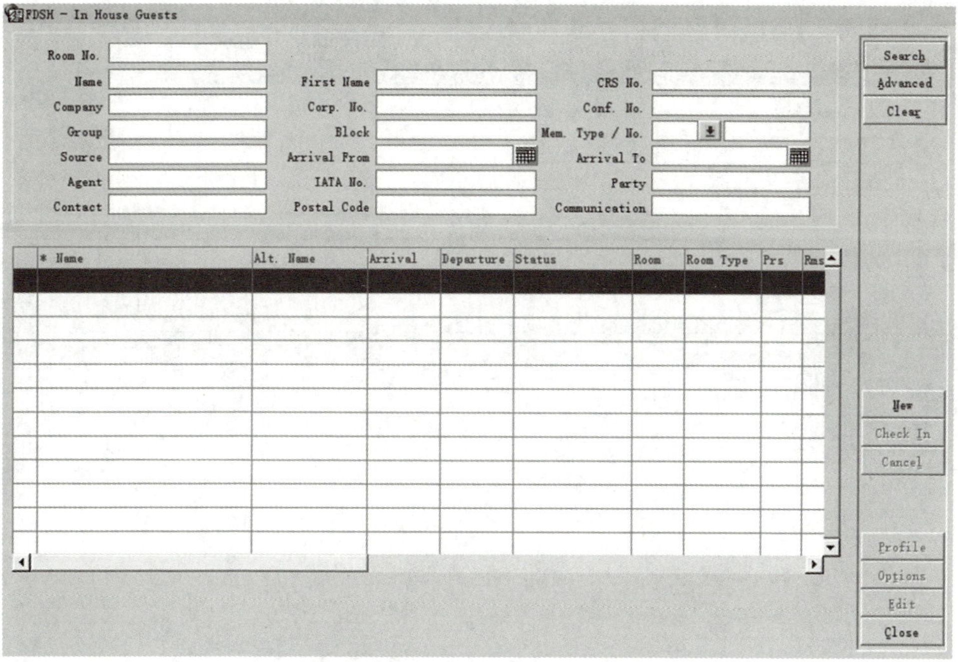

图 4-2-1 In House Guests 界面

二、仓储管理（Inventory）

很多时候客人会向酒店租借物品，最为常见的有加床、婴儿床、转换器等。那么在 Opera 系统中进行物品租借的登记以及仓储管理的具体操作步骤如下：打开客人的信息界面，在最右边一列中选择 Item Inv.，即打开租借物品的界面（见图 4-2-2），点击最右边一列第一个 Item Inv.，可以看到一个可租借物品清单的界面，即查看酒店是否有充足的客人所需要租借的物品，点击 Search 后，会出现所有可租借的物品，有加床、婴儿床、转换插头、接线板等。

微课 4-2-2

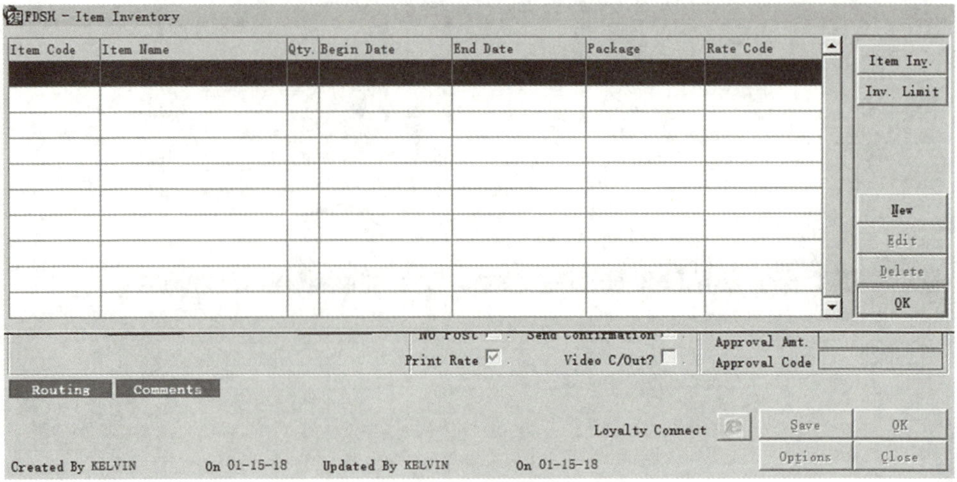

图 4-2-2　Item Inventory 界面

图 4-2-3　加婴儿床服务

接着，可以看到在每一个项目下面都有两列，一列是绿色的底，另一列是白色的底。绿色的底代表酒店原有的库存，而白色的底代表被客人租借以后还剩余的库存。通过查看剩余量来确定是否可以租借物品给客人，如果可以，那么点击 New（Alt+N），弹出新建物品租借的界面（见图 4–2–4）。

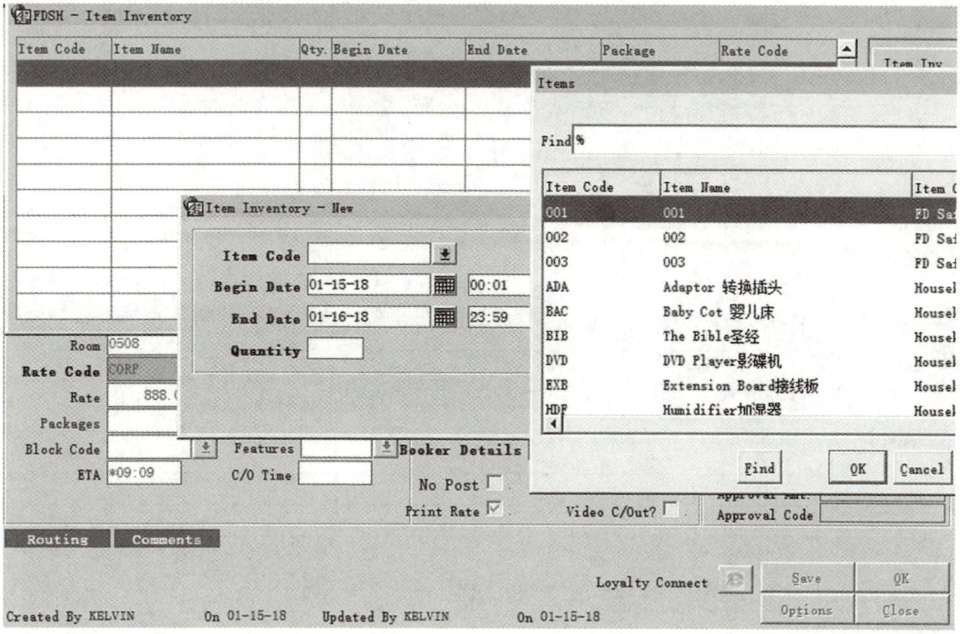

图 4-2-4 Item Inventory-New 界面

这个时候首先见到的是一个物品的代码，可以下拉，从所有可租借的物品中选择客人所需要的租借物品。系统默认跳出借用物品的时间为从入住那天凌晨开始到退房当天的晚上结束。然而，实际上客人往往在退房当天下午就离店，原则上这个物品已归还给酒店。因此，通常情况下，会手动把 End Date，即物品的归还时间改为退房的前一晚。选择对应的租借数量，点击 OK，这时可以看到这位客人的租借物品清单上面就出现了需要租借转换插头这么一行。再次查看 Item Inventory Availability，可租借物品的库存就会相应改变数量。

此时，查看客人的预订信息界面，在需要租用物品里面出现一个租用物品的代码。当点击 OK 时，就会弹出一个对话框，询问是否需要新建一个 Trace（见图 4-2-5），即让 Housekeeping 知道在客人入住期间需要为客人准备租借物品（见图 4-2-6），点击 OK。此时可以看到客人信息界面会出现两个高亮（Highlight）的提醒，一个是 Trace 给到 Housekeeping 的通知，另外一个是客人有一个租用的物品提醒。

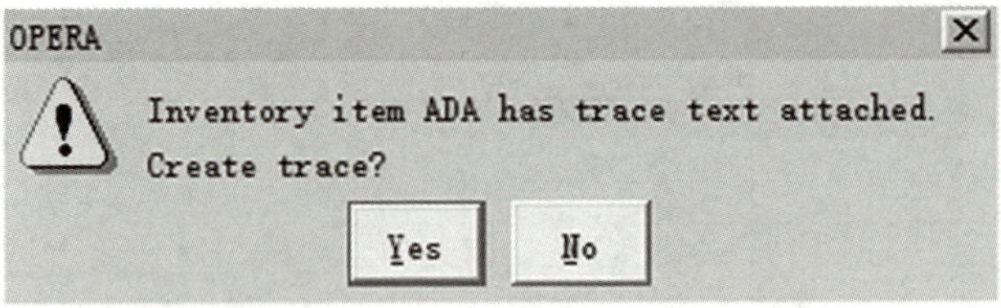

图 4-2-5　租借物品后询问是否需要 Trace 界面

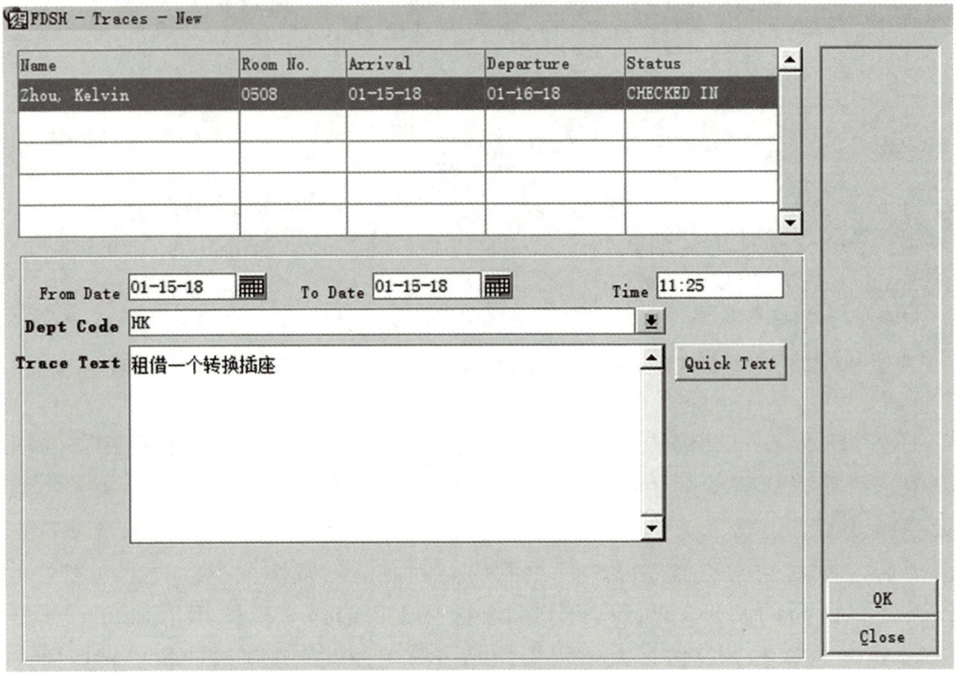

图 4-2-6　Trace 界面

三、遗失物品管理（Track It）

当客人有遗失物品时，就需要进行遗失物品管理，具体操作如下：首先在系统中找到客人的信息界面，点击 Options 选项（Alt+T），选择 Track It 来进行客人失物招领，点击 Track It。此时弹出一个界面（见图 4–2–7），分为三大列，左边一列，中间一列，右边一列。左边这一列的标题为 Search，即搜索字段，通过键入相应的关键词，从而展开对客人遗失物品的搜索。如果既有的搜索字段无法搜索到信息的话，可以点击 Advanced 展开高级搜索（Alt+V）。中间这一列的标题为 Track It Details，即可新建或查询遗失物品的相关信息。最右边一列的标题为 Reservation Details，即遗失物品客人的相关信息。

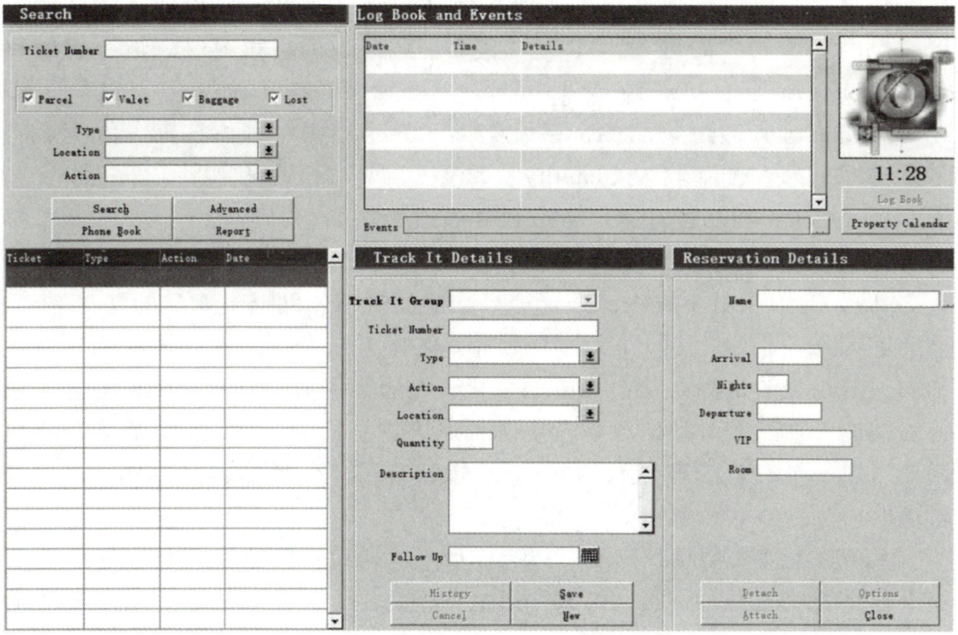

图 4-2-7　Track It Dashboard 界面

图 4-2-8　客人丢失的蓝宝石手链

点击 New（Alt+N），第一个字段为 Track It Group，通过下拉框选择最后一个也就是第四个选项 Lost。第二个字段为 Ticket Number，遗失物品登记单上的编号。第三个字段为 Type，客人丢失物品的类别。通过下拉框可以选择相应的遗失物品类别，如食品、酒水、易碎品、服装鞋帽、化妆品、药品、珠宝首饰等。第四个字段为 Action，即服务流程的进程。通过下拉框，选择相应的进程，如遗失登记、宾客查询、宾客已领取、已邮寄宾客、过期处理、已送至宾客房间等。第五个字段为 Location（位置），即在哪里捡到客人遗失物品的，系统给出了三个选择：客人房间、大堂或者是咖啡厅。第六个字段为 Quantity（数量），填写相应的数量。第七个字段为 Description（物品描述），即捡到客人遗失物品的品牌、形状、大小、颜色等相关信息，从而便于客人寻找，也便于酒店员工进行查找。第八个字段为 Follow Up，点击小方格，选择遗失物品的日期，即遗失物品的初次登记。输完客人相关信息之后，此时点击 Save 保存（Alt+S）。保存成功后，左边和右边的相关信息都会发生相应的变化。左边为遗失物品登记的信息，右边为对应遗失物品客人的信息以及房态。遗失物品一旦建立完成，客人信息界面会生成一个红色的高亮条 Track It。点击 Track It，就会打开刚刚所看到的对话框。

关于客人遗失物品查询的具体操作如下：通过快捷键 Alt+M+T+D，打开遗失物品管理的界面。通过检索左边这一列的 Ticket Number，可以找到之前登记的遗失物品。如果需要将客人遗失物品的相关信息打印出来的话，那就点击 Report（Alt+T）。如果没有记住这位客人的 Ticket Number，还可以通过在 Advanced（Alt+V）中搜索 Room 客人房号，找到这位客人丢失物品的信息。此外，还可以通过 Advanced 搜索创建的时间、员工创建 ID、抵店时间、离店时间、相关物品的描述等搜索对应遗失的物品。

如果想查看系统中登记的所有客人遗失物品的信息，只需要在 Ticket Number 单据编号这里输入一个百分号（%），点击 Search 搜索，就可以看到所有客人遗失物品的登记信息。如果遗失物品登记错误，也可以在 Track It 里选择 Detach（Alt+D）来删除此遗失物品。

思考与练习

参考答案

一、判断题

1. Expiration Date 是指信用卡有效期。 (　　)

A. 正确　　　　B. 错误

2. Walk In 功能可以看成是确定了入住日期和预订类型的新建预订。 (　　)

A. 正确　　　　B. 错误

二、单选题

1. (　　) 的时候，客人可以办理 Check In 手续。

A. 当且仅当客人有当日预订

B. 随时可以办理

C. 永远不可以办理

D. 看客人心情

2. Room Block 是指 (　　)。

A. 房间故障　　　　B. 排房

C. 房间音乐　　　　D. 团队客房

3. Payment Method 是指 (　　)。

A. 收款方式　　　　B. 账单款式

C. 付款方式　　　　D. 收银收据

4. Room Features 是指 (　　)。

A. 浴缸形状　　　　B. 客人爱好

C. 饭店特点　　　　D. 客房特征

5. 客人 Status 为 Checked in 是指 (　　)。

A. 已经入住　　　　B. 尚未入住

C. 已经离店　　　　D. 加入会员

6. 在搜索在店客人信息时，以下哪一种不属于搜索关键词？ (　　)

A. 房间号码　　　　B. 客人名字

C. 客人所属公司名字　　　　D. 客人指纹

7. 在为客人更换房间时，需要在系统中写明 (　　)。

A. 换房原因　　　　B. 住店人数

C. 离店日期　　　　D. 付款方式

8. 付款方式中支付宝是指（　　）。

A. Check　　B. Visa

C. JCB　　D. Alipay

三、上机操作

1. 创建一个聚会预订

（1）客史档案创建操作

客人甲，男，某公司员工，生日 1982 年 10 月 3 日，酒店 3 级贵宾，会员号 67890，联系电话 0571–32234561，客人不吸烟，偏爱 809 房间，不接收酒店促销信息，房间内希望放置一束玫瑰花。

某公司，公司联系人为乙，女，传真号码 0571–44551212，价格代码为 GROUP_A。

（2）预订操作

客人甲电话预订酒店双床房 3 间，入住时间为系统中时间的当日，入住三个间夜。需要酒店安排接站，到达站为杭州东站，接站费用为 100 元，高铁班次为 G1203，房间赠送报纸和水果盘，客人预先在线支付押金 1000 元。

客人甲预订的三间房中，本人入住其中一间，另外两间分别由客人丙、客人丁入住。

（3）入住操作

为客人甲办理入住登记，要求账单设置：房费由某公司支付，餐费由本人承担。同时客人甲在入住期间每天租用酒店自行车一辆，收费价格为 50 元 / 天。

为客人丙、丁办理入住。给客房部留言：客人丙房间需要臂力器一个。

给客人甲、丁分别留言：晚上 7 点到客人丙房间召开家庭会议。

迟到的客人戊，入住客人甲的房间，客人甲承担全部房费。

备注：客人甲、乙、丙、丁、戊及公司的名字请自拟。

2. 通过搜索在店客人，创建一个仓储管理和一个遗失物品管理的记录。

5 项目五 收银/Cashiering

项目导读

收银（Cashiering）是酒店前台比较重要的一项工作内容，主要包括账单处理（Billing）以及结账离店（Check out）两个环节，进一步细分的操作有查账、入账、分账、转账、新建收银窗口、增加账单页面、客账单、押金、余额大于零时的结账离店以及余额小于零时结账离店等。本项目的学习有助于理解 Opera PMS 系统中收银的功能要素：一是要熟悉操作流程与标准，提高完成任务的准确度；二是要掌握操作技巧与方法，提升结账离店环节的工作效率。

学习目标

1. 熟悉客人账单处理的操作流程；
2. 熟练为客人办理结账离店手续；
3. 理解在不同的情况下客人结账离店手续的不同；
4. 了解在个别特殊情况下账单的处理方法。

思维导图

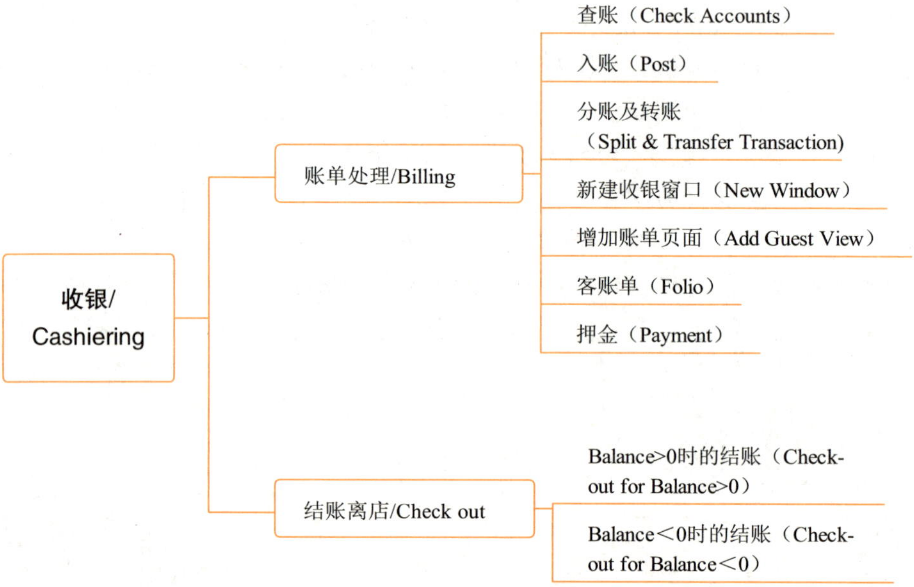

任务一　账单处理 /Billing

账单处理包括查账、入账、分账、转账、新建收银窗口、增加账单页面、处理客账单和押金等内容。

微课 5-1-1

一、查账（Check Accounts）

关于收银的具体操作如下：点击 Cashiering，选择 Billing（Alt+C+B），系统弹出一个界面（见图 5-1-1），要求输入收银密码，随后进入收银界面。在这个收银界面，上半部分为搜索字段，下半部分展示相应的搜索结果，包括房号、抵离日期，账单余额（Balance）、客人的房态等。双击或 Enter 键选中相应的客人信息，即可打开该客人的账单。在账单上可以看到客人的现金押金额度，酒店内的消费和服务费金额，通过双击或 Edit 可以看到具体的消费明细。同时，可以通过点击 Options（Alt+T）→ Credit Cards（Alt+E）→ Credit Card History（Alt+H），查看信用卡预授权的信息。

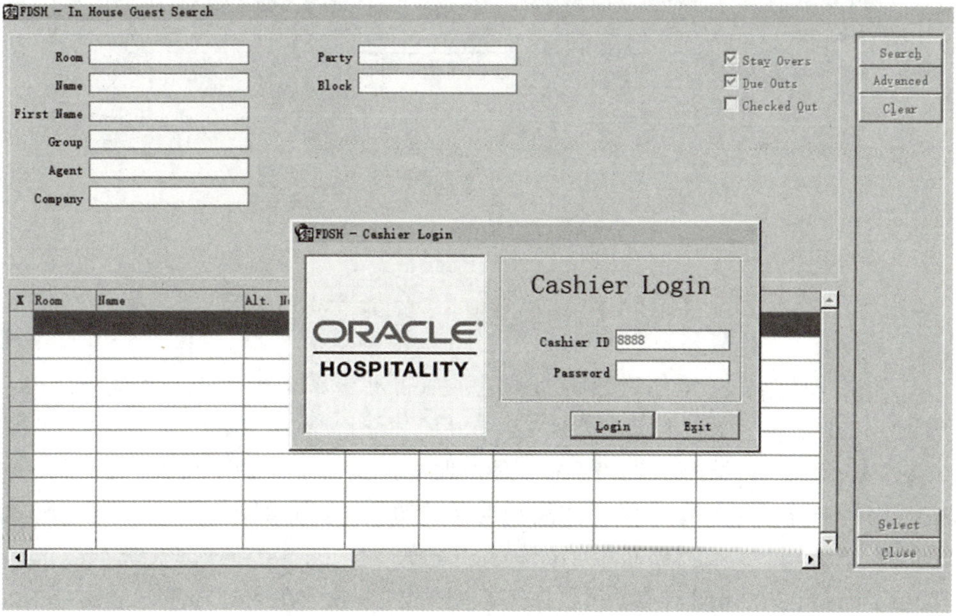

图 5-1-1　Cashier Login 界面

二、入账（Post）

如果客人在房间内额外增加 Minibar 消费，那就需要为其入账，具体操作如下：点击 Post（入账），在弹出的对话框中，录入 Code 即客人所消费项目的代码和 Description 即相应的描述。通过在 Code 中输入半角字符“.”，然后点击 Tab，选择相应的 Minibar 产品与数量（见图 5-1-2）。

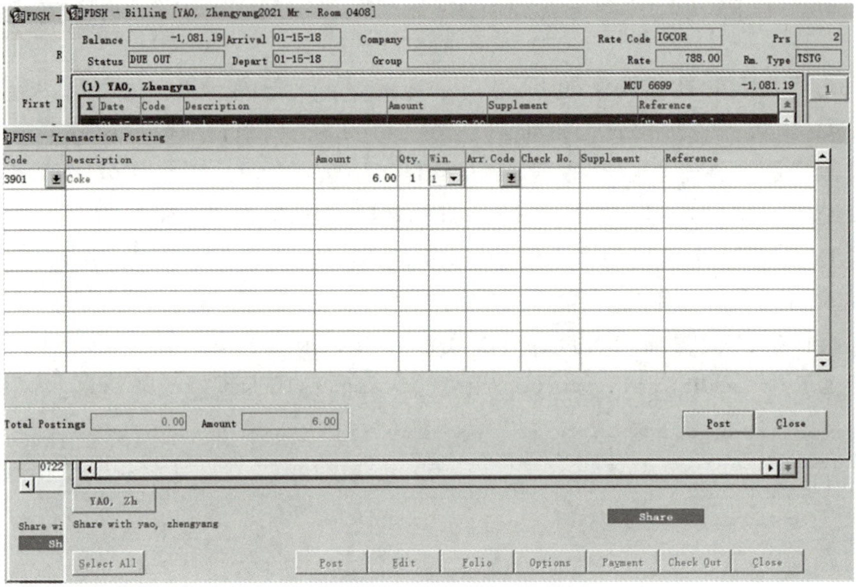

图 5-1-2 Transaction Posting 界面

三、分账及转账（Split & Transfer Transaction）

如果要把其中一笔消费分解为两笔，则需要选中该笔消费，通过点击鼠标右键，选择 Split Transaction 分解交易项目。此时，在弹出的对话框中（见图 5-1-3），显示有两个选项，第一个是按照具体的金额来进行分解；第二个是按照比例来进行分解。分账后，税费也会自动分解。分解账单的目的是为转给另外一个房间，通过 Transfer Transaction 转账（见图 5-1-4），系统默认选择就是 Transfer To Another Room。在下拉框中选择一个在店的客人，点击 Select（Alt+S），点击 Transfer（转账）（Alt+T），确认费用无误后，点击 OK。此时，可以看到原来的账单已经消失。通过查看转入房间的账单，可以查找到转账来的账单，双击账单可以看到具体的明细，包括转出账单的客人和房间号。

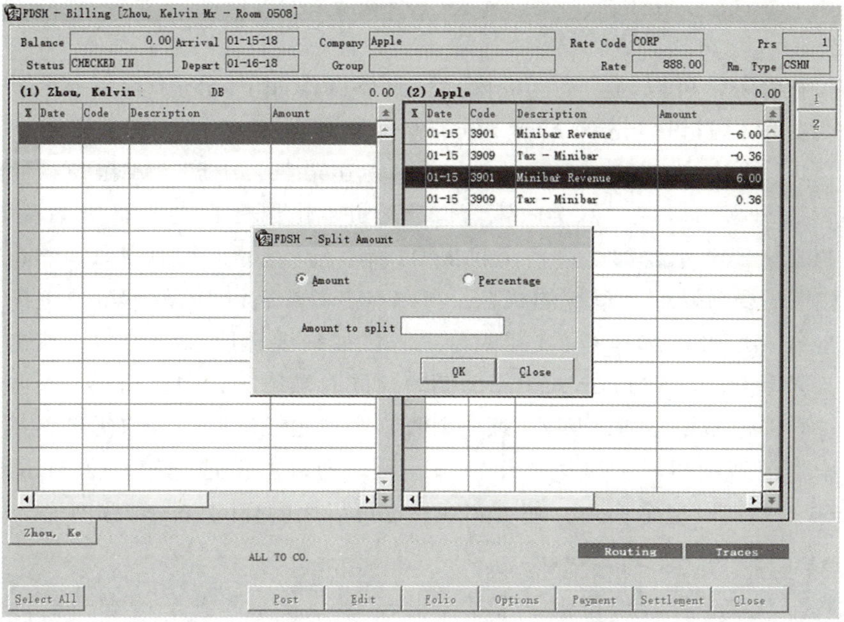

图 5-1-3　Split Amount 界面

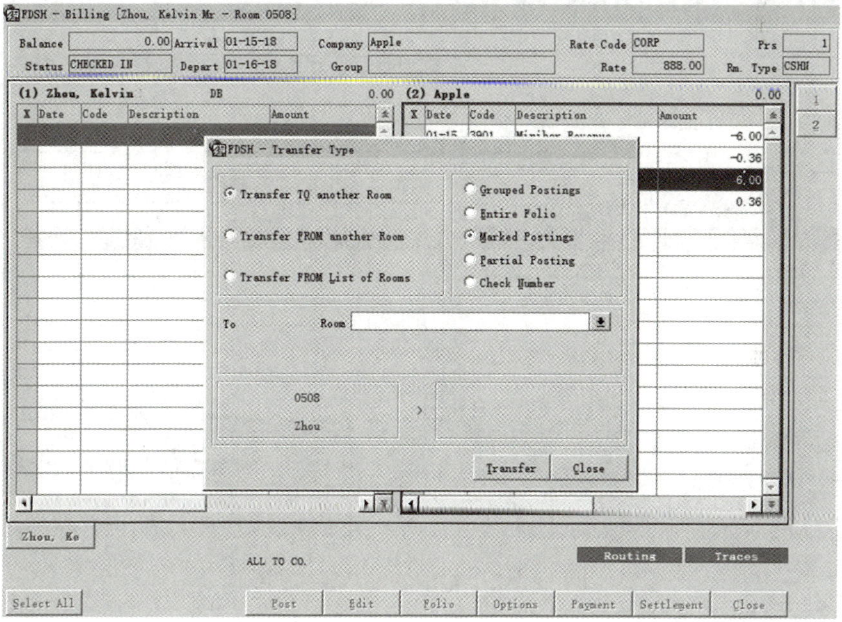

图 5-1-4　Transfer 界面

四、新建收银窗口（New Window）

在账单中，可以新建不同的窗口，具体操作如下：选中其中一个消费项目，点击鼠标右键，选择 New Window 即新建收银窗口，就会多出一个窗口 2。如果再次点击 New Window，可以新建第三、第四个收银窗口（见图 5–1–5），最多可以建立八个收银窗口。通过点击鼠标右键选择 Screen View，选择 Full 全屏显示，那么第一个收银窗口就可以满屏，其他窗口操作也是如此。如果需要重新回到最初的状态，可以点击鼠标右键 Screen View 选择 Split 即对半分，也可以选择 Quad 即四分之一。如果要删除收银窗口，点击鼠标右键，选择 Delete Window，第三、四窗口同时被删除；再点击第二个收银窗口，右键选择 Delete Window，第二个收银窗口也被删除。如果需要将第一个窗口中的消费项目转移到第二个窗口，可以通过右键选择第一个 Transfer to Window，指向第二个窗口，即可实现，也可以用同样的方法转移回去。

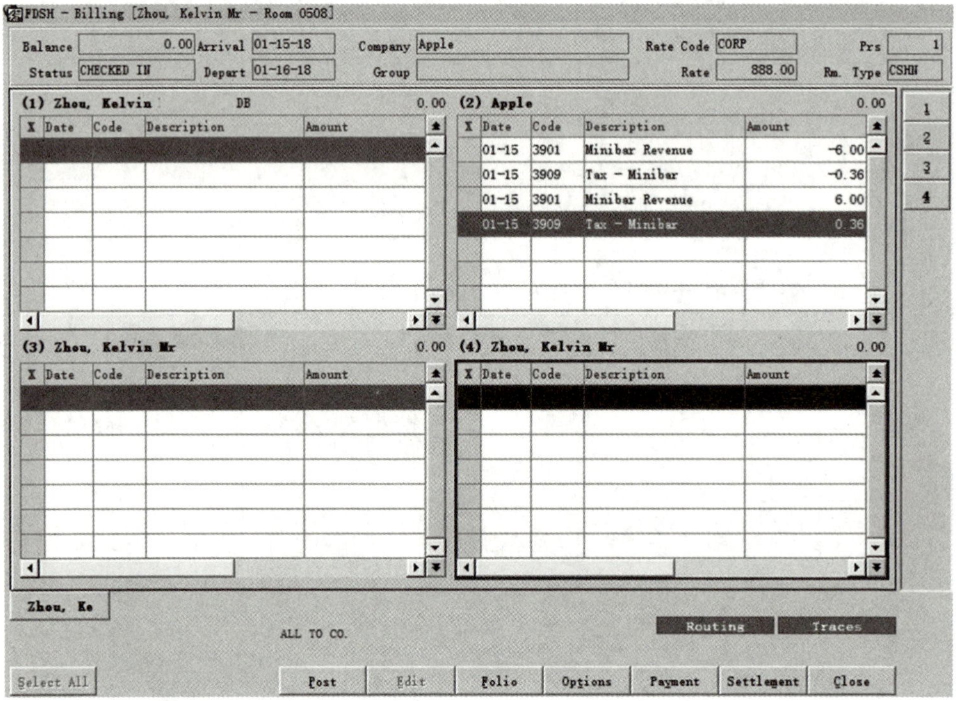

图 5–1–5　New Window 界面

五、增加账单页面（Add Guest View）

在结账的时候，可能会遇到将账单转移到另外一个房间的情况。此时，就需要把两位客人的账单同时显示在一个页面上，以方便查看和选择。具体操作如下：选中某一个消费项目，点击鼠标右键选择 Add Guest View（Alt+G），选中要打开账单的房间，点击 Select（Alt+S）。此时，可以通过点击左下角标识来切换不同房间的账单（见图 5–1–6）。同时，可通过鼠标右键选择 Remote Guest View（Alt+R）删除账单。

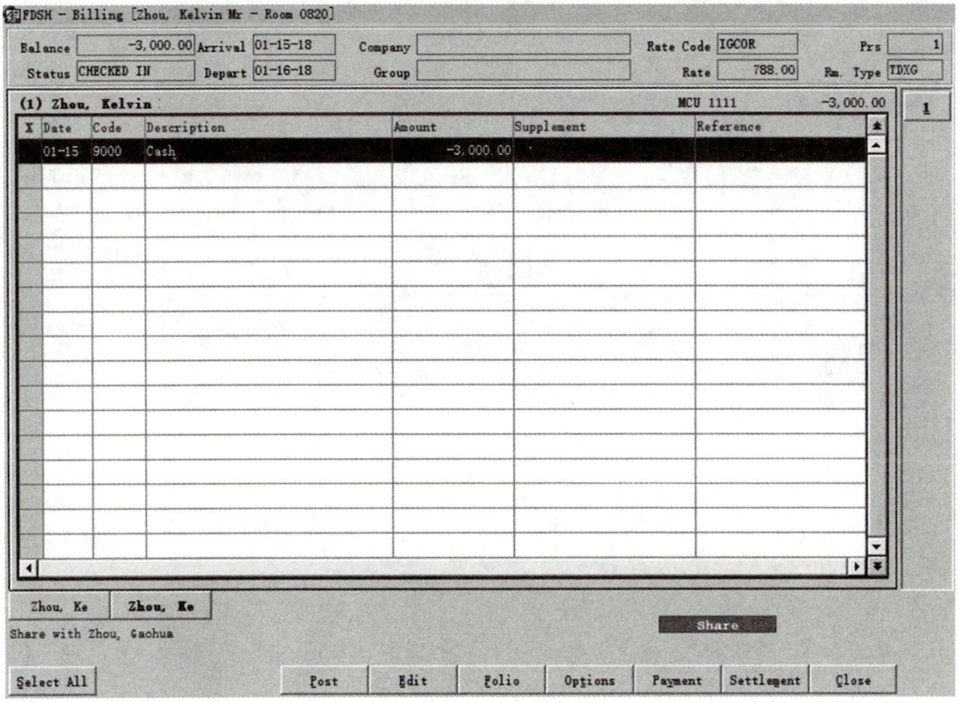

图 5–1–6　Add Guest View 界面

六、客账单（Folio）

如果客人需要查看账单，那么可以启用 Folio 了解账单明细，具体操作如下：点击界面下端 Folio（Alt+F），弹出一个对话框（见图 5–1–7），选择开始和结束的时间，点击 Preview（Alt+V）来查看这位客人的账单情况。需要强调的是，客史档案上选择的客人语种将决定账单显示的语种，从而为客人提供个性化的服务。

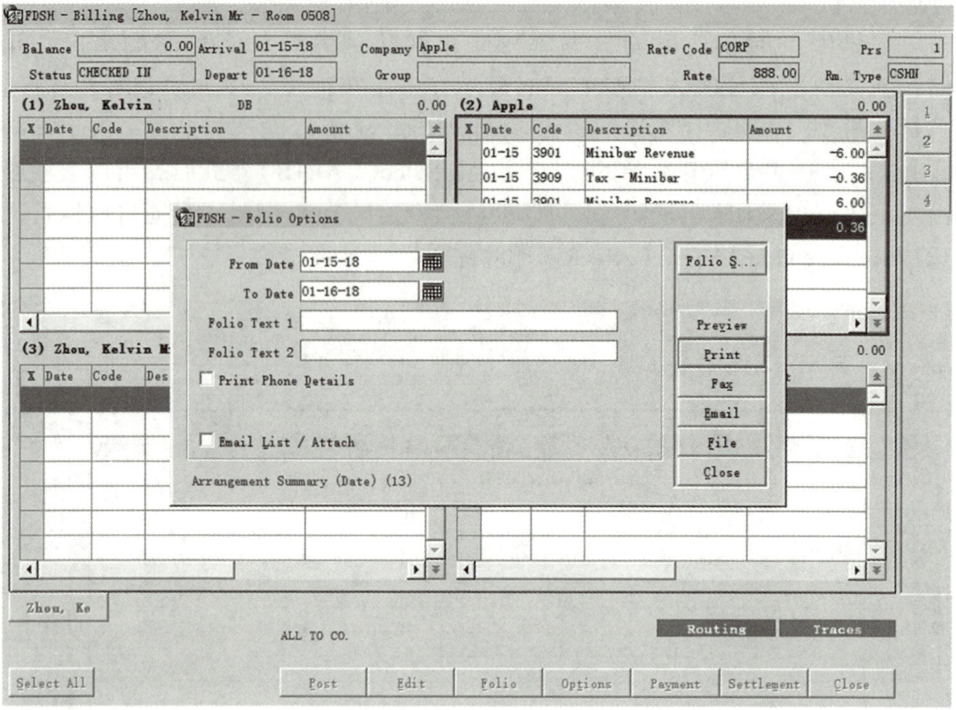

图 5-1-7 Folio 界面

七、押金（Payment）

如果需要客人补交现金押金的话，就可点击 Payment 付款（Alt+Y）（见图 5-1-8），Payment Code（付款方式）选择 Cash，Currency（货币的类别）选择人民币，输入押金金额，点击 Post 入账（Alt+P）。

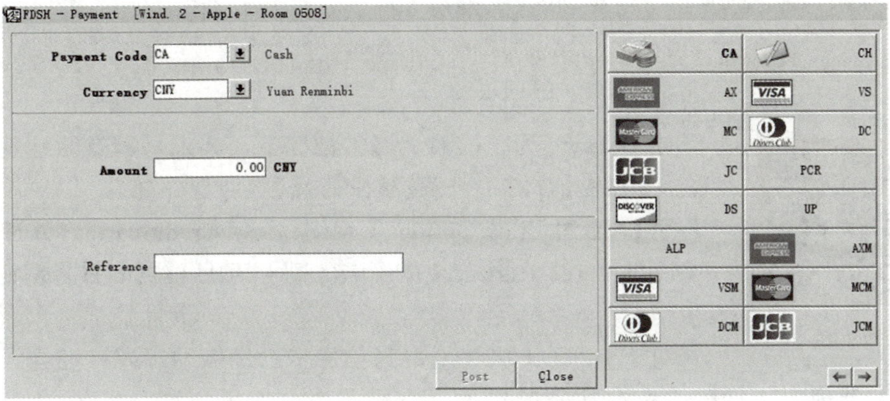

图 5-1-8　Payment 界面

任务二　结账离店 /Check out

为客人办理结账离店手续的具体操作如下：点击 Cashiering，再点击 Billing（账单），在此输入收银密码，点击登录。在右上角选择 Due Outs（即将离店的客人），点击 Search（搜索）（Alt+H），显示系统中当天所有即将离店的客人。需要重点关注 Balance（余额），可以看到有一些客人的账单余额显示为正值，有些客人的账单余额显示为负值。对于 Balance 正值或负值所采用的结账手续是不同的。

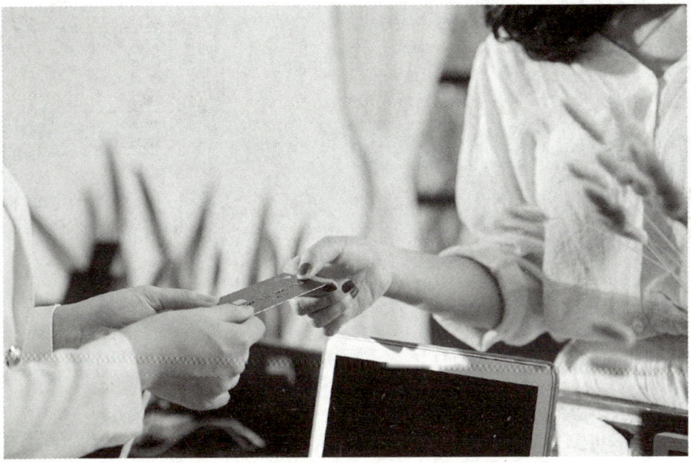

图 5-2-1　办理结账离店手续

一、Balance ＞ 0 时的结账（Check-out for Balance ＞ 0）

微课 5-2-1

当 Balance 为正值时，通常情况下，客人是没有缴纳现金押金，但是会有信用卡预授权的。

可以通过点击 Options（Alt+T）→ Credit cards（Alt+E）→ Credit Cards History（信用卡的刷卡历史）（Alt+H）查看预授权情况。

对于 Balance 大于 0 并且信用卡已经缴纳预授权的客人来说，办理离店结账手续是比较简单的。直接点击右下角的 Check Out（见图 5-2-2），选择付款方式、Currency（货币的类别）、Amount（金额），点击 Post（入账）。客人离店时，Balance 需为 0，Status 为 Checked Out（见图 5-2-3），点击 Close 关闭这位客人的账单，客人已经从 Due Outs 列表中消失。

把 Due Outs 这个对钩去掉，选中 Checked Out，点击 Search（搜索）就可以找到刚刚离店客人的信息，双击可以打开账单。如果需要具体查看这位客人的账单，点击 Folio，选择 Preview。

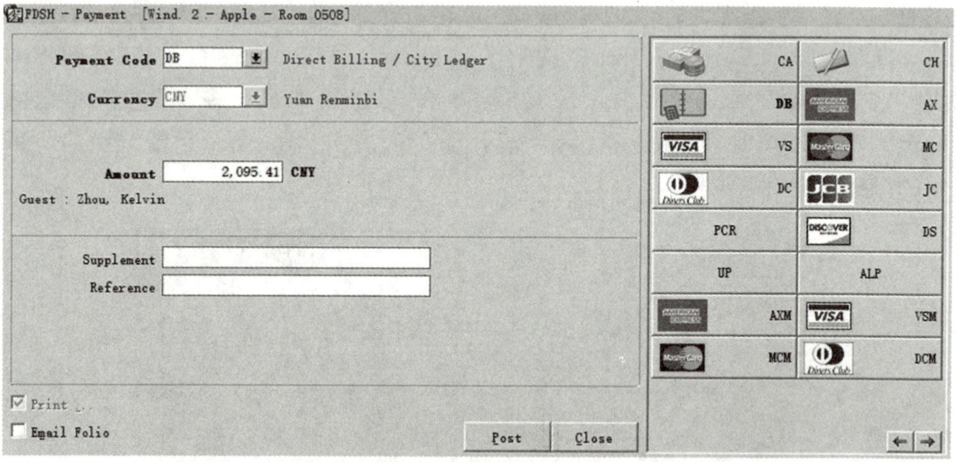

图 5-2-2　Check Out 界面

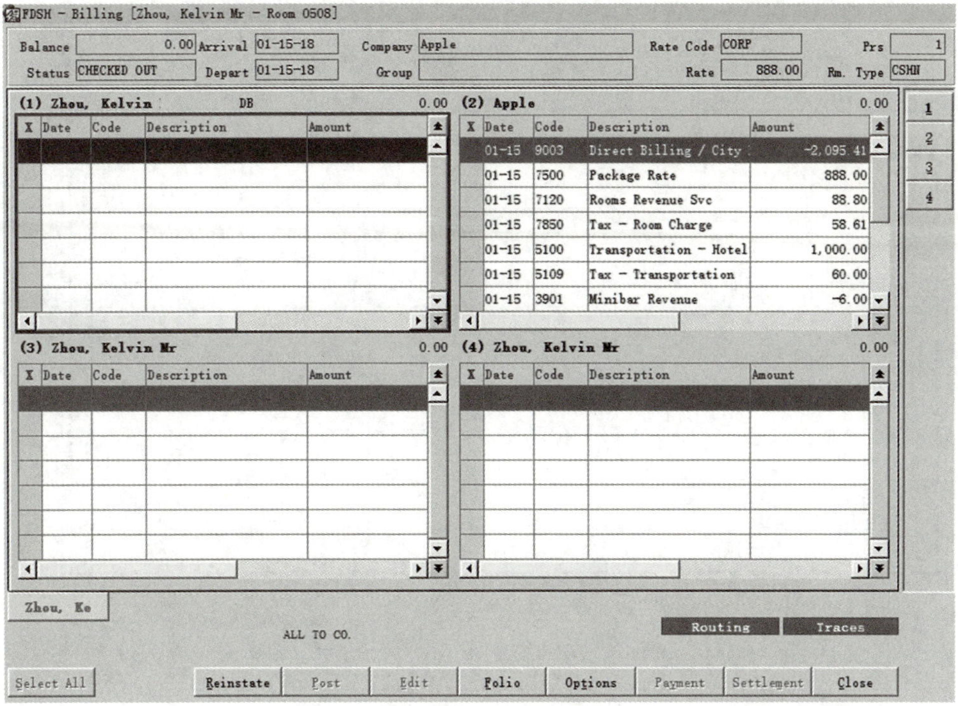

图 5-2-3　Billing 界面

二、Balance ＜ 0 时的结账（Check-out for Balance ＜ 0）

当 Balance 小于 0 的时候（见图 5-2-4），通常情况下，客人没有预授权，只有现金押金。

通过查询，如果确实没有预授权，那么结账的具体操作如下：在客人的账单中输入一笔金额，金额恰好是余额的负值，也就是需要输入一笔正的余额。正负相抵，Balance（账户余额）为零，然后完成结账手续。

换言之，需要把剩余的押金以现金的形式退还给客人。

微课 5-2-2

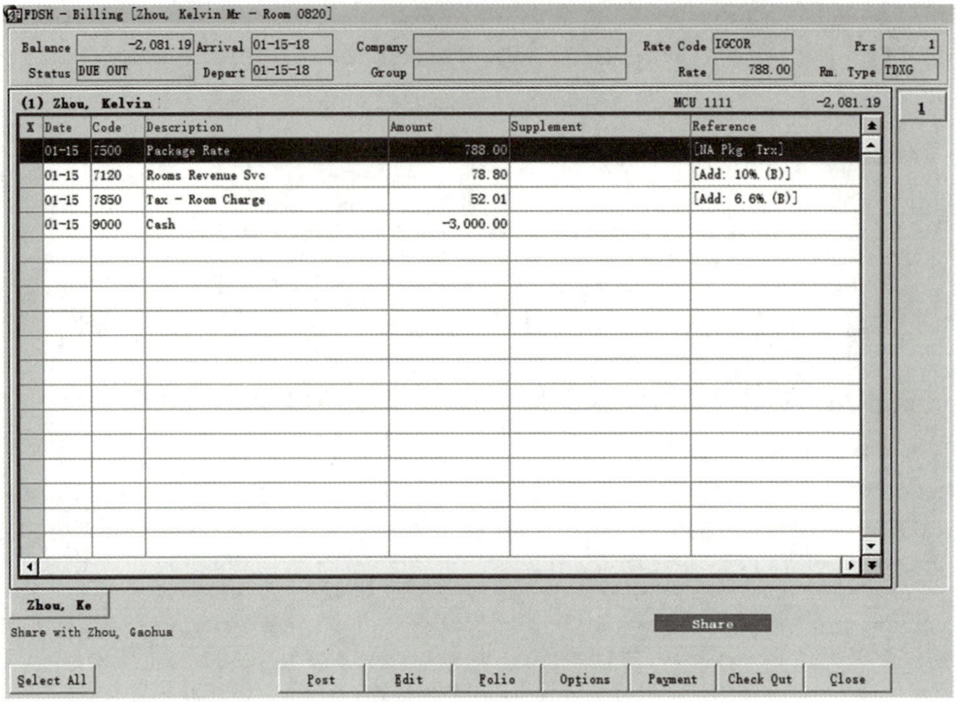

图 5-2-4　Billing 界面

点击左下角的 Post，弹出相应的对话框，在 Code 这里要输入一笔现金退款，Code 交易代码为 8000，然后点击 Tab 键，可以看到 Description（描述）这里会显示 Cash Paid Out，付现金给客人。Amount（金额）这里输入对应的正值，并在 Supplement 里输入 Refund（备注给酒店同事看，表明是现金退款），点击 Post 入账（见图 5-2-5）。此时，Refund 退款已出现在收银列表中，右上角的 Balance（余额）显示为 0（见图 5-2-6）。最后点击 Check Out，给客人办理退房手续。

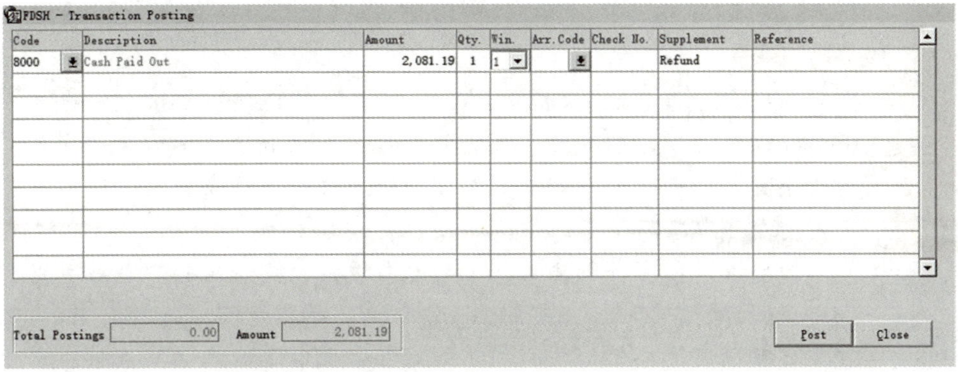
FDSH - Transaction Posting
Code
Description
Amount
Qty.
Win.
Arr. Code
Check No.
Supplement
Reference
8000
Cash Paid Out
2,081.19
1
1
Refund
Total Postings
0.00
Amount
2,081.19
Post
Close

图 5-2-5　Transaction Posting 界面

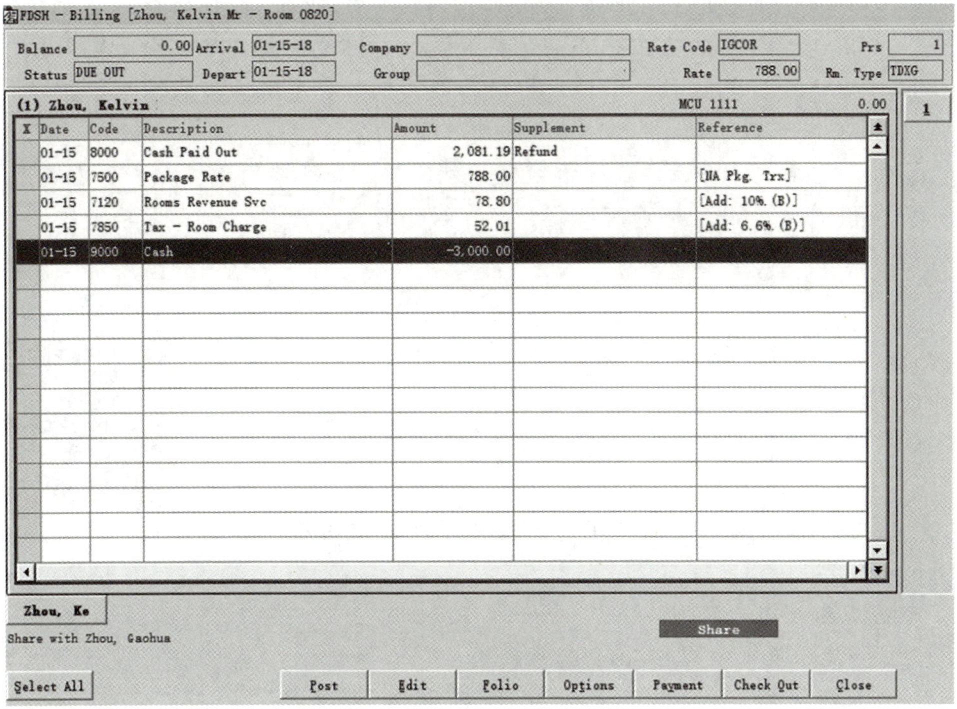
FDSH - Billing [Zhou, Kelvin Mr - Room 0820]
Balance
0.00
Arrival
01-15-18
Company
Rate Code
IGCOR
Prs
1
Status
DUE OUT
Depart
01-15-18
Group
Rate
788.00
Rm. Type
TDXG
(1) Zhou, Kelvin
MCU 1111
0.00
X
Date
Code
Description
Amount
Supplement
Reference
01-15 8000 Cash Paid Out 2,081.19 Refund
01-15 7500 Package Rate 788.00 [NA Pkg. Trx]
01-15 7120 Rooms Revenue Svc 78.80 [Add: 10%. (B)]
01-15 7850 Tax - Room Charge 52.01 [Add: 6.6%. (B)]
01-15 9000 Cash -3,000.00
Zhou, Ke
Share with Zhou, Gaohua
Share
Select All
Post
Edit
Folio
Options
Payment
Check Out
Close

图 5-2-6　Billing 界面

拓展阅读

什么是水单？酒店水单在英文中可以叫 Folio，Bill，Receipt，Invoice，说白了，其实就是酒店的账单。大部分酒店的水单格式都大同小异，上面会记录宾客的名字、会员号、入住及退房时间、客房内的消费清单等详细信息。

如果你入住国外的酒店，拿到水单之后，凭着这张单据就可以找财务报销了。不过，在国内，水单和发票还是不一样的。当然，有些财务制度严格的公司，报销的时候会同时要求水单和发票。水单是你入住酒店的重要凭证，虽然国内还有发票，但是发票不一定能表达是你入住了酒店。

在星级酒店，正常情况下，当客人退房时，前台会把水单、发票、POS 小票装在一个信封拿给客人。但是，很多时候由于客人集中退房，前台在忙不过来的情况下，未必会主动给客人水单。所以这个时候，客人要主动跟前台要一下。

拿到水单后，也不要装起来就完事了，还要简单核对一下姓名、会员号等信息是否有误，有时在国外的酒店就经常出现水单上的姓名拼写错误的情况。

思考与练习

参考答案

一、判断题

1. 可在客人离店前，使用功能按键办理提前离店（Early Departure）。（　　）

A. 正确　　　　B. 错误

2. 一笔账单可以用 Split 分解为两笔。（　　）

A. 正确　　　　B. 错误

3. 转移账目，只可以单个转移，不可以批量转移。（　　）

A. 正确　　　　B. 错误

4. 拆分账目时，可使用两种方法，一是按照百分比，二是按照具体金额。（　　）

A. 正确　　　　B. 错误

5. 抵消账目时，需输入负值入账，其数字恰好抵消之前错误的入账金额。（　　）

A. 正确　　B. 错误

6. Transfer to another room 是指把客人的账目转移至另外一个房间客人的账单下。（　　）

A. 正确　　B. 错误

7. 只有客人状态为 Due Outs，Check Out 按钮才会被激活。（　　）

A. 正确　　B. 错误

8. Fixed charges 是指客人在酒店的固定消费项目。（　　）

A. 正确　　B. 错误

二、单选题

1. 账单中，转移消费项目使用的功能按键是（　　）。

A. Transfer Transaction　　B. Billing

C. Post　　D. Share

2. Check Out 是指（　　）。

A. 办理入住　　B. 结账离店

C. 店内停留　　D. 无所事事

三、上机操作

（一）结账离店

1. 客史档案创建操作

客人甲，男，某公司员工，国籍为美国，母语为英语，长期工作在浙江杭州。出生于 1998 年 10 月 8 日，酒店 5 级贵宾，不抽烟，联系电话 0571-82302048，偏爱 0186 房间，希望房内放置当天的英文版中国日报，客人 MCU 信用卡付款。

某公司，总部在杭州，营销负责人为 SM04，联系电话 0571-82302036，公司在酒店的协议代码为 CORP1。

将自己设置为公司的联系人。

2. 预订入住操作

甲电话预订酒店高级双床房 2 间，抵店时间为系统中的今天，入住两个间夜，预计抵店时间为 16 点，离店时间为 8 点。客人预先信用卡支付预授权 800 元，后又现金补交押金 200 元。

预订的 2 间房中，本人入住其中一间，另外 1 间分别由乙入住。

给甲免费升级为豪华双床间，并价格优惠 50 元钱。

将这两位客人设置为分享入住，AA 制。

甲房内送餐消费 100 元。

3. 结账离店

为这几位客人办理提前离店结账手续。

备注：客人甲、乙及公司名字请自拟。

（二）操作思考

1. 客人在过夜审前，来前台办理不退房结账手续，请问该如何处理？

2. 如果 Balance < 0 时，既有预授权，也有现金押金，该如何处理？

6 项目六 房务管理/Rooms Management

项目导读

房务管理（Rooms Management）包含三个功能模块，分别为客房服务（Housekeeping）、大/小维修房（Out of Order/Service）和客房历史（Room History），其中客房服务（Housekeeping）又包括：房态管理（Housekeeping Management）、待清洁房间（Queue Rush Rooms）、房间用途（Room Conditions）、房态差异（Room Discrepancies）和派工管理（Task Assignment）。本项目的学习有助于理解 Opera PMS 系统中前台与客房的工作关系。

学习目标

1. 熟知酒店房态及房态管理操作流程；
2. 了解客房部日常工作；
3. 理解房态差异及产生差异的原因；
4. 理解客房派工管理的方法与技巧。

思维导图

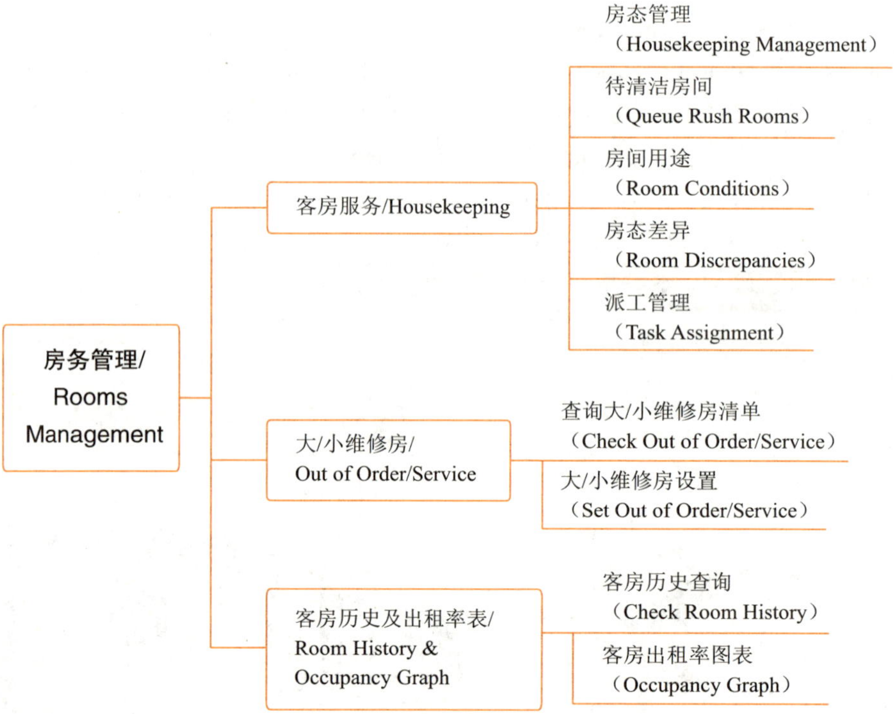

任务一　客房服务 /Housekeeping

一、房态管理（Housekeeping Management）

微课 6-1-1

通过下拉式菜单 Rooms Management，选择 Housekeeping，再选择 Housekeeping Management，打开房态管理界面（见图 6-1-1）。

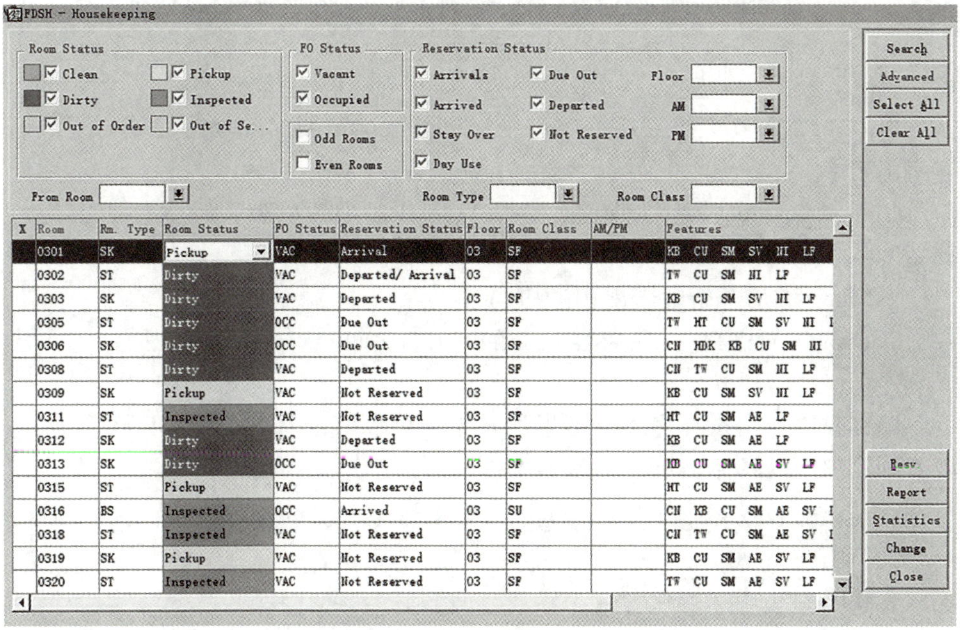

图 6-1-1　房态管理界面

1. 房态基础知识

在房态管理界面的房态栏 Room Status，点击下拉箭头，可以更改房态，系统内设置的房态参数如下：

Clean：已打扫完毕的干净房

Pickup：需要简单整理的房间

Dirty：已使用的脏房

Inspected：打扫干净且已经过管理人员检查合格的干净房

图 6-1-2　已打扫完毕的干净房

Out of Order：大维修房，客房由于硬件故障需要时间修理，不计入酒店客房出租率

Out of Service：小维修房，客房只是有很小的故障，计入酒店客房出租率

Vacant：空房，暂时未出租的房间

Occupied：住客房，住店客人正在使用的房间

2. 查询房间细节

鼠标左键点击选择房态管理界面其中一行数据，以 0301 房间为例，就可以看到该房间的具体信息（见图 6-1-3）。

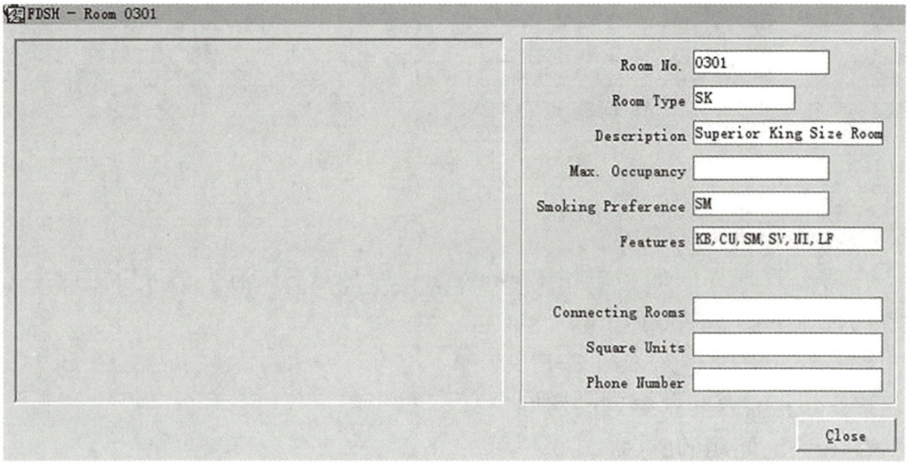

图 6-1-3　房间信息界面

3. 查询预订界面

在房态管理界面，点击右下角 Resv. 按键，就可以查看即将入住 0301 房间客人的预订信息（见图 6–1–4）。

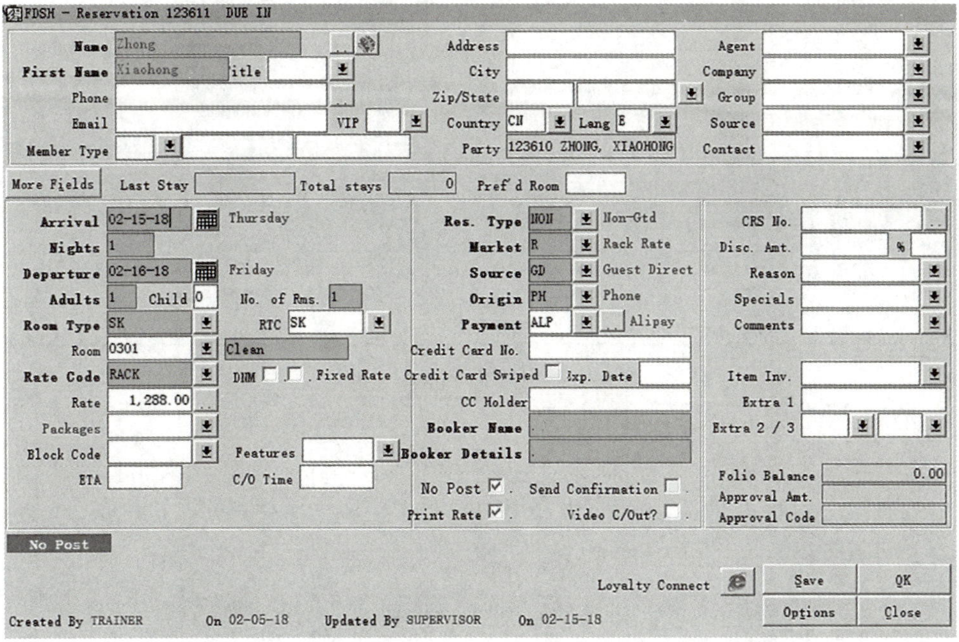

图 6–1–4　预订界面

4. 查看房态报告

在房态管理界面，点击右下角 Report 按键，可以查看房态报告控制界面（见图 6–1–5），点击 Preview，即可预览房态报告（见图 6–1–6）。

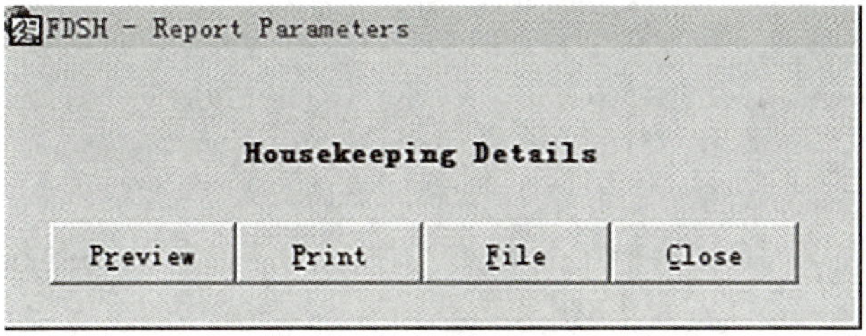

图 6–1–5　房态报告控制界面

micros OPERA

Zhejiang Tourim Academy　　02-09-18

Housekeeping Detail Report　　13:33

Room No.	Type	Status	AM/PM Section	FO Status	Reservation Status
0301	CSHN	Clean		VAC	Departed
0302	TSTG	Inspected		OCC	Departed/ Arrived
0303	CSHN	Inspected		VAC	Departed/ Arrival
0305	TSTG	Inspected		VAC	Not Reserved
0306	CSHN	Inspected		VAC	Not Reserved
0308	TSTG	Inspected		VAC	Not Reserved
0309	CSHN	Inspected		VAC	Departed/ Arrival
0311	TSTG	Inspected		OCC	Arrived
0312	CSHN	Clean		VAC	Departed
0313	CSHN	Inspected		OCC	Due Out
0315	TSTG	Inspected		OCC	Due Out
0316	CXHN	Inspected		VAC	Departed
0318	TSTG	Inspected		OCC	Due Out
0319	CSHN	Dirty		OCC	Stayover
0320	TSTG	Dirty		OCC	Due Out
0321	TSTG	Inspected		OCC	Departed/ Arrived

图 6-1-6　房态报告界面

5. 客房数量统计

在房态管理界面，点击右下角 Statistics 按键，可以查看整个酒店不同房态下的客房数量（见图 6-1-7）。

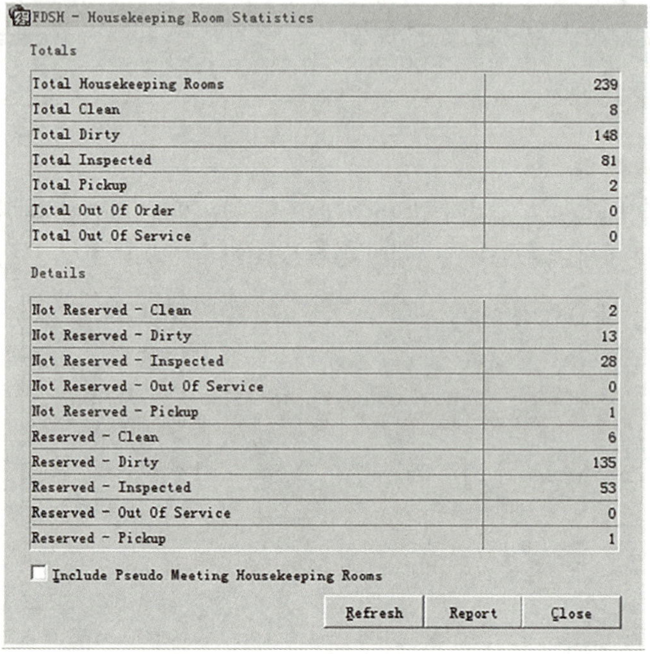

Total Housekeeping Rooms	239
Total Clean	8
Total Dirty	148
Total Inspected	81
Total Pickup	2
Total Out Of Order	0
Total Out Of Service	0

Not Reserved - Clean	2
Not Reserved - Dirty	13
Not Reserved - Inspected	28
Not Reserved - Out Of Service	0
Not Reserved - Pickup	1
Reserved - Clean	6
Reserved - Dirty	135
Reserved - Inspected	53
Reserved - Out Of Service	0
Reserved - Pickup	1

图 6-1-7　客房数量统计界面

6. 变更房态

在房态管理界面，点击右下角 Change 按键，可快速批量变更房态（见图 6-1-8）。

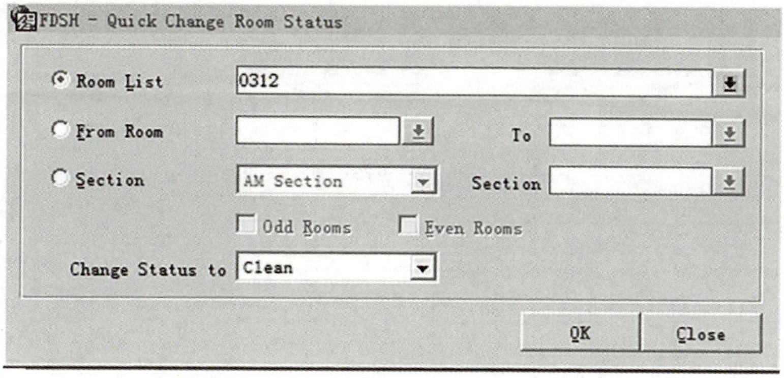

图 6-1-8 批量变更房态界面

二、待清洁房间（Queue Rush Rooms）

如果客人已经到达前台办理入住，而此时客房仍未打扫干净，前台工作人员可将此房列入待清洁房间，客房部看见该消息后会第一时间集中安排员工优先打扫，确保客人尽快入住。

点击 Queue Rooms，可以查看待清洁房间具体情况：房型、房号、等待时间等（见图 6-1-9 及图 6-1-10）。

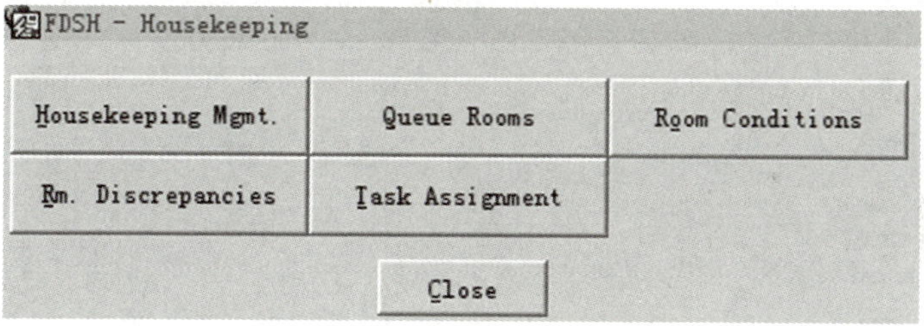

图 6-1-9 客房服务功能按键界面

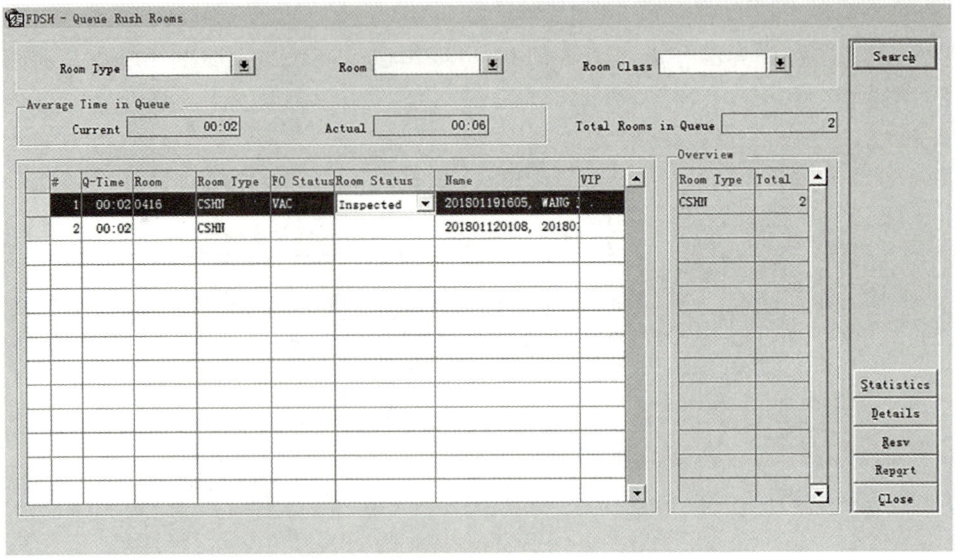

图 6-1-10　待清洁房间界面

点击右下角 Details 按键，可以查看该房间详细情况（见图 6-1-11）。

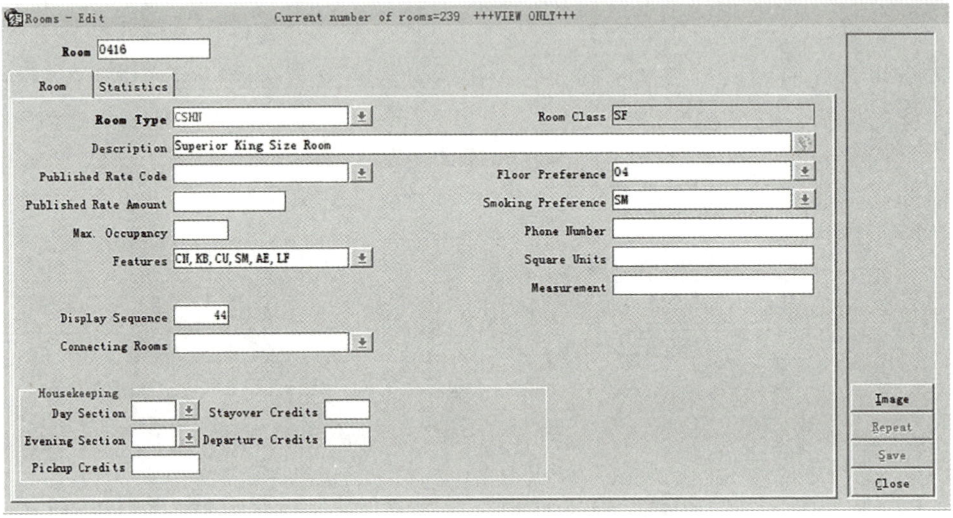

图 6-1-11　待清洁房间详情界面

点击右下角 Report 按键，可以查看待清洁房间报告（见图 6-1-12）。

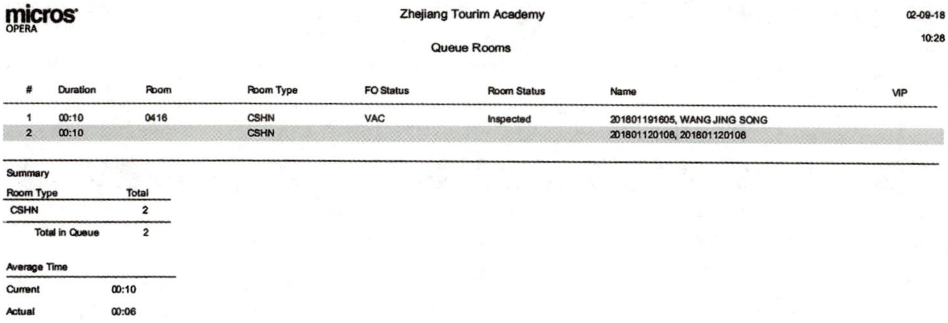

micros OPERA

Zhejiang Tourim Academy

Queue Rooms

02-09-18
10:28

#	Duration	Room	Room Type	FO Status	Room Status	Name	VIP
1	00:10	0416	CSHN	VAC	Inspected	201801191605, WANG JING SONG	
2	00:10		CSHN			201801120108, 201801120108	

Summary

Room Type	Total
CSHN	2
Total in Queue	2

Average Time

Current	00:10
Actual	00:06

图 6-1-12　待清洁房间报告界面

三、房间用途（Room Conditions）

该设置可以让酒店对某些房间自定义使用条件。比如，供贵宾使用的房间，酒店可以将该房间设置为 VIP；供客人参观的房间，酒店可以将该房间设置为 Show Room，即 SR。

打开 Room Conditions 功能，界面会列出酒店所有房间，清楚地显示出房间的状态（Rm. Status）以及特征（Features）。选择目标房间，点击右下角的 New 按键，即可定义房间使用条件（见图 6-1-13 及 6-1-14）。

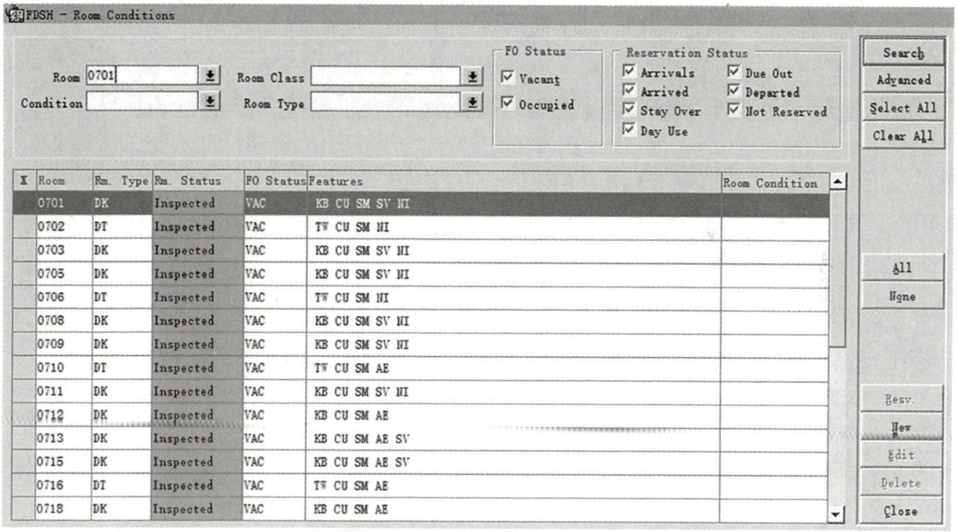

图 6-1-13　房间用途界面

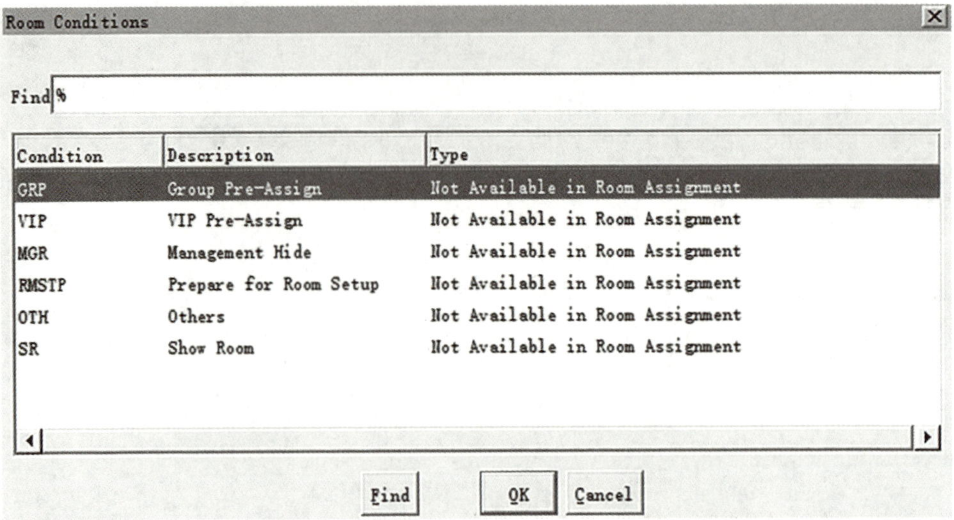

图 6-1-14　定义房间使用条件界面

可以以 SR 即 Show Room 为例来完成房间用途（Room Conditions）设置。点击右下角 Edit 按键可以修改设置，点击 Delete 按键可以删除设置（见图 6-1-15）。

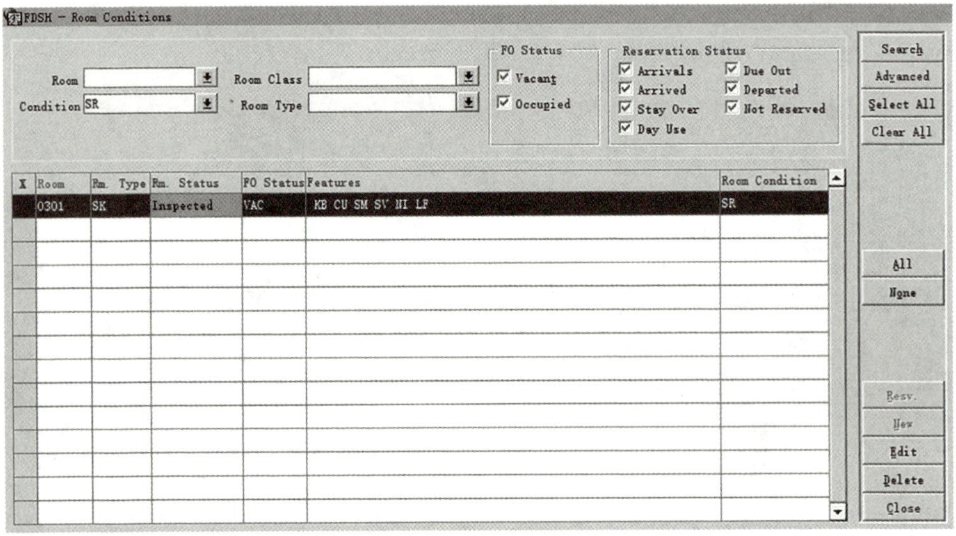

图 6-1-15　房间用途界面

四、房态差异（Room Discrepancies）

房态差异，即酒店客房的前台查询房态和客房部实际房态不一致。常见的房态差异有三种：前台查询为住客房而客房部实际房态为空房，此种情况为 Skip（遗漏房）；前台查询为空房而客房部实际房态为住客房，此种情况为 Sleep（沉睡房）；前台查询登记是住 1 人而客房部实际住店人数为 2 人，此种情况为 Person Discrepancy（人数差异房）（见图 6-1-16）。

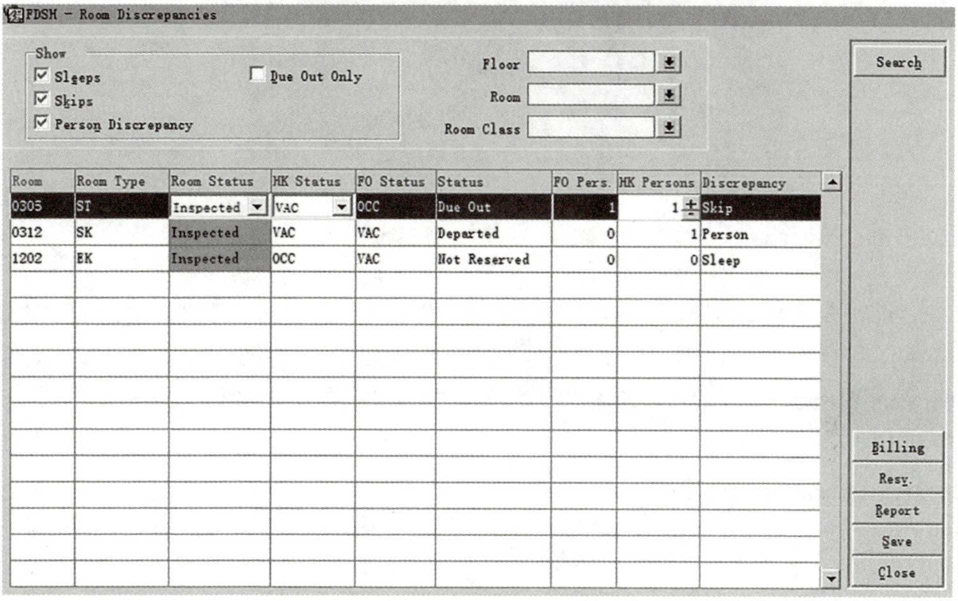

图 6-1-16　房态差异界面

房态差异产生的原因常见于以下四种：客人已经付清费用，但前台收银尚未做收银处理；客人已经换房，但前台员工尚未及时更新系统记录；客人已经入住酒店，但前台员工尚未及时将客人信息录入系统；客人在店但外宿，客房部查房后定义该房间为空房。

五、派工管理（Task Assignment）

图 6-1-17　清扫房间

酒店客房部每天都要对客房进行清洁打扫或者检查，管理者每天都需将清洁任务分发到每位客房清洁员。系统提供非常便利的清洁任务派工管理功能 Task Assignment，用于为客房清洁员逐个客房派工或批量客房派工（见图 6-1-18）。

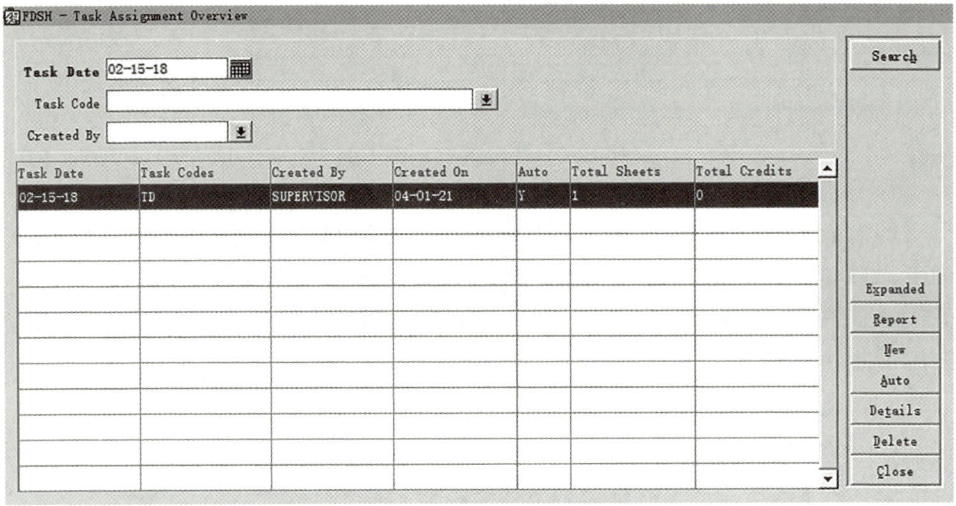

图 6-1-18　派工管理界面

1. 手动逐个客房派工

点击派工管理界面右下角 New 按键，进入手动逐个客房派工界面（见图 6–1–19），点击右下角 New Room 按键，从列表中的下拉框选择目标房间，每次只能选择一间房，可以对已选择的房间录入清洁任务指标 Room Instruction。此方法一般在对个别房间安排特殊任务的时候使用。

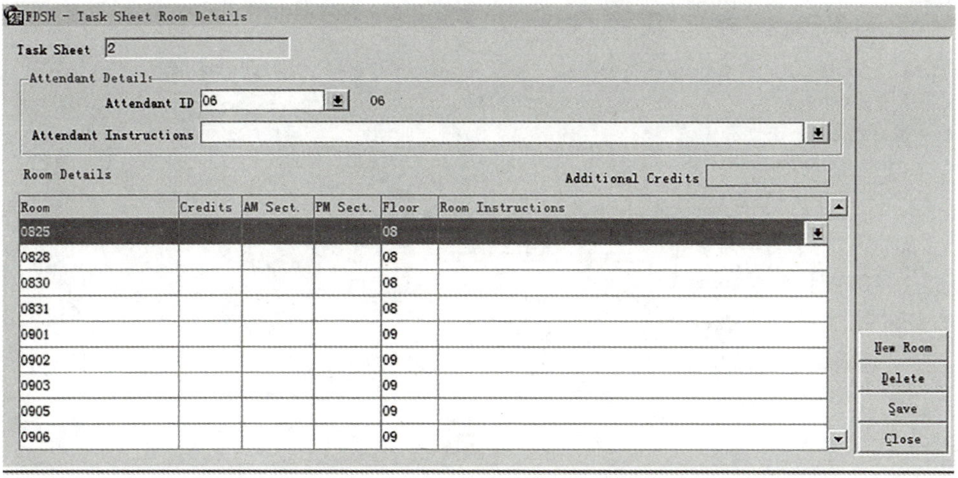

图 6–1–19 手动逐个客房派工界面

完成后，选择保存，返回派工管理界面，然后选择右侧的 Report 按键，可预览并打印派工单（Task Sheet）。

2. 批量客房派工

在派工管理界面，选择右下角的 Auto 按键，可进行批量派工（见图 6–1–20）。

完成批量派工的条件录入后，点击 OK 按键，即出现派工单（见图 6–1–21）。

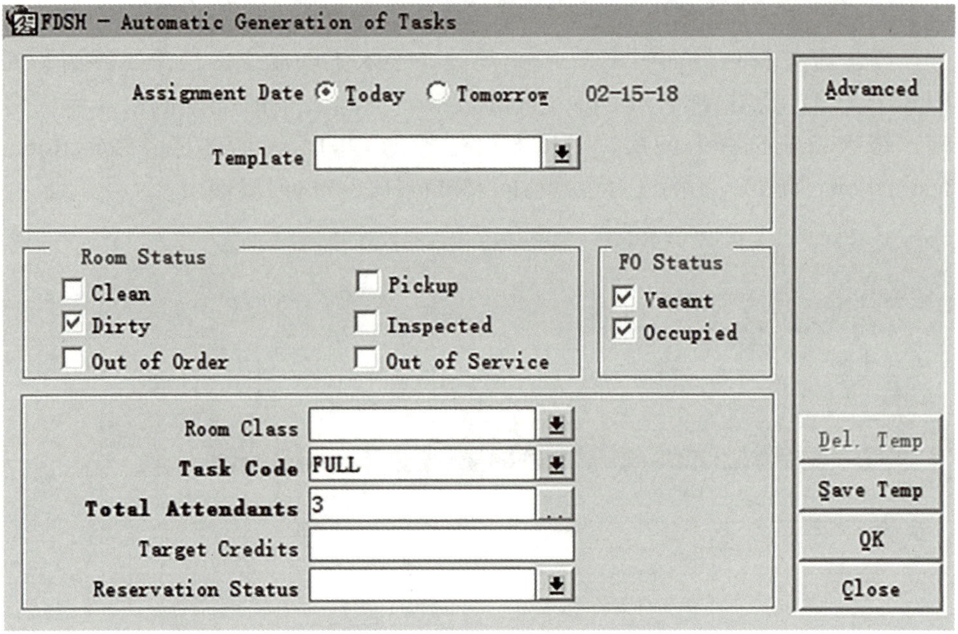
FDSH – Automatic Generation of Tasks
Assignment Date
Today
Tomorrow
02-15-18
Template
Room Status
Clean
Dirty
Out of Order
Pickup
Inspected
Out of Service
FO Status
Vacant
Occupied
Room Class
Task Code
FULL
Total Attendants
3
Target Credits
Reservation Status
Advanced
Del. Temp
Save Temp
OK
Close

图 6-1-20　批量客房派工界面

FDSH – Housekeeping Task Sheet Grid
Display
Dirty
Clean
Pickup
Inspected
Out Of Ser..
Out Of Order
! Arrival
* Stayover
Search
Task 1 -03
Rms 64
0303 0305 0306 0308 0309 0311 0312 0313 0315 0316 0318 0319
Task 2 -04
Rms 64
0530 0531 0601 0602 0603 0605 0606 0609 0610 0611 0612 0613
Task 3 -06
Rms 63
0820 0821 0823 0825 0826 0828 0829 0830 0831 0901 0902 0903
Task 4 -08
Rms 63
1111 1112 1113 1115 1116 1118 1119 1120 1121 1122 1123 1125

图 6-1-21　派工单界面

点击 Search，可查看为员工分配的工作任务（见图 6–1–22）。

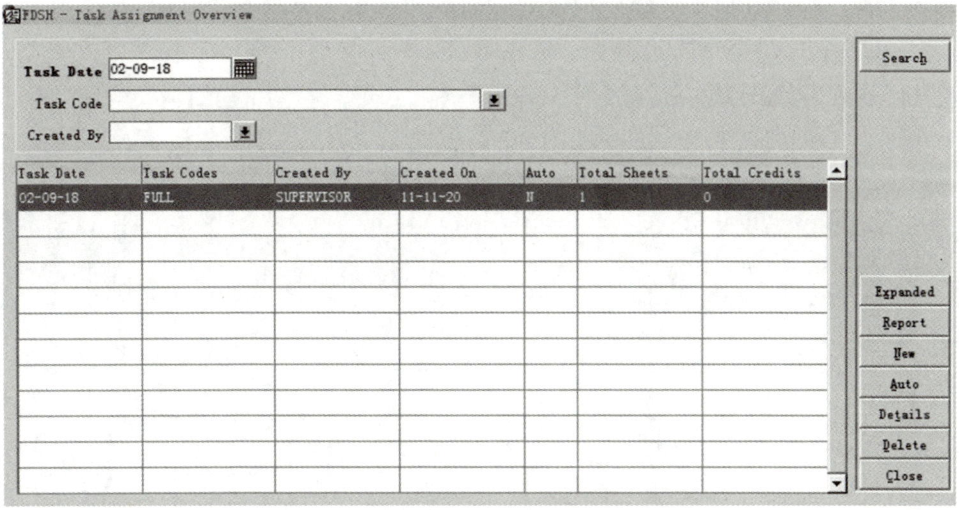

图 6–1–22　员工任务分配界面

点击 New，可以为员工新建任务，点击 Task Code，可以选择任务代码（见图 6–1–23）

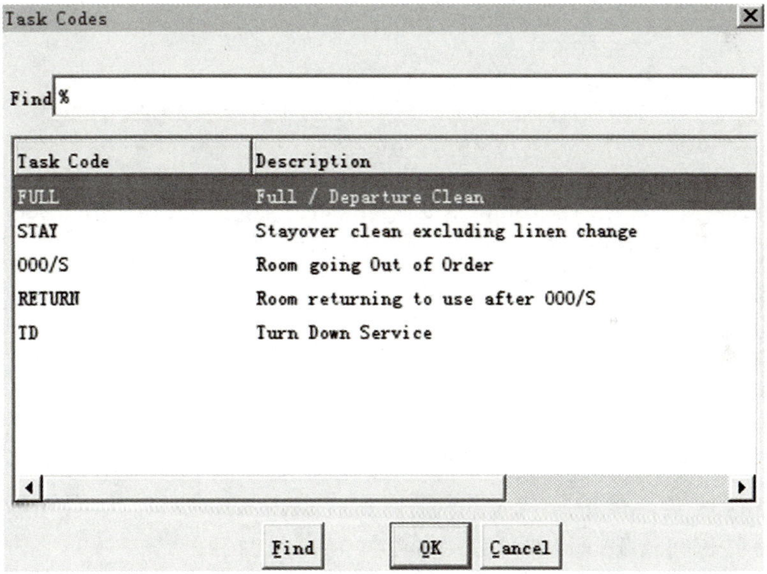

图 6–1–23　员工任务代码界面

输入任务 Task Code（代码）和 Total Attendants（全部客房清扫员）之后，点击 OK，系统自动分配任务，分配清扫房间清单（见图 6-1-24）。

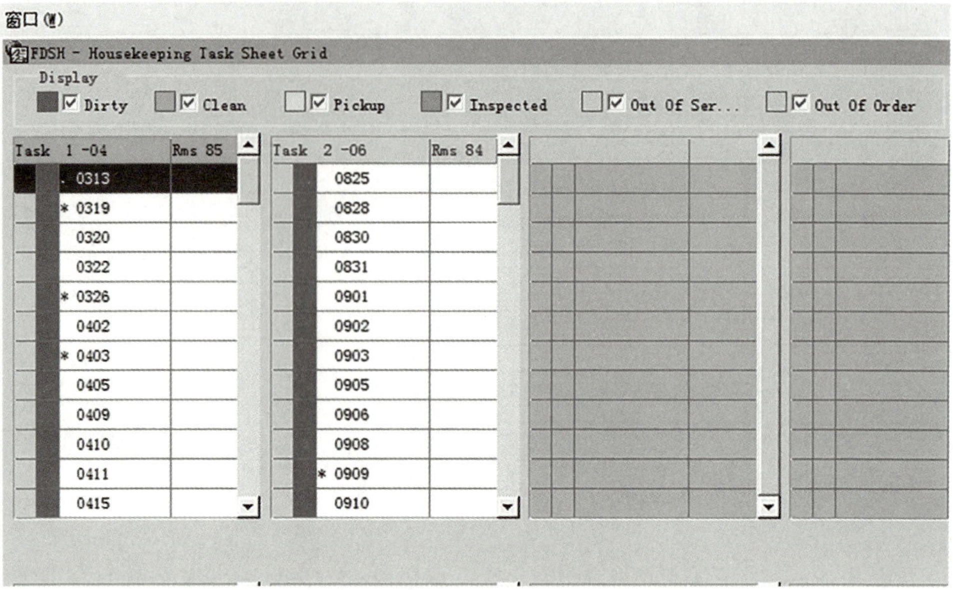

图 6-1-24　房间清扫派工单界面

任务二　大 / 小维修房 /Out of Order/Service

选择 Rooms Management，点击 Out of Order/Service，进入设置界面。

微课 6-2-1

一、查询大 / 小维修房清单（Check Out of Order/Service）

选择好 Date（日期），然后选中 Out of Order 或 Out of Service，点击 Search 进行搜索，查看所有大 / 小维修房。点击 Edit 按键可以修改设置；点击 Delete 按键可以删除设置（见图 6-2-1）。

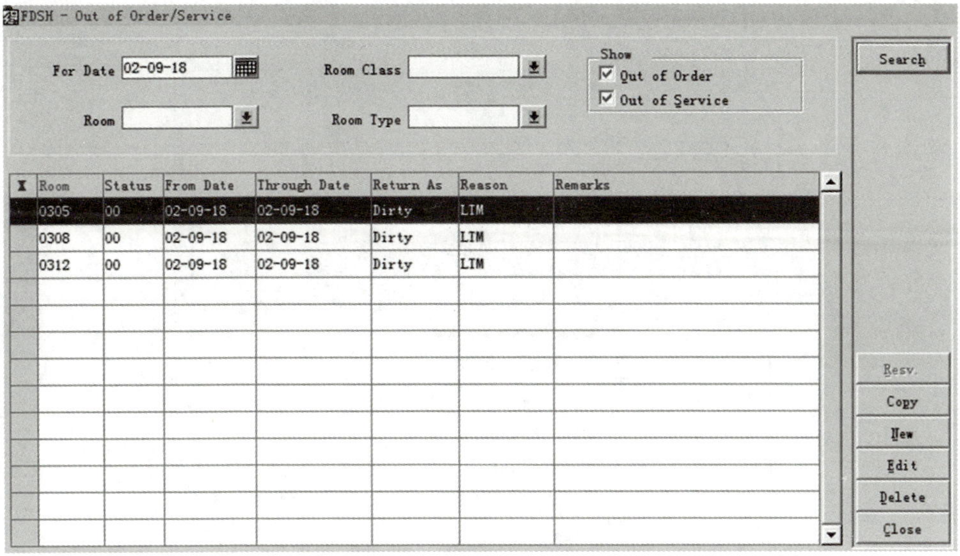

图 6-2-1 大 / 小维修房清单界面

二、大 / 小维修房设置（Set Out of Order/Service）

点击上图右下角 New 按键，可进入大 / 小维修房设置界面（图 6–2–2）。

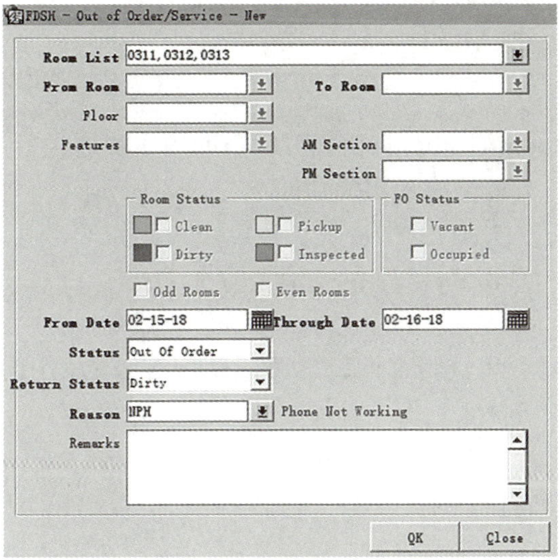

图 6-2-2 大 / 小维修房设置界面

在下拉列表中选择设置的原因（图 6-2-3）。

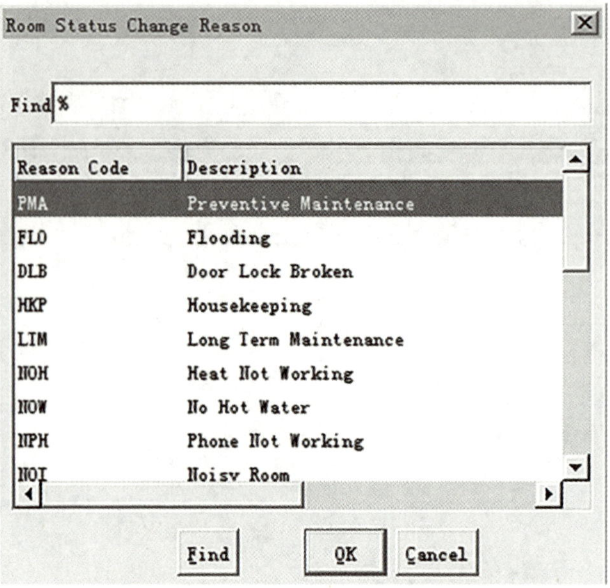

图 6-2-3　大 / 小维修房设置原因

任务三　客房历史及出租率表 /Room History & Occupancy Graph

客房历史（Room History）功能可以帮助酒店快速查看某间客房的历史入住情况，是前厅部、客房部常用的功能。

一、客房历史查询（Check Room History）

除了可以根据房间号码查询，也可以使用客人的信用卡号码查询（见图 6-3-1）。

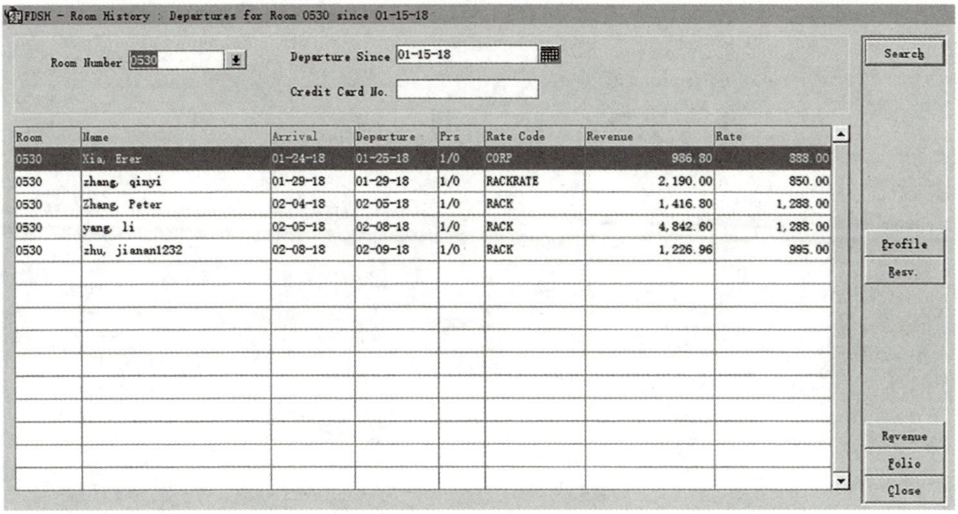

图 6-3-1　客房历史查询界面

也可以在客房历史查询界面查看客人的客史档案（Profile）、预订信息（Resv.）、订单收益（Revenue）以及明细消费单（Folio）等（见图 6-3-2、图 6-3-3、图 6-3-4 和图 6-3-5）。

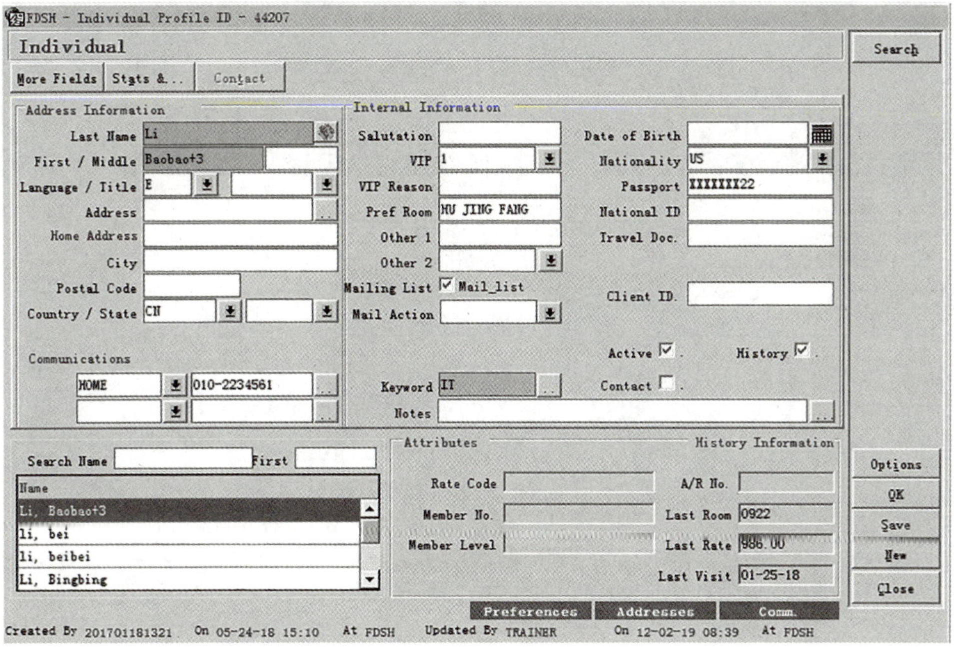

图 6-3-2　客史档案界面

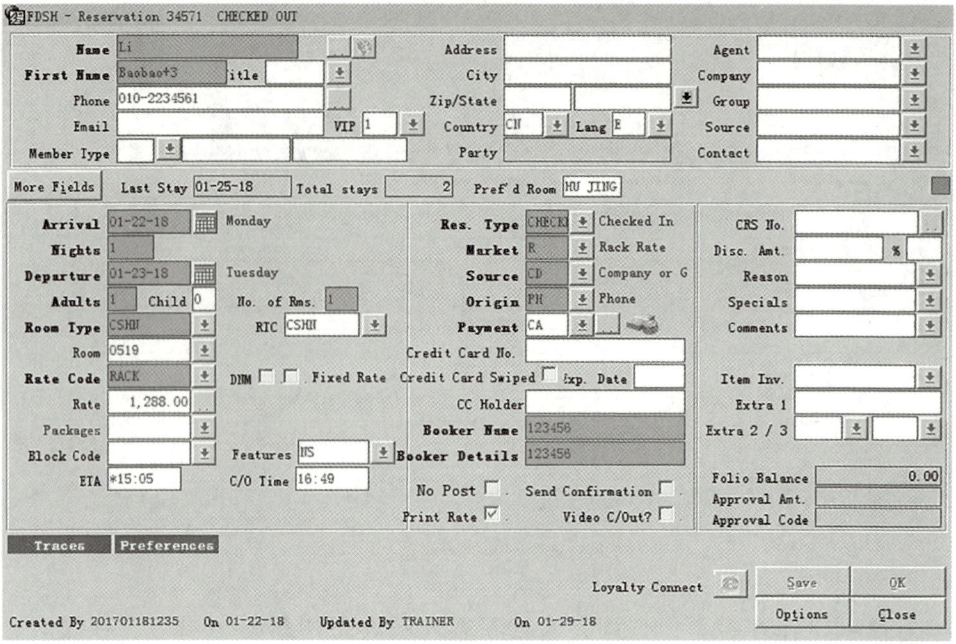
FDSH - Reservation 34571 CHECKED OUT
Name Li
First Name Baobao+3
Phone 010-2234561
Email
Member Type
Address
City
Zip/State
Country CN
Lang E
Party
Agent
Company
Group
Source
Contact
More Fields
Last Stay 01-25-18
Total stays 2
Pref'd Room HU JING
Arrival 01-22-18 Monday
Nights 1
Departure 01-23-18 Tuesday
Adults 1 Child 0
No. of Rms. 1
Room Type CSHN
RTC CSHN
Room 0519
Rate Code RACK
Fixed Rate
Rate 1,288.00
Packages
Block Code
Features NS
ETA *15:05
C/O Time 16:49
Res. Type CHECKI Checked In
Market R Rack Rate
Source CD Company or G
Origin PH Phone
Payment CA
Credit Card No.
Credit Card Swiped
Exp. Date
CC Holder
Booker Name 123456
Booker Details 123456
No Post
Send Confirmation
Print Rate
Video C/Out?
CRS No.
Disc. Amt.
Reason
Specials
Comments
Item Inv.
Extra 1
Extra 2 / 3
Folio Balance 0.00
Approval Amt.
Approval Code
Traces
Preferences
Loyalty Connect
Save
OK
Options
Close
Created By 201701181235 On 01-22-18
Updated By TRAINER On 01-29-18

图 6-3-3　预订信息界面

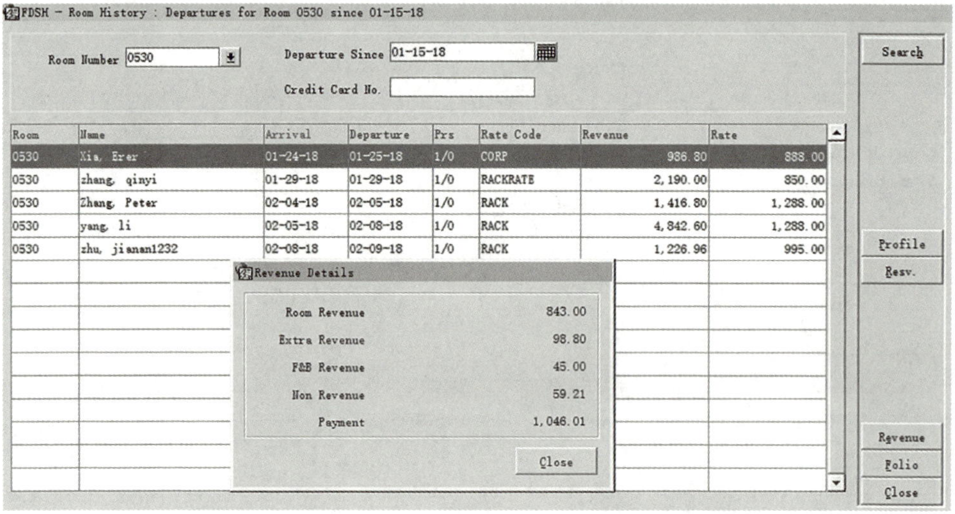
FDSH - Room History : Departures for Room 0530 since 01-15-18
Room Number 0530
Departure Since 01-15-18
Credit Card No.
Search
Room Name Arrival Departure Prs Rate Code Revenue Rate
0530 Xia, Erer 01-24-18 01-25-18 1/0 CORP 986.80 888.00
0530 zhang, qinyi 01-29-18 01-29-18 1/0 RACKRATE 2,190.00 850.00
0530 Zhang, Peter 02-04-18 02-05-18 1/0 RACK 1,416.80 1,288.00
0530 yang, li 02-05-18 02-08-18 1/0 RACK 4,842.60 1,288.00
0530 zhu, jianan1232 02-08-18 02-09-18 1/0 RACK 1,226.96 995.00
Revenue Details
Room Revenue 843.00
Extra Revenue 98.80
F&B Revenue 45.00
Non Revenue 59.21
Payment 1,046.01
Close
Profile
Resv.
Revenue
Folio
Close

图 6-3-4　订单收益界面

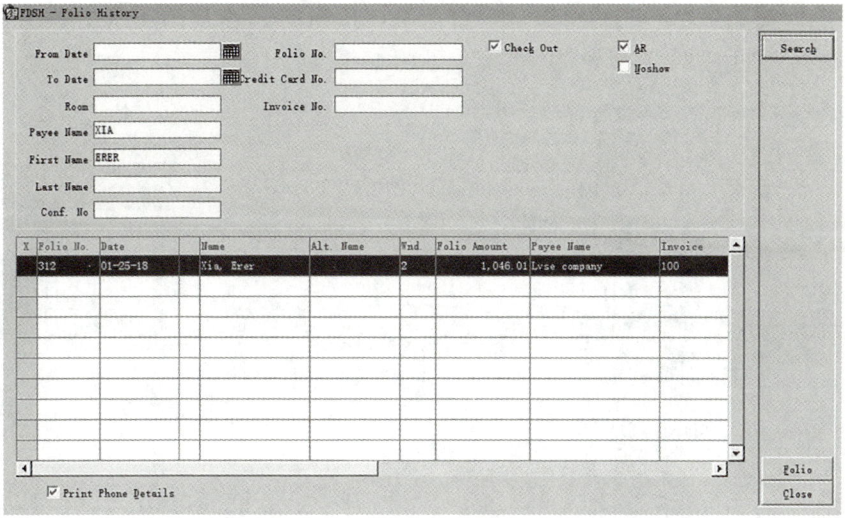

图 6-3-5　明细消费单界面

二、客房出租率图表（Occupancy Graph）

输入搜索参数，点击 Search，可查看酒店客房出租状态，点击 Print 可以打印出租率图表（见图 6-3-6）。

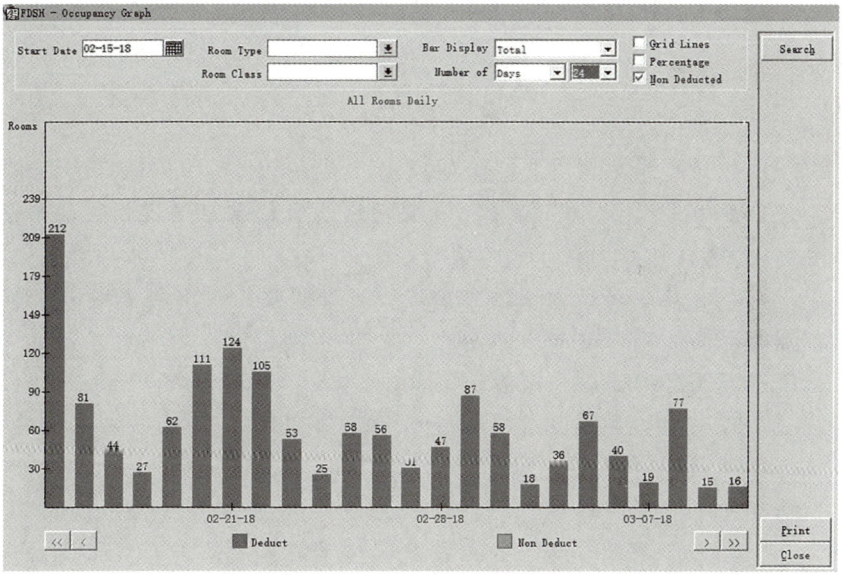

图 6-3-6　客房出租率图表

可以选择设置不同的房型、房型等级、周数等，会得出不同的数据图表，如将查看日期由 24 天调整为 16 天（见图 6-3-7）。

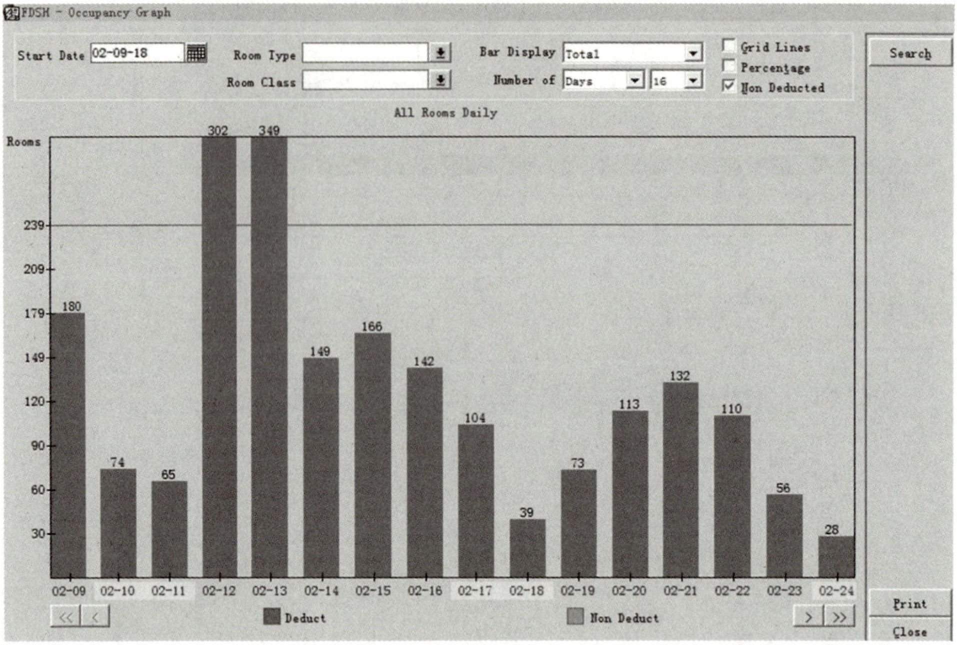

图 6-3-7　调整查询条件后的客房出租率图表界面

拓展阅读

超越满房的几点做法

1. 对市场热度有小高峰的假期，提前上调房价，做好价格预埋，并在后续经营日期中持续关注假期这几天的预订情况，灵活平衡量价关系；

2. 对某些房型，根据需求进行房价调整：对出租率均在 85% 以上的房型，可以适当上调房价。对出租率为 55% 左右的房型，可以适当下调房价，以平衡量价关系；

3. 前台把握预订节奏，对于预订售出房，需提前打电话确定，尤其是团队房、协议房以及到付订单，应至少提前一天确认到达情况；

4. 合理调控客房班次，设置客房早班或晚班对于当天退房进行第二次、第三次打扫和售卖，提高客房收益能力。

满房并不意味着收益最大化，特别是过早的满房其实浪费了部分收益能力；在酒店经营过程中，酒店也要根据客人反馈及时提升服务质量，以形成良好的口碑营销效果；同时也应根据市场热度及自身预订情况及时调整房价，做到量价配合，超越满房，达成收益最大化！

思考与练习

参考答案

一、判断题

1. Out of Service 是指小维修房。（　　）

A. 错误　　B. 正确

2. 房态 VC 是指 Vacant Clean，为脏房。（　　）

A. 错误　　B. 正确

3. 房态 VD 是指 Vacant Dirty，为住客已结账离店，需打扫的脏房。（　　）

A. 错误　　B. 正确

4. Pick Up 是指需要客房服务员简单整理的房间。（　　）

A. 错误　　B. 正确

5. Change Room Status（更改房态）操作时，可单个房间修改，也可多个房间批量修改。（　　）

A. 错误　　B. 正确

二、单选题

1. 字段 Overbooking 是指（　　）。

A. 客房未满　　B. 超额预订

C. 离店结账　　D. 订购图书

2. 字段 Occupancy Graph 是指（　　）。

A. 饭店的出租率表　　B. 占用库存数量

C. 返单布局地图　　D. 前厅组织机构

3. Room History 是指（　　）。

A. 客人喜好历史　　B. 无烟房

C. 客房消费历史　　D. 客房特征

4. Out of Order 是指（　　）。

A. 客房检查　　B. 房态正常

C. 小维修房　　D. 大维修房

5. HOU 是指 House Use，为（　　）。

A. VIP 房　　B. 自用房

C. 干净房　　D. 样板房

三、上机操作

（一）房态管理

登录系统，查看实时房态，总房间数为（　　），其中：OC 房间数为（　　），OD 房间数为（　　），VC 房间数为（　　），VD 房间数为（　　），OO 房间数为（　　），OS 房间数为（　　）。

查看 311–318 共 8 间房间，其状态分别为：＿＿＿＿＿＿。

为上门散客诸葛亮先生办理入住，安排入住 315 房间，支付方式为 Cash，时间为 10 月 24 日至 26 日。使用快捷键 Ctrl+F（Floor Plan）后点击 All Rooms 查看房间状态表，315 房间状态为（　　）。

打扫房间、清洁房间并检查完成之后，使用 Housekeeping 功能将所有 VD 房间状态修改为 Clean。

由于时值淡季，酒店决定关闭 1 楼的客房区域，将 1 楼所有客房设置为 OS 房（Out of Service）。

（二）操作思考

1. 大、小维修房的区别是什么？

2. 在饭店营业过程中，如何有效避免房态差异？

7 项目七 夜审/End of Day

项目导读

酒店利用夜审来结束和平衡每天的经营活动。夜审遵循着预设的流程，审查客账，计算和打印每日的数据，提供应收账户的总额，平衡和结束当天的营业记录，准备和分发一系列的报表。夜审有助于酒店管理层掌握每日的营业状况，并预测即将面对的问题。夜审可以将销售终端和其他利润终端连接，以提供准确、快速的营销组合和自动入账。本项目的学习有助于理解 Opera PMS 系统中夜审与收银之间的关系。

学习目标

1. 理解夜审的意义；
2. 掌握夜审的主要内容和操作流程；
3. 了解常用报表。

思维导图

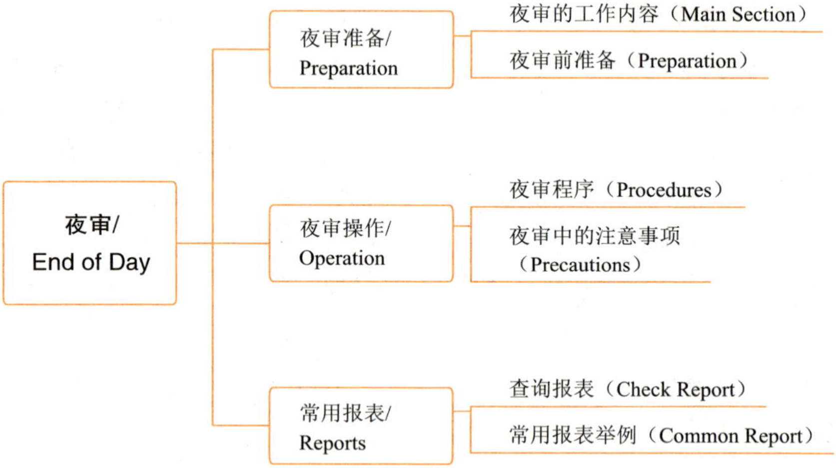

任务一 夜审准备 /Preparation

一、夜审的工作内容（Main Section）

夜间审计，简称夜审，通常在深夜和凌晨时段进行。夜审是在一个营业日结束后，对当天所有发生的数据，包括订单、交易等进行统计、汇总、核对，生成夜审报表，备份数据，跳转新的营业日期的一个过程。夜审意味着结束一个营业日，开启下一个营业日。

尽管从技术层面来看，夜审可以在一天中的任何时间完成，但是一般酒店往往严格限定夜审时间，理由是：选择酒店大部分营业点已经关门的时间，允许夜间审计审查所有部门的收入；恰当而准确的夜审时间有助于形成规范的夜审程序，有助于收银员合理安排工作，也可提高饭店日收入统计的准确度。

二、夜审前准备（Preparation）

夜审是一个过程，尽管在 Opera 系统中只是几分钟的操作，但是在系统执行之前，员工需要做大量的数据核对和准备工作。

（一）准备和有效性检查（Preparation and Validation）

（1）检查是否有预订但未到的客人（Due In Guest）

如果有的话，应与客人确认后，根据实际情况对预订进行取消或进行改期到店处理。若不处理，夜审后此部分客人会转成应到未到客人 No Show 的状态。

（2）检查有无预计离店而未离店的客人（Due Out Guest）

如果有的话，应与客人确认后，根据实际情况对预订进行结账退房或进行改期退房处理。若不处理，系统不允许执行夜审。

（3）检查差异房态（Room Discrepancy）

若有，则先执行差异房态的处理。

（二）限制访问（Limiting Access）

所有收银员在过夜审时必须将其一天的收银工作做一个汇总并在系统中

关账。系统在过夜审时要检查每个收银员的账是否已经汇总，并形成相应的关账报表。

微课 7-1-1

（三）值班经理工作（Task）

值班经理需要完成房价、房态、收入等信息的审核和统计工作。

任务二　夜审操作 /Operation

微课 7-2-1

夜审是由系统自动运行的。夜审结束后，住店客人的房费自动进入客人的账户，系统营业日时间也更新成新的一天。系统可以打印出部分统计报表，如财务收入报表、入住统计报表。所有夜审报表的数据都是以夜审开始前的统计为准的（见图 7–2–1）。

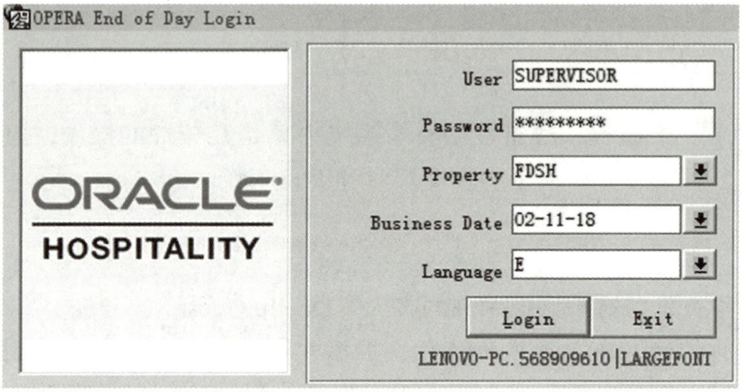

图 7–2–1　夜审界面

一、夜审程序（Procedures）

1. 查询国家和省份信息（Country and State Check）

检查客人档案中是否已填写国家和省份信息（见图 7–2–2）。

2. 审核离店未结账（Departures not Checked Out）

检查是否有预离店的客人，如果有的话必须解决，否则系统夜审将会被停止。系统会自动筛查 Due Out 的客人，如果发现有，需要处理才能继续执行夜审。

3. 关闭收银员登录账号（Automatic closure of open cashiers）

一般要求每个收银员在夜审前关账，如果有收银员未关账，则系统此步骤会自动关闭仍未关账的收银员账号。

4. 天气及备注（Weather and Notes）

系统需输入影响本营业日的天气和其他相关信息。例如，要备注造成预计抵店客人取消或预期离店客人推迟离店的原因。

5. 系统日期翻新一天（Roll the Business Date）

在之前所有的检查工作完成以后，就进入下一个营业日。

6. 过租（Post Room and Tax）

将客人的房费计入客人的账户中，除了客人房费，还有其他的一些固定费用会在夜审中直接入账，如客人的固定收费项目（Fix Charge）、包价细项（Package）等。

7. 运行其他程序（Run Additional Procedures）

处理夜审需要完成的其他一些功能，即有必要的话，要对客账进行更正、调账、入账等操作。

8. 打印夜审报表（Print Final Reports）

供第二天酒店总经理以及各部门总监查阅参考。

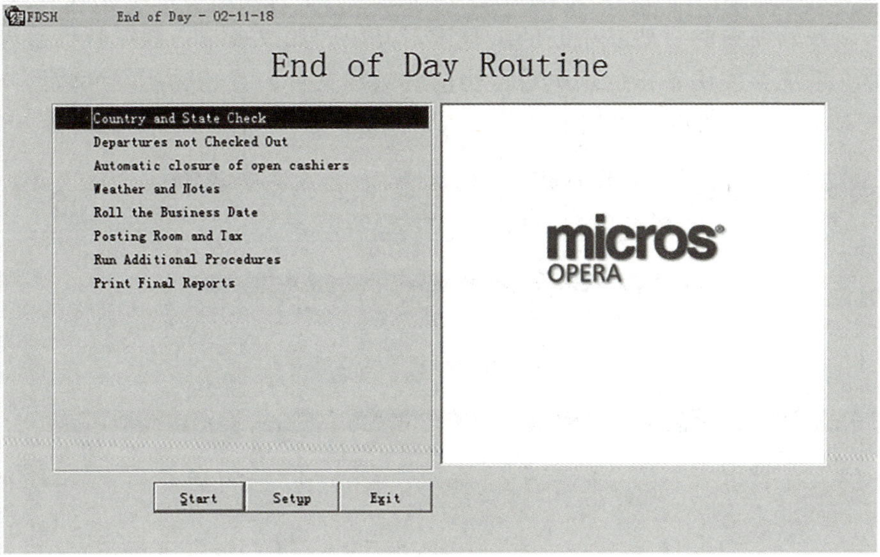

图 7-2-2　夜审程序界面

二、夜审中的注意事项（Precautions）

1. 夜审频次（Frequency）

24 小时之内只能过一次夜审，并且要在关账之后。如果在 24 小时内执行了两次夜审，系统就会发出警告。运行夜审时，系统会发出系统日期已经更新的提示，因此绝不能在一天当中过两次或者两次以上的夜审。

2. 操作权限（Authority）

当值员工都必须退出系统才能开始夜审。如果有员工在夜审过程中没有退出，系统会在进程控制界面将之显示出来。当夜审运行的时候，如果有员工进入系统，系统会对这些员工发出警告。

夜审员工可以使用所有的功能键，包括留言、检查可用房、打印预订确认信，但是不能对账单和预订数据库进行修改。夜审完毕后所有的用户都将恢复使用权限。

3. 数据备份（Backup）

系统建议建立备份，以防数据丢失。如果发生硬件损坏或者其他事故，系统管理人员可以从备份文件中恢复所有或者部分数据。系统可以在运行时同时进行备份，但是夜审的备份必须在所有的员工退出之后才能进行。

4. 夜审中断（Discontinuity）

如果夜审因为一个错误而中断，可以检查一下夜审流程已经完成了多少。当重新开始夜审时，要从中断的步骤重新开始。如果夜审在保存数据过程中失败，系统会使用备份的副本替换当前的数据文件，并覆盖所有的数据。重新进入夜审时，可以查看夜审日志，从中找出夜审中断的原因（见图 7-2-3）。

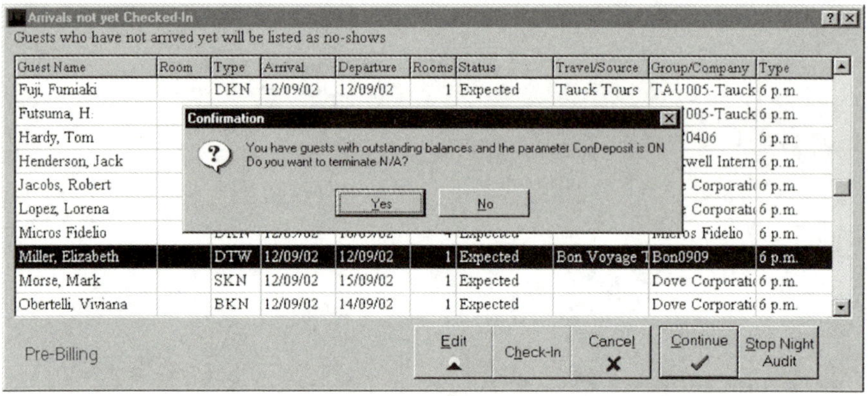

图 7-2-3　夜审中断界面

系统会发出提示：是否要阅读日志文件（见图 7-2-4）。日志文件中记录了错误信息，它可能会提供夜审中断的原因。

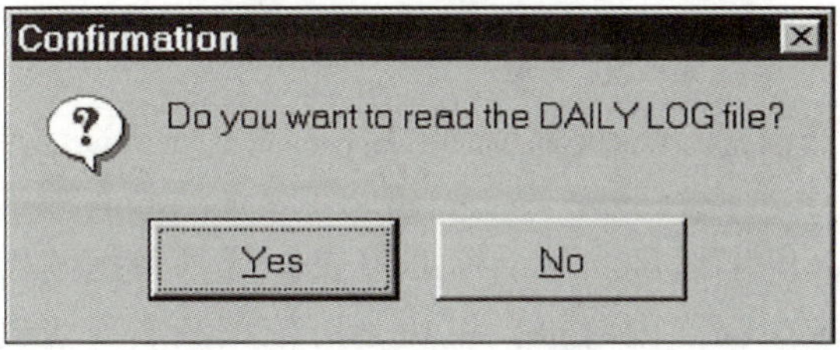

图 7-2-4　夜审错误日志界面

点击 Yes 阅读日志文件并且查看错误信息的日志文件（见图 7-2-5）。

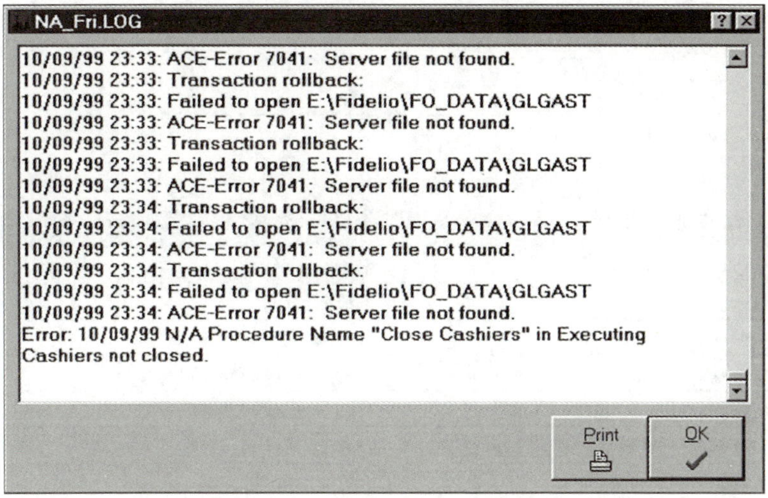

图 7-2-5　夜审错误日志详情界面

如果要打印日志文件，点击 Print，可以将日志文件打印出来并且传送给技术支持人员，用以描述出现问题的原因。点击 OK 继续工作。

任务三　常用报表 /Reports

一、查询报表（Check Report）

Opera PMS 提供了超过 360 个标准报表，可以根据酒店的需求调整报表设置。同时在系统中提供内置报表模块，可依据酒店要求创建全新格式的报表。打开报表，可点击主菜单中杂项（Miscellaneous）按钮，再点击右边的报表（Reports）按钮（见图 7-3-1）。

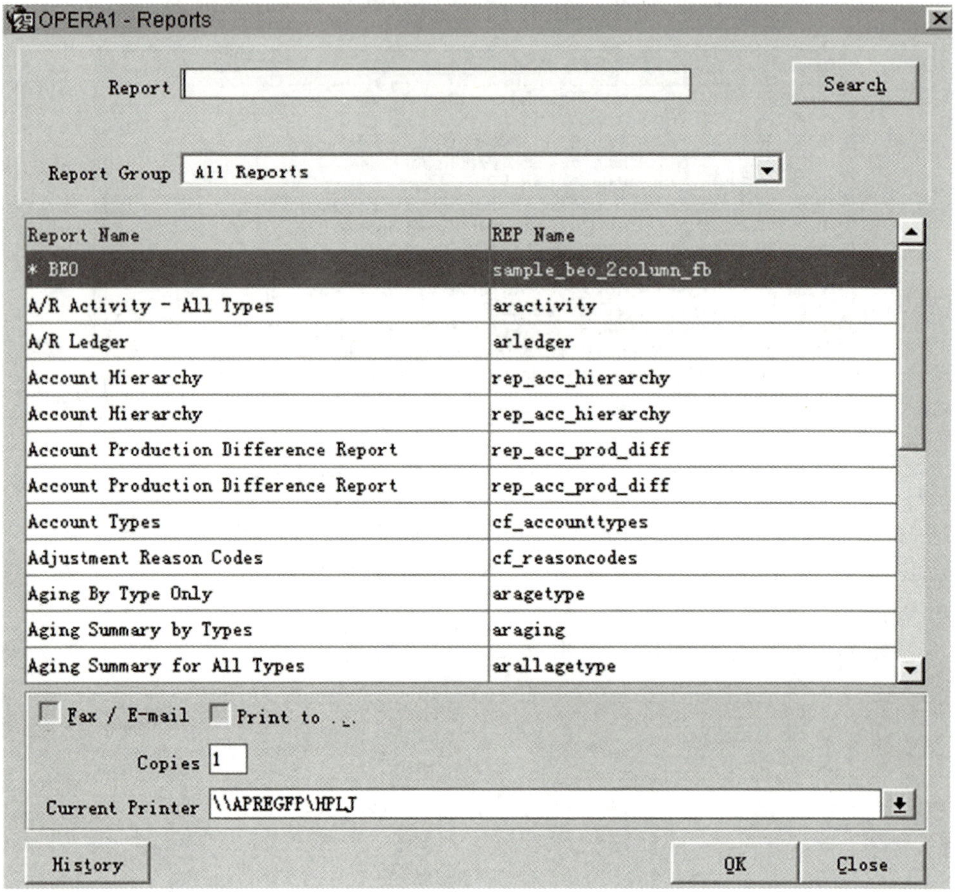

图 7-3-1　报表界面

Opera PMS 系统中的报表具有如下特点：可通过报表名字进行搜索，并根据用户群分组；可以根据报表结果设定所有的参数及选项；可以通过屏幕预览、打印或下载报表到电脑中存档。

酒店前台所有生成的数据都会经过系统处理形成报表，而这些报表也是 Opera 系统中最精华的部分。每天各个部门都会根据各自的需要打印出相应的报表。管理层也可以通过系统搜索到自己想要的报表，从而制定相应的决策。例如，失约客人（No Show）报表，反映的是一段时间内有预订但未到店的客人，作为管理层要了解他们的来源，如携程网、去哪儿网、协议单位等。几个月下来，失约客人报表的统计数据就会给管理层提供非常有用的信息，可以大约计算出各种渠道的预订数与失约客人的比率。有了这项数据，管理层不仅可以布置适当地进行超额预订，有效地避免因客人失约而给酒店带来的损失，还可以针对性地控制某一渠道的预订，甚至在用房紧缺时关闭它，从而有效地降低失约客人的比率。

二、常用报表举例（Common Report）

Opera PMS 的报表非常丰富，在此以客房管理模块为例列举常用报表。客房管理模块可生成的报表聚焦于可用房、房态以及客房预测，这些报表在管理上被用来辅助排班和分配工作量。

Housekeeping Status：客房状态报表

Room Maintenance Not Resolved：未维修好客房报表

Out of Order by Reason：待修房原因报表

House Status：房态报表

Housekeeping Details：客房打扫明细报表

Housekeeping VIP's by Room No.：重要客人报表（按房号分）

Queue Reservations：等候预订报表

Queue Rooms：排队客房报表

Room Discrepancy：客房差异报表

Vacant Rooms：空房报表

思考与练习

参考答案

一、判断题

1. 夜审过程中，系统中的数据不需要备份。（　　）

A. 错误　　B. 正确

2. Roll the Business Date 是指 Opera 系统完成夜审之后，系统中当天的时间会自动往前推进一天。（　　）

A. 错误　　B. 正确

3. 夜审是在一个营业日结束后，对当天所有发生的数据，包括订单、交易等进行核对、统计、汇总，生成夜审报表，备份数据，跳转新的营业日期的一个过程。（　　）

A. 错误　　B. 正确

4. 夜审之前，不需要检查有无预计离店而未离店的客人。（　　）

A. 错误　　B. 正确

5. Country and State Check 是指检查客人档案中是否已经填写国家、省份信息。（　　）

A. 错误　　B. 正确

6. Arrivals Not Yet Checked In，即检查应到未到的客人。如果发现有，需要根据情况做改期或取消，否则夜审后该预订就会变成一个 No Show 预订。（　　）

A. 错误　　B. 正确

7. Automatic Closure of Open Cashiers：一般要求各个收银员在夜审前关账，如果有收银员未关账，则夜审此步骤会自动关闭仍未关账的收银员账号。（　　）

A. 错误　　B. 正确

8. 夜审意味着结束一个营业日，开启下一个营业日。（　　）

A. 错误　　B. 正确

二、单选题

1. Opera 系统中，功能按键 End of Day 是指（　　）。

A. 夜审　　B. 查房

C. 排房　　D. 下班

2. 台风即将来临，可能会有停电的风险，前台最应该优先做的事情是（ ）。

A. 查看 Control Panel

B. 查看 House Status

C. Prin Batch（打印账单）Folio

D. 所有人做 Cashier Closure

三、上机操作

（一）夜审练习

启动夜审程序，进行夜审操作，判断夜审前后系统日期有无变化，客人的账目情况有无变化，并分析其中的原因。

（二）操作思考

1. 夜审过程中数据备份（Backup）的意义是什么？

2. 系统中今天的时间和现实生活中今天的时间有什么区别？

参考文献

［1］张胜男，何飞，李宏．酒店管理信息系统［M］．武汉：华中科技大学出版社，2019.

［2］陈为新，黄崎，杨荫稚．酒店管理信息系统教程——Opera 系统应用［M］．北京：中国旅游出版社，2016.

［3］章勇刚，沙绍举．酒店管理信息系统——Opera 应用教程［M］. 北京：中国人民大学出版社，2019.

［4］许鹏，梁铮．酒店管理信息系统教程实训手册［M］．北京：中国旅游出版社，2016.

［5］卢静怡，葛米娜．前厅服务与管理［M］．北京：中国财政经济出版社，2015.

［6］姜华．前厅服务与管理［M］．北京：中国旅游出版社，2018.

［7］陆均良，沈华玉，朱照君，等．旅游电子商务［M］．北京：清华大学出版社，2021.

［8］张瑛．国际旅游研究（第一辑）［M］．北京：中央民族大学出版社，2020.

［9］叶秀霜．客房运行与管理教程［M］．杭州：浙江大学出版社，2021.

图书在版编目（CIP）数据

饭店信息系统 ：OPERA操作实务 / 沙绍举，孙鹏，孙健主编. -- 北京 ：旅游教育出版社，2022.7（2024.1 重印）
酒店管理与数字化运营系列教材
ISBN 978-7-5637-4439-8

Ⅰ. ①饭… Ⅱ. ①沙… ②孙… ③孙… Ⅲ. ①饭店—商业管理—管理信息系统—教材 Ⅳ. ①F719.2-39

中国版本图书馆CIP数据核字(2022)第120180号

酒店管理与数字化运营系列教材

饭店信息系统：OPERA操作实务

主编 沙绍举 孙 鹏 孙 健

副主编 章勇刚 周高华 武真奕

总 策 划	丁海秀
执行策划	黄明秋 陈卫伟
责任编辑	陈卫伟
出版单位	旅游教育出版社
地 址	北京市朝阳区定福庄南里 1 号
邮 编	100024
发行电话	（010）65778403 65728372 65767462（传真）
本社网址	www.tepcb.com
E - mail	tepfx@163.com
排版单位	北京旅教文化传播有限公司
印刷单位	唐山玺诚印务有限公司
经销单位	新华书店
开 本	710毫米×1000毫米 1/16
印 张	12.25
字 数	178 千字
版 次	2022 年 7 月第 1 版
印 次	2024 年 1 月第 2 次印刷
定 价	49.80 元

（图书如有装订差错请与发行部联系）